비즈니스의
맥

비즈니스의 맥

맥을 읽어야 경영이 보인다

2013년 3월 11일 초판 1쇄 발행
2016년 9월 30일 초판 7쇄 발행

지 은 이 | 이홍
펴 낸 곳 | 삼성경제연구소
펴 낸 이 | 차문중
출판등록 | 제1991-000067호
등록일자 | 1991년 10월 12일
주   소 | 서울시 서초구 서초대로74길 4(서초동) 28~31층
전   화 | 02-3780-8153(기획), 02-3780-8084(마케팅), 02-3780-8152(팩스)
이 메 일 | seribook@samsung.com

ⓒ 이홍 2013
ISBN | 978-89-7633-452-7   03320

삼성경제연구소 도서정보는 이렇게도 보실 수 있습니다.
홈페이지(http://www.seri.org) → SERI 북 → SERI가 만든 책

비즈니스의 맥

맥을 읽어야 경영이 보인다

Business Essentials in Action

이홍 지음

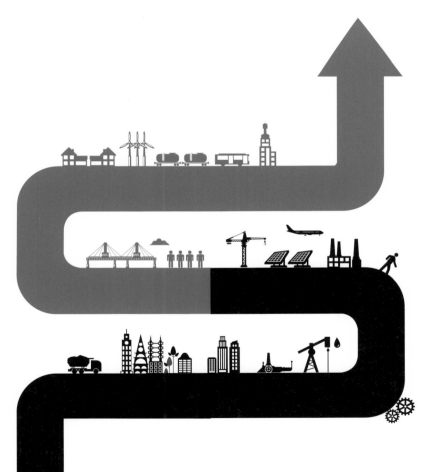

삼성경제연구소

실패하는 경영보다 나쁜 것은 실수하는 경영이다

한나라가 붕괴한 뒤 중국에서는 위·촉·오 삼국이 100여 년간 전쟁을 벌이는 역사적 사건이 일어난다. 나관중이 지은 《삼국지》의 배경이 된 사건이다. 그 중 두 개의 전쟁이 나의 눈길을 끌었다. 하나는 공명과 관련된 것이고 다른 하나는 조조와 관련된 것이다.

조조가 적벽대전에서 패한 까닭

제갈공명은 다섯 번에 걸쳐 북벌전쟁을 한다. 이 전쟁의 목표는 조조의 아들 조비가 세운 위나라를 정벌하는 것이었다. 이 시기는 삼국지의 두 주인공이라 할 조조와 유비는 이미 사라진 뒤였다. 촉나라의 실질적 대부가 된 공명이 자신의 운명에서 마지막이 되는 다섯 번째의 북벌전쟁을 한다. 이때 위나라의 적수는 사마의였다. 사마의 역시 공명만큼이나 지략이 뛰어난 인물이었다. 하지만 공명은 사마의를 완벽하게 함정에 빠뜨렸고, 사마의는 공명의 화공으로 섬멸 직전에 놓였다. 그런데 하늘은 사마의의 손을 들어주었다. 때맞춰 비가 쏟아지며 불길이 잡혔고, 사마의는 무사히 포위망을 뚫고 살아났다. 이 전쟁을 마지막으로 공명은 천운을 다했다. 공명의 마지막 5차 북벌전쟁은 실패로 돌아갔다.

조조와 관련된 전쟁은 그 유명한 적벽대전이다. 조조는 형주라는 넓은 땅을 차지하면서 중국의 3분의 2 정도를 손에 넣게 된다. 마지막으로 양자강 이남의 오나라 땅만 차지하면 중국통일이 목전이었다. 조조의 군대는 25만이 넘었고 오나라의 손권과 유비의 연합군은 4만~5만 정도에 불과했다. 《삼국지》에서는 조조의 군이 80만이 넘었다고 하지만 이것은 나관중의 상상이라는 것이 학자들의 견해다. 아무튼 군의 규모 면에서 절대적으로 유리한 전쟁에서 조조는 패하고 말았다.

왜 이 두 전쟁이 나의 눈길을 끌었던 것일까? 두 전쟁의 공통점은 모두 실패한 전쟁이라는 점이다. 하지만 가만히 살펴보면 공명의 전쟁은 하늘이 그의 손을 들어주지 않아서 실패한 것이었고, 조조의 전쟁은 해서는 안 되는 전쟁을 해서 실패한 것이었다. 공명의 경우야 그렇다 하더라도 조조의 경우는 도저히 납득할 수 없다. 조조의 실패 원인은 너무나도 자명한 실수가 원인이었기 때문이다.

조조의 실수는 여러 곳에서 나타난다. 먼저, 수군이 문제였다. 원래 조조의 군대는 육지에서 잘 싸운다. 하지만 양자강 이남으로 진출하려면 수군이 필요했다. 그래서 보병 병력을 모양만 그럴듯한 수군으로 급조했다. 물 위에서 싸울 수 있는 역량이 안 되는 군으로 전쟁을 감행했다는 말이다. 여기에 비해 오나라의 군은 수전에 관한 한 당대 최고였다.

두 번째 실수는 조조 군의 상당수를 차지하는 약 7만의 군사에 있었다. 이들은 조조가 형주 땅을 취할 때 얻은 투항군이었다. 싸워야 할 이유가 없었고, 오히려 조조에게 적개심을 가지고 있던 사람들이 전쟁에 동원된 것이었다.

세 번째 실수는 양자강 이남의 풍토와 이북의 풍토가 전혀 다르다는 것을 무시한 점이다. 강북의 사람들은 양자강 이남의 환경에 잘 적응하지 못해, 풍토병을 쉽게 앓았다. 이 점을 조조도 알고 있었다. 그래서 양자강에 도착한 조조는 전쟁을 가능한 한 천천히 하려 했다. 하지만 너무 늦은 일이었다. 대부분의 병사들이 이미 풍토병을 앓거나 사망하면서 전력에 큰 손실이 생겼다. 이 세 가지 이유가 겹치면서 조조 군은 참패하고 만다.

그런데 재미있는 것은 이런 상황이 얼마나 위험한지를 조조 역시 너무나 잘 알고 있었다는 점이다. 적벽대전과 유사한 상황을 조조는 이미 겪었다. 바로 관도대전이었다. 원소의 70만 대군과 조조의 7만 군이 대치했던 전쟁이다. 여기서 조조는 원소를 격파하며 중원을 차지할 수 있었다. 이 전쟁에서 조조는 자신이 이긴다고 확신했다. 원소가 이끄는 군은 수만 많지 역량이 모자라는 장수들과 병사들로 채워져 있었기 때문이다. 적의 이런 약점을 치고 들어가 이긴 전투가 바로 관도대전이었다. 관도대전의 반대 상황이 적벽대전이다. 숫자로만 우세했지 자신들이 가장 취약한 수전을 치러야 했으면서도 준비는 허술했고, 기강도 서지 않은 군대로 싸워야 했으며, 풍토병이 만연할 수 있는 상황에서 대비하지 못했기 때문이다. 조조의 실수는 너무나도 큰 결과를 초래했다. 자신의 힘이 약화된 것은 물론, 아무런 세력바탕이 없던 유비를 일약 전국세력의 한 축으로 만들어주었다. 이로써 유비는 촉나라를 세울 수 있었고 위나라는 촉나라와 끝없는 전쟁을 해야 했다.

어떻게 경영의 실수를 줄일 것인가?

오래된 전쟁의 교훈을 오늘날의 경영과 곧바로 연결할 수는 없지만, 경영에서도 유사한 일은 일어난다. 기업을 경영하다 보면 아무리 열심히 생각해서 준비해도 실패하는 경우가 있다. 외환위기가 터지거나 세계적인 금융위기라는 생각지도 못한 악재를 만나 기업이 순식간에 어려워지곤 한다. 이런 것은 하늘의 뜻이다. 하지만 기업이 이런 이유로만 어려워지는 것은 아니다. 너무나도 뻔히 보이는 실수로 인해 기업이 엄청난 고통으로 빠져들기도 한다.

실패와 실수는 다른 말이다. 실패할지 성공할지 여부는 신의 영역이다. 인간이 아무리 최선을 다해도 그 결과는 신의 처분에 맡길 수밖에 없다. 하지만 실수는 다르다. 실수는 사람의 영역이다. 조금만 더 노력하고 생각했다면 충분히 예방 가능한 것이 실수이기 때문이다. 실수가 누적되면 반드시 실패한다.

나는 바로 이 점에 관심을 가지고 있다. 왜 경영자들은 실수를 하게 될까? 핵심은 비즈니스의 맥을 읽어내지 못하기 때문이다. 그 이유 중 하나는 경영자들이 성장하는 과정에서 찾아볼 수 있다. 대체로 이들은 전문성을 무기로 한길을 걸어온 경우가 많다. 무슨 무슨 통이라는 말을 생각해보면 단서가 잡힌다. 그 사람은 재무통이다, 인사통이다, 영업통이다, 기술통이다 같은 말이 의미하는 바는 이들이 외길로 성장해왔음을 의미한다. 굳이 이런 말이 아니더라도 특정 영역에서 성장한 사람들도 마찬가지다. 여기서 대체로 문제가 생긴다. 이들은 경영이라는 현상을 전체적 안목에서 조망해볼 학습기회를 가지지 못했다. 그러다 보니 자신이 가장 잘 아는 분야를 중심에 놓고 세상을 해석하려 한다.

이때 두 가지 문제가 생긴다. 하나는 자신의 프리즘이 바깥세상의 변화를 충분히 감지할 만큼 넓지 못해서 온다. 그런 탓에 세상과 기업 사이에 단절이 생길 수 있다. 또 다른 문제는, 다른 기능들과의 내부적 연계가 매끄럽지 않아서 생긴다. 이렇게 되면 조직 내부의 긴밀한 협력이 깨진다. 권위로 억누르며 조직을 움직일 수야 있겠지만 피상적인 협력이 될 가능성이 높다. 이 두 가지 문제가 해소되지 못하고 누적되면 기업은 궁극적으로 어려워진다. 이런 일이 벌어지고 있는데도 이를 알아채지 못하거나, 알면서도 어떻게 할지 몰라 발만 동동 구르다 보면 경영의 실수가 발생한다.

　이 책은 이러한 실수를 어떻게 하면 줄일 수 있을까 하는 질문에서 시작되었다. 핵심적으로 사용된 개념은 정합성이다. 정합성은 다른 말로 '궁합'이라고도 할 수 있다. 정합성에는 외적 정합성외적 궁합과 내적 정합성내적 궁합이 있다. 외적 정합성은 주로 고객환경과 기업 사이의 관계가 잘 어우러지고 있는가를 말하는 것이고, 내적 정합성은 내부활동들이 유기적으로 연결되어 선순환구조를 잘 구축했는가를 의미한다. 이 두 개념을 이용해 이 책은 경영의 실수를 줄이는 방법을 설명하고 있다. 이 방법을 체득한다면 많은 경영자들이 자신도 모르게 행하거나 고집이나 자만 때문에 저지르는 경영의 실수를 줄일 수 있으리라 생각한다.

　"경영은 아무나 할 수 있지만, 아무나 해서는 안 되는 것이 경영"이라는 말이 있다. 이 말은 특별히 경영을 위해 태어난 사람이 있지는 않지만 충분한 학습이 필요하다는 뜻을 내포한다. 학습이 되지 않은 상태에서 경영을 쉽게 생각하다가는 실수하기 십상이다. 또 실수하지 않으려고 너무 몸을 사려도 기업은 어려워진다. 이런 상황에서 대처할 수 있는 생각의 틀을 제공하려는 것이 이 책을 쓴 이유다.

이 책을 쓰기까지는 여러 사람들의 도움이 있었다. 우선 이 책을 출간할 수 있게 해준 삼성경제연구소의 정기영 소장님께 감사를 전한다. 그리고 임진택 팀장과 이유경 수석에게도 고마움을 표한다. 까다로운 저자의 요구를 참아가며 책에 담아낸 이들이 없었다면 아마 이 책도 없었을 것이다. 아내도 큰 도움이 되었다. 허구한 날 책 쓴다고 밤을 뒤적이는 남편을 잘 참아주었다. 부모님에게도 감사드린다. 아들의 글이 나올 때면 항상 기대와 설렘으로 격려해주는 분들이기 때문이다. 마지막으로 작은 글이라도 열심히 쓸 수 있도록 체력도 주시고 보살핌도 주신 하나님께 감사드린다.

2013년 압구정 서재에서
이홍

--------- PART 1 ---------

문제는
'비즈니스의 맥'이다

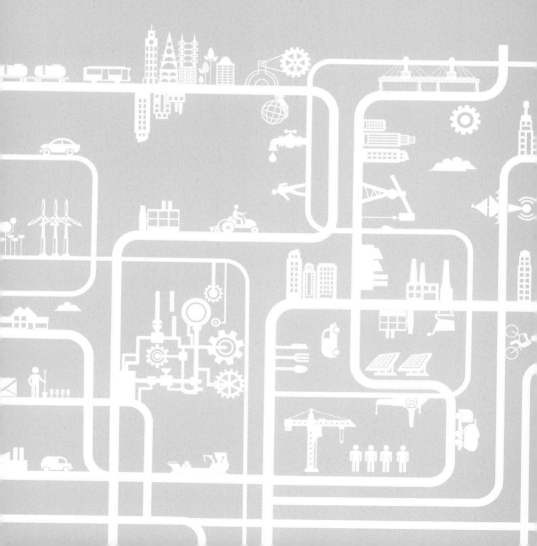

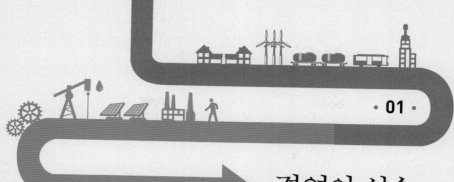

경영의 실수,
가벼이 보기엔
너무 치명적인

Q │ **기업이 어려워지는 가장 큰 이유는 무엇인가?**

A │ 경영의 실수 때문이다. 명품업계를 대표하는 버버리와 오디오 업계의 강자 파이오니어가 이런 이유로 어려움을 겪었다. 물론 모든 실수가 반드시 실패를 불러오는 것은 아니다. 그러나 실수가 누적되면 실패는 필연적이다. 실수를 줄이는 것, 그것이야말로 기업 경영의 핵심이다.

잘나가던 기업들도
'몰락'은 순식간이다

기업들이 경쟁에서 밀려나는 속도가 갈수록 빨라지고 있다. 미국의 신용평가기관 스탠더드 & 푸어스S&P, Standard & Poor's 사가 만든 주가지수로 S&P 500이라는 게 있다. 산업의 대표성, 기업의 규모, 유동성 같은 요인을 고려해 500개 기업을 선정한 후 이들의 주식 가격을 나타낸 것이다. 한마디로 각 산업 선두주자들의 주가지표다. 그런데 이 리스트에 뽑힌 기업들의 평균 잔류기간이 점점 짧아지고 있다. 1950년대 말에는 평균 55년 정도였는데 1970년대 말에는 30년으로 줄었다. 그러더니 1990년대 말에는 10년으로 줄어들었고,[1] 2000년대 말에는 급기야 그 밑으로 떨어졌다. 물론 S&P 500 목록에서 탈락했다고 해서 그 기업이 시장에서 완전히 사라지는 것은 아니다. 하지만 경쟁에서 밀려났음은 부인할 수 없고, 그 속도가 과거에 비해 엄청나게 빨라지고 있음은 충격적이다.

버버리Burberry 사가 그렇게 사라질 뻔했다. 많은 사람이 버버리를 잘나가기만 하는 명품 브랜드로 알고 있다. 사실 전 세계인들에게 버버리는 명품 중의 명품이었다. 영국의 매장에는 버버리를 사려는 관광객들로 항상 긴 줄이 늘어서 있었고, 멋을 아는 남자라면 체크무늬의 버버리 옷 한두 벌은 필수였다. 이 회사의 나이는 156년에 이른다.

이런 버버리가 정말 죽음을 맛보았다. 버버리가 몰락의 징후를 보인 것은 1990년대 들어서면서였다. 2004년에는 그런 징후가 더욱 뚜렷해졌는데, 이해 버버리의 매출은 전년 대비 30% 이상 격감했다. 누가 봐도 버버리의 수명은 다해가고 있었다.

버버리가 몰락의 길을 걷게 된 까닭은 어디에 있었을까? 이 질문은 비단 버버리에만 국한되지 않는다. 지금 이 순간에도 세계 어디에선가는 쓰러져가는 기업들이 있다. 그 이유가 무엇일까? 여러 가지로 설명이 가능할 것이다.

우선, 산업 자체가 경쟁력을 잃으면 기업도 몰락한다. 한국에서 목재가공업이나 면방업이 사라진 이유다. 또 환경의 급격한 변화도 기업의 생존을 위협한다. 아무도 예상하지 못한 사건, 예컨대 금융위기, 유가폭등, 외환시장 교란 같은 일이 일어나면 기업은 위태로울 수밖에 없다. 화재와 같은 재난이 닥쳐도 상황은 비슷하다. 하지만 이런 외부적 요인으로 기업이 무너지는 경우는, 비율로 따지자면 그리 높지 않다.

보다 근원적인 이유는 경영의 실수에서 찾아야 한다. 소비자나 새로운 경쟁자로 인해 경영환경이 바뀌고 있는데도 이를 전혀 알아채지 못했거나, 알면서도 발만 구르며 시간을 보냈거나, 때로는 전혀 엉뚱하게 대응하는 어처구니없는 실수를 한 탓이다. 처음에는 그저 조그마한 '실수'일 수 있지만, 이런 실수가 쌓이다 보면 결국 그 기업은 경쟁에서 밀려나고 순식간에 시장에서 자취를 감추게 된다.

버버리의 위기도 그렇게 시작되었다. 발단은 체크무늬 디자인이었다. 체크무늬는 버버리의 전통이자 상징으로 버버리 디자인의 핵심이다. 하지만 이상징후가 나타났다. 소비의 핵심세력으로 등장한 신세대들이 체크무늬의 버버리를 이른바 '아저씨들의 브랜드'로 여기기 시작하면서다. 이들에게 버버리는 한물간 배우 같이 느껴졌다.

유통에서도 문제가 발생했다. 버버리는 전통적으로 현지업체에 유통을 일임하는 방식을 사용했다. 판매망 구축에 큰돈을 들이지 않고도 넓은 유통망을 확보할 수 있다는 장점 때문이었다. 그런데 경기가 나빠지자 부작용이 나타났다. 현지업체들이 재고를 소진하기 위한 방편으로 파격세일을 하면서다. 처음에는 소비자들도 이 세일을 환영했다. 하지만 세일이 반복되자 사람들은 조금만 기다리면 아무 때나 버버리를 살 수 있다는 것을 알게 되었다. 그러자 세일을 하지 않고서는 판매가 이루어지지 않는 문제가 나타났다. 이런 일이 누적되면서 버버리는 소비자들의 머릿속에서 명품의 지위를 잃어갔다. 체크무늬 디자인과 유통망으로 인한 문제가 심각한 상태에 이르렀지만 버버리는 아무런 조치를 취하지 못했다. 그러면서 빠르게 몰락의 길로 접어들고 있었다.

버버리보다 더 심각한 상황을 경험한 회사도 있다. 오디오 시장에서 최강자로 인정받는 파이오니어Pioneer 사다. 1937년 최상급 하이파이hi-fi, high fidelity 스피커를 개발해 세계적 명성을 얻은 곳이

다. 이렇게 쌓은 명성을 바탕으로 파이오니어는 PDP TV에 도전
했다. '꿈의 디스플레이'라고 불리기도 한 이 PDP 패널이 바로 '쿠
로Kuro'라는 브랜드다. 완벽한 검정색을 바탕으로 섬세하면서도 현
란한 색상의 세계를 구현했으며, 9밀리미터로 매우 얇은 이 패널은
세계 어느 회사에서도 감히 흉내낼 수 없는 난공불락의 제품이었
다. 당연히 전 세계가 이 TV에 찬사를 보냈다. 그런데 이상한 일이
벌어졌다. 이런 놀라운 제품에도 불구하고 파이오니어는 PDP TV
사업에서 누적적자를 기록하며 결국 2009년에는 사업을 접고 말
았다. 무엇이 문제였을까? 가격이었다. 파이오니어가 최상급 PDP
TV를 내놓자 TV 산업의 전통 강자들도 가만있지 않았다. 쿠로 수
준까지는 아니더라도 자사의 기존 TV보다 훨씬 고급화된 PDP TV
를 속속 출시했고, 이것이 가격인하 경쟁을 촉발했다.

　　시장 내에서 이렇게 치열한 변화의 조짐이 보였는데도 파이
오니어는 '초고가' 전략을 고수했다. 오디오 시장에서의 경험이 이
들의 발목을 잡았던 것이다. 오디오 시장은 TV 시장과 달리 '마니
아층'이 존재한다. 성능이 좋기만 하다면 이들은 가격에 상관없이
제품을 구매하는 특성이 있다. 파이오니어 사는 TV 시장도 마찬가
지일 것이라고 생각했다. 자신들이 만든 TV에 엄청난 자부심을 갖
고 있던 파이오니어는 가격이 아무리 비싸도 TV 시장의 '마니아'들
이 쿠로의 남다름을 알아줄 것이라 믿었다. 그러나 착각이었다. 시
장은 그들의 예측과는 전혀 다른 반응을 보였다. 경쟁사들 역시 하

루가 다르게 고화질 TV를 쏟아냈고 가격은 끝없이 떨어졌다. 소비자들은 값만 비싸 보이는 파이오니어의 TV를 살 이유가 없었다.

문제의 핵심은
'경영의 실수'다 ⟶

한국의 제빵업계에는 형제가 경영하던 두 회사가 있었다. 삼립식품과 샤니다. 형은 삼립식품을 운영했다. 이 회사는 1964년 10원짜리 삼립크림빵으로 대히트를 치면서 한국 제빵업계의 선두주자로 나섰다. 이에 비해 동생은 형이 운영하던 조그만 제빵공장 하나를 물려받아 샤니라는 회사를 차렸다. 샤니의 매출은 삼립식품의 10분의 1에 불과했다. 하지만 이후 두 회사의 운명은 판이하게 갈렸다. 동생의 회사는 한국의 제빵업계를 대표하는 강자가 되었고 반대로 형이 운영하던 회사는 쇠락의 운명을 맞게 된 것이다.

이유가 뭘까? 삼립식품의 몰락은 이 회사가 변신을 시도하면서 초래되었다. 삼립식품은 제빵사업이 아니라, 리조트 사업에서 미래를 찾으려 했다. 그러나 새로운 성장동력이라 믿었던 리조트 사업은 악몽으로 변하고 말았다. 승승장구할 것이라는 기대와 달리, 리조트 사업의 여파로 돌아온 것은 갚아야 할 어음뿐이었다. 이를 막지 못하면서 삼립식품은 한순간에 무너졌다. 한편 샤니는 제빵 분야에서 꾸준히 길을 찾았다. 샤니의 CEO 역시 구멍가게 수준의 제빵사업으로는 미래가 없다는 것을 알았다. 일본인에게서 전수받은 낮은 수준의 기술만으로는 더 이상 버티기 어렵다고 생각했다. 그래서 그는 과감한 결단을 내렸다. 미국으로 건너가 빵의 기초부터 다시 배우기로 한 것이다. 거기서 그는 프리미엄 시장에 눈을 떴다. 이것이 바로 파리바게뜨의 시작이다.

그렇다고 삼립식품의 리조트 진출은 잘못된 전략이고 샤니의 제빵사업 고수는 잘한 전략이라고 단순하게 말할 수는 없다. 문제의 핵심은 '경영의 실수'다. 삼립식품은 자신이 잘 모르는 분야에서 너무 많은 수업료를 지불하는 경영의 실수를 저질렀고, 샤니는 자신이 가장 잘 아는 분야에서 실수를 줄여나갔다. 여기에 차이가 있었다.

물론 기업경영에 실패할 수 있다. 그런데 우리가 분명히 인식해야 할 사실 하나가 있다. '실수'와 '실패'는 그 의미가 전혀 다르다는 점이다. 실패는 목적 달성에 이르지 못한 것을 지칭하는 결과지향적인 말이고, 실수는 다분히 과정지향적인 말이다. 올림픽에 출전한 선수가 아무리 최선을 다해도 메달 획득에 실패할 수 있다. 그렇다고 이 선수를 나무랄 수만은 없다. 실수 없이 자신의 모든 것을 쏟았다면 오히려 다독여주어야 한다. 하지만 실수에 대해서는 이야기가 다르다. 실수가 잦으면 당연히 실패한다. 실수를 밥 먹듯 하면 아무리 탁월한 선수라도 경기에서 이길 수 없다. 과정이 나쁜데 결과가 좋을 리 없다. 경영에서도 마찬가지다. 기업경영에 실패했다고 해서 무조건 비방만 할 수는 없다. 문제는 이런 실패 뒤에 있는 치명적 경영실수다. 이것이 원인이라면 마땅히 질책받아야 한다.

'성공'이라는 단어도 비슷한 시각으로 보아야 한다. 이 단어는 우리를 들뜨게 한다. 하지만 성공에는 두 종류가 있다. '과정이 좋은 성공'이 있고 '과정이 나쁜 성공'이 있다. 엄밀하게 말하자면 후자는 성공이라 말할 수 없다. 과정이 나쁜 성공은 미래의 실패를 유도하는 '과정적 실수'에 불과하다. 만일 이를 성공으로 착각한다면 나쁜 과정이 미래에도 반복되어 결국에는 돌이킬 수 없는 실패로 끝날 가능성이 높다.

그러므로 기업경영에서의 성공과 실패를 이젠 전혀 다른 사고방식으로 들여다보아야 한다. 성공했느냐 아니면 실패했느냐가 중요한 게 아니다. 더 중요한 것은 '경영의 실수'가 있었느냐다. 그리고 실수가 있었다면 반드시 수정되어야만 한다. 실수를 바로잡지 못한 채 그냥 넘어가면 언젠가는 그것이 기업의 생명을 위협하는 부메랑이 되어 날아올 것이기 때문이다.

버버리는
어떻게 되살아났을까? ⟶

다행스럽게도 버버리 사는 기적적으로 회생했다. 그 중심에 CEO

안젤라 아렌츠Angela Ahrendts가 있다. 아렌츠는 2006년 버버리의 수장이 되었으며, 부임 후 놀라운 일을 벌였다. 가장 먼저 손댄 것이 버버리의 상징으로 통하던 체크무늬 디자인이었다. 150여 년간 회사의 상징으로 여겨지던 것에 손을 대기란 결코 쉬운 일이 아니었지만, 아렌츠는 이것을 과감히 버리기로 결정했다. 일부 변형해서 사용하기는 했지만 '버렸다'는 표현이 더 적합하다. 이런 일련의 변화를 위해 아렌츠는 서른 살 청년 크리스토퍼 베일리Christopher Bailey를 수석디자이너로 영입했다. 그가 새로 런칭한 컬렉션 브랜드 라인이 바로 '버버리 프로섬Burberry Prorsum'이다. 프로섬은 이탈리아어로 '전진'이라는 의미다. 말 그대로 버버리의 '또 다른 전진'이 시작된 것이다. 프로섬은 영화 〈해리 포터〉에서 헤르미온느 역을 맡아 영국의 아이콘으로 떠오른 엠마 왓슨을 광고모델로 기용하면서 버버리의 새 역사를 쓰기 시작했다.

프로섬은 체크무늬를 핵심 상징으로 사용하지 않는다. 말을 탄 기사 문양이 이를 대신하고 있다. 체크무늬를 사용하는 경우도 없지는 않지만, 핵심은 기사 문양이다. 버버리의 혁신은 여기서 그치지 않았다. 아렌츠는 유통망을 본사 직영방식으로 재정비했다. 그와 함께 해외 라이선스를 모두 회수했다. 디지털 환경에도 대응했다. 고객들이 아이폰과 아이패드로 버버리가 연출한 패션쇼를 직접 볼 수 있도록 뉴욕, 파리, 도쿄 등 5개 도시에 생중계했다. 온라인 판매도 시작했다. 그뿐만이 아니었다. 전 세계에 흩어진 버버리 협력사들을 CEO가 일일이 방문하면서 제품의 품질을 점검했다. 이런 노력이 집중되면서 버버리는 회생하기 시작했다. 2008년 금융위기가 닥치자 명품업계도 극심한 어려움을 겪을 수밖에 없었다. 하지만 버버리는 굳건히 자신의 자리를 지켜낼 수 있었다.[2]

버버리의 새 CEO는 죽어가는 버버리를 어떻게 되살릴 수 있었을까? 답은 하나다. 그녀는 명품업계가 영위되는 비즈니스의 맥을 찾아냈고 이것에 맞춰 버버리를 되돌려놓았던 것이다.

명품 비즈니스의 맥을 가장 잘 아는 회사 중 하나는 루이뷔통 Louis Vuitton이다. 루이뷔통이 승승장구하는 것은 명품 비즈니스가 갖추어야 할 비즈니스의 맥을 정확히 이해하고 있기 때문이다. 이 회사는 한 번도 세일을 한 적이 없고, 아웃렛 사업도 하지 않는다. 금융위기가 터져 세상이 아우성을 쳐도 이들의 '노 세일'·'노 아웃렛' 전략은 변하지 않았다. 그것이 명품 브랜드의 가치를 유지하는 핵심이라 생각하고 있기 때문이다. 고객은 비싼 가격을 지불하더라도 명품을 산다. 단순한 상품이 아니라 일종의 자산으로 여겨서다. 그런데 자신이 산 명품이 세일 행사장에 등장하고 또 아웃렛 매장에 돌아다닌다면 어떤 생각을 할까? 심한 배신감을 느낄 것이다. 루이뷔통은 바로 이 점을 경계했다.

루이뷔통은 매장관리에도 철저한 기업으로 알려져 있다. 매장 분위기만 그런 게 아니라, 매장 곳곳에 명품의 품격을 느낄 수 있는 장치를 숨겨놓을 줄 안다. 루이뷔통 그룹에는 '맨즈 유니버스

Men's Universe'라는 남성 전용 브랜드가 있다. 최근 들어 빠른 성장세를 보이는 남성 패션 시장을 공략하기 위해 만든 브랜드다. 맨즈 유니버스 매장에 가보면 루이뷔통이 숨겨놓은 장치를 발견할 수 있다. 예를 들어 매장의 구두진열대 앞에 스크린을 설치해두고 이를 통해 루이뷔통의 장인들이 공들여 가죽을 다듬으며 한 켤레의 구두를 만드는 모습을 보여준다. 루이뷔통이 한 사람의 고객을 위해 얼마나 많은 정성을 쏟는지 느낄 수 있게 해주는 것이다.

버버리의 새로운 CEO 아렌츠는 버버리가 살아남기 위해서는 루이뷔통과 같은 명품 비즈니스의 세계로 돌아가야 한다고 생각했다. 여기서 벗어난 모든 잘못된 관행을 털어버리기로 마음먹은 것이다. 명품 비즈니스의 맥이 복원되자 버버리도 되살아났다.

자동차 회사 재규어Jaguar와 랜드로버Landrover도 버버리와 유사한 길을 걸었다. 재규어와 랜드로버는 영국을 대표하는 럭셔리 세단과 스포츠유틸리티인 랜드로버를 만들던 회사다. 이 두 회사도 파란만장한 경험을 했다. 1980년대부터 하향곡선을 그리기 시작하더니 급기야 재규어는 1989년에, 랜드로버는 2000년에 미국의 포드Ford 사에 팔렸다. 그렇게 해서 만들어진 회사가 재규어 랜드로버다. 그런데 이 기업은 2008년에 다시 인도의 타타그룹Tata Group으로 넘어갔다. 왜 이런 풍파를 겪어야 했을까? 새로운 세대가 고객층으로 등장하면서, 이들이 재규어의 전통 디자인을 구닥다리로 인식한 탓이다. 이들 회사를 인수한 미국의 포드는 이러한 인식을 불식하지 못했다. 그런데 엉뚱하게도 인도의 타타그룹이 이 회사를 살려냈다. 이름만 빼고 모든 것을 바꾼 전략이 시장의 요구와 맞아떨어진 것이다.

타타그룹은 우선 신세대 디자이너 이언 칼럼Ian Callum을 영입했다. 그리고 디자인에 관한 전권을 그에게 일임했다. 그는 2008년 새로운 세단 XF를 내놓았다. 재규어라는 이름만 있지 과거의 이미지는 완벽하게 지운 차였다. 재규어의 상징인 둥근 헤드라이트와 재규어가 앞으로 달려나가는 듯한 디자인도 없애버렸다. 그러자 젊은 고객들이 반응하기 시작했고 재규어는 회생의 길로 접어들 수 있었다. 왜 포드는 이런 시도를 하지 못했던 것일까? 버버리가 신세대 고객으로부터 외면당하고 있었음에도 전통에만 집착했던 것과 별반 다르지 않은 이유다. 이 문제를 타타그룹은 새로운 디자이너를 통해 해결했다. 버버리의 새로운 CEO가 신세대 디자이너를 영입하면서 버버리를 부활시킨 것과 너무나도 유사하다.

비즈니스에도 '맥脈'이 있다!

많은 기업들이 몰라서, 혹은 알면서도 '경영의 실수'를 저지른다. 왜 그럴까? 여기에 답하는 것이 이 책의 목표다.

세상에는 점점 어려워지는 기업도 있지만 승승장구하는 기업도 많다. 그리고 비록 실수는 있었지만 곧바로 제 궤도로 돌아오는 기업들도 있다. 이런 기업들의 특징은 도대체 무엇일까? 한마디로 말하자면 비즈니스의 맥을 안다는 점이다. 산山의 기운이 흐르는 선이 산맥이다. 비즈니스에도 이런 맥이 있다. 비즈니스가 유려하게 흘러가는 선이 바로 비즈니스의 맥이다. 산의 맥을 끊으면 산의 정기가 사라진다고 한다. 비즈니스도 마찬가지다. 비즈니스 역시 그 맥이 단절되면 성공 가능성이 낮아진다. 기업이 곤경을 겪게 되는 것은 비즈니스의 맥을 잘못 짚었거나 스스로 맥을 끊어버리는 실수를 했기 때문이다.

경영환경이 비교적 너그러웠던 과거에는 이런 실수를 해도 만회할 기회가 있었다. 하지만 이젠 아니다. 지금은 경영의 실수 하나가 오랫동안 굳건히 버티던 기업을 죽음으로 몰고 가는 시대가 되었다. 여기에 대처하는 방법은 비즈니스의 맥을 제대로 짚어 경영의 실수를 줄이는 길뿐이다. 그 길을 찾아보자는 것이 이 책을 쓴 이유다.

탁월한 그들이
실패하는 까닭

Q | 탁월한 사람들이 경영에 실패하는 이유는 무엇인가?

A | 비즈니스의 맥을 이해하지 못해서다. 비즈니스의 맥은 비즈니스를 전체적 안목으로 보는 것에서 시작한다. 어느 한 분야에서 탁월한 능력을 가졌다고 이 안목이 만들어지지는 않는다. 악기 하나를 잘 다룬다고 해서 좋은 지휘자가 될 수 없는 것과 같은 이치다. 좋은 지휘자가 되려면 전체의 어울림을 보는 시야를 확보해야 한다. 탁월한 사람들이 경영에 실패하는 이유가 여기 있다. 자신이 장기로 삼는 분야를 넘어서지 못하고 전체를 보는 안목이 없는 상태에서 경영에 임하기 때문이다.

한 분야에만 탁월한 사람은
실수할 가능성이 높다 ⟶

IBM컨설팅이 전 세계의 내로라하는 CEO들을 대상으로 인터뷰를 했다. 그런데 이들에게서 발견되는 공통점이 하나 있었다. 모두가 밤잠을 설칠 만큼 불안감에 휩싸여 있다는 점이다. 자신이 경영하는 기업에 문제가 생기지는 않을까? 오늘 내가 내린 결정이 과연 옳은 것일까? 혹시 실수한 것은 없을까? 이런 걱정들 때문에 뜬눈으로 밤을 지새는 날이 하루 이틀이 아니라고 한다.

경영자가 실수를 한다는 것은 본인뿐만 아니라 기업 입장에서도 크나큰 악몽이다. 일상생활에서 범하는 실수야 만회할 수 있지만 대규모 자본이 투입되는 경영에서 저지르는 실수는 자칫하면 기업을 죽음으로 몰고 갈 수 있기 때문이다.

그렇다면 이러한 치명적 실수는 도대체 왜 일어나는 것일까? 한마디로 말하자면, 비즈니스를 전체적 시각에서 보는 안목이 부족해서다. 대부분의 경영자들은 한 분야의 베테랑인 경우가 많다. 한 분야에서 오랫동안 경력을 쌓아 경영자의 위치에 오른 사람들이 여기에 해당된다. 문제는 이때 생긴다. 경영은 어느 한 분야에 정통하다고 잘할 수 있는 것이 아니다. 오히려 그런 장점이 기업 성장의 발목을 잡기도 한다.

왕랩Wang Lab의 설립자 왕A. Wang이 대표적인 경우다. 그는 1980년대 초에 누구보다 먼저 IT 산업을 개척한 독보적 인물이다. 중국에서 무일푼으로 미국에 건너가 하버드 대학에서 박사학위를 받은 후 PC 산업의 핵심기술인 메모리 기술을 발명한 사람이다. 이런 배경을 바탕으로 1951년 그는 왕랩을 설립했고, 이후 왕랩은 계산기와 워드프로세서 등 IT 산업에 막대한 영향을 준 걸작들을 쏟아냈다.

1982년 왕랩의 매출은 10억 달러에 달했고 종업원 수는 1만 5,000명이었다. 세계 도처에 지사를 거느린 글로벌 기업으로 성장한 것이다. 그런데 놀랍게도 이 회사는 그로부터 약 10년이 지난 1993년에 파산했다. 대체 그 10년간 무슨 일이 있었던 것일까? 왕은 불행히도 그보다 3년 전 암으로 사망했다. 하지만 어둠의 그림자는 이미 그 전부터 다가오고 있었다. 왕의 눈에 별 볼일 없던 IBM이 PC로 시장의 판도를 바꾸면서부터다.

1981년부터 IBM은 PC를 보급하기 시작했다. 문제는 PC가 왕랩의 워드프로세서를 대체하면서 터졌다. 타자와 편집 기능만 있던 워드프로세서 기능이 PC 속으로 들어가면서다. 하지만 왕은 이런 변화를 무시했다. 자신이 개발한 워드프로세서는 IBM PC가 제공하는 것과는 차원이 다르다고 생각했다. 실제로도 그랬다. 하지만 PC의 위력은 왕의 예상을 훨씬 뛰어넘었다.

워드프로세서의 매출은 곤두박질쳤고 그제야 왕랩도 뒤늦게 PC 시장에 뛰어들었다. 하지만 이번에는 표준이 문제였다. IBM은 자신들의 PC를 타사 PC와 호환이 되도록 하는 개방전략을 구사했다. PC 시장은 순식간에 IBM과 호환되는 것과 그렇지 않은 것으로 양분되었다. 이런 변화가 시작되자 왕랩의 스태프들은 왕컴퓨터를 IBM과 호환되도록 만들자고 건의했다. 하지만 왕은 여기에 응하지 않았다. 그의 눈에 IBM은 아직도 기술력이 한참 뒤떨어지는 기업으로 보였고, 자신의 자기기억장치 특허기술이나 훔치는 기업일 뿐이었다. 그리고 그런 주장을 하는 스태프들을 멀리했다. 그러면서 왕랩은 무너져 내리고 있었다.

왕랩은 한 분야에만 출중한 능력을 가진 사람이 경영의 세계에서 어떻게 실패하는지를 보여주는 전형적인 사례다. 왕은 IT 분야에서 최고 실력자였다. 하지만 과학기술만으로는 경영을 잘할 수 없다. 좋은 경영자는 끊임없이 변화하는 환경에 적응할 줄 알아야 하고 전체를 아우르는 역량과 안목이 있어야 한다. 안타깝게도 한 분야에서 성공가도를 달려온 사람들은 이런 안목을 키울 기회를 갖지 못하는 경우가 많다.

'초우량' 기업 소니를 벼랑 끝으로 내몬 CEO

소니의 비극도 그렇게 시작되었다. 샐러리맨 출신으로 최고경영자 위치에까지 오른 CEO 이데이 노부유키出井伸之가 등장하면서 소니는 벼랑 끝으로 내몰렸다. 소니는 2008년 이후 적자에서 벗어나지 못하고 있으며, 이로 인해 끊임없는 구조조정에 매달려야만 하는 기업으로 전락하고 말았다.

사실 소니는 스티브 잡스의 우상이었던 기업이다. 잡스가 애플에서 쫓겨났다가 복귀할 때 그의 최대 소망은 애플을 소니처럼 만드는 것이었다. 당시 소니는 전 세계로부터 찬사를 받는 초우량 기업이었다. 소니는 기업가정신으로 무장한 기술자들이 떠받치고 있었다. 라디오, TV, 비디오카메라, 워크맨, 플레이스테이션 게임기 등 세상을 놀라게 한 제품이 이들의 손에서 쏟아져 나왔다. 이 소니가 과거의 명성을 완전히 잃었다. CEO 이데이의 경영 실수 때문이다.

이데이는 기본적으로 관리통이었다. 불행히도 그는 기술을 몰랐다. 그의 등장으로 소니는 관리와 통제만 있는 기업으로 변했다. 이데이는 당시 유행하기 시작한 EVA Economic Value Added, 경제적 부가가치에 매료되었다. EVA란 타인자본뿐만 아니라 자기자본비용까지 고려해서 기업의 손익을 측정하는, 지극히 비용통제 중심적인 측정 방법이다. 기업경영을 효율 중심으로 끌고 가기 위한 지표다.

이데이는 이것을 기초로 소니를 관리하기 시작했다. 하지만 놓친 것이 있었다. EVA가 기업문화에 어떤 영향을 미칠지는 생각하지 못했던 것이다. EVA는 소니의 모든 단위조직을 평가하는 기본도구로 활용되었다. 심지어 개인의 급여산정 시에도 EVA가 적용되었다. 그러자 소니의 구성원들은 몸을 사리기 시작했다. 비용이 많이 드는 선행투자는 꺼렸다. 엔지니어들의 목소리는 작아졌고 지표를 들이대는 관리자의 목소리는 점차 커졌다. 경영 윗선에서도 눈치를 보기 시작했다. 과거처럼 톱 다운으로 새로운 기술을 밀어주는 풍토도 사라졌다. 그러다 보니 과거와 같이 혁신적인 제품이 세상에 나오기가 더 이상 힘들어졌다. 효율적인 소니가 만들어진 대신 혁신 없는 소니가 되어버린 것이다.

경영 전반을 아우르는 안목이 필요하다

오케스트라를 지휘하려면 지휘 공부를 별도로 해야 한다. 악기 하나를 잘 다룬다고 해서 훌륭한 지휘자가 되는 것은 아니기 때문이다. 지휘자는 많은 악기들 간의 조화를 이루어낼 줄 알아야 한다. 그러려면 우선 내가 잘하는 악기에 집착하지 말아야 한다. 기업경영도 오케스트라를 지휘하듯 해야 한다.

경영자들이 실수를 하는 지점이 바로 여기다. 자신의 장기 분야를 넘어서지 못하고 전체를 보는 안목이 키워지지 않은 상태에서 결정을 내려서다. 더 큰 문제는 이런 일이 벌어져도 정작 본인은 잘하고 있다고 생각하는 것이다. 그렇게 되면 나와 견해가 다른 사람들은 만나려 하지 않는다. 이런 일들이 반복되면 기업은 결국 무너진다. 하나의 실수가 도미노처럼 다른 실수를 부르면서 걷잡을 수 없는 상황으로 빠져드는 것이다.

　이런 문제에 부딪힌 경영자들을 위해 다양한 해결방법들이 제시되고 있다. 가장 자주 사용되는 방법이 실패한 경영자들의 선례를 따져보는 것이다. 경영자의 현실 인식능력이 마비되어 그런 일이 벌어졌다거나, 경영자가 만용을 부린 탓에, 또는 남의 말을 경청하지 않고 독단적으로 결정했기 때문이라는 원인을 찾아 이를 교훈으로 삼는 방법이다. 하지만 이러한 방법은 크게 도움이 되지 않는다. 이들로부터 교훈은 얻을 수 있지만 나와는 처지가 달라 직접적으로 적용하기가 쉽지 않다. 성공한 경영자에 대한 벤치마킹도 마찬가지다. 이들로부터 성공노하우를 얻을 수는 있지만 이것을 현실에 적용하기는 생각보다 쉽지 않다.

　경영의 실수를 줄이려면 자기반성과 타인의 성공노하우도 필요하지만, 더 중요한 것은 경영의 흐름을 제대로 파악하는 힘을 키우는 것이다. '경영'이란 결코 하나의 사건이나 분야에 국한해서 일어나는 일이 아니다. 한두 분야에서 성공했다고 해서 경영자로서 자질을 모두 가질 수 있는 것은 아니다. 경영은 복잡하게 연결된 기능들과 행위들이 창출하는 일련의 흐름 속에서 일어난다. 여기서 흐름이라는 단어에 주목해보자. 흐름은 앞뒤와 전후가 서로 유기적으로 연결되어 있을 때 나타나는 현상이다. 무슨 의미일까? 어느 한두 분야를 잘하는 것만으로 기업 전체를 성공적으로 이끌 수 있는 것은 아니라는 이야기다. 오히려 잘 알고 있는 한두 분야만 앞서 나가고 다른 것들은 뒤처지면 전체의 흐름과 균형이 깨져 경영이 위태로워질 수 있다. 이를 방지하려면 경영 전반을 아우르는 생각의 도구가 필요하며 그것을 습득하는 데 힘을 기울여야 한다.

유통전문가 론 존슨의 착각

다시 말하면 경영의 실수는 경영 전체를 아우르는 안목이 부실해서 일어난다. JC페니J.C. Penney가 이런 점을 잘 보여준다. JC페니는 미국에서 세 손가락 안에 드는 백화점 체인이다. 그런데 이 기업이 요즘 심상치 않다. 적자투성이에 신용도도 투기등급으로 떨어졌다. 그 이면에는 새로 부임한 CEO 론 존슨Ron Johnson이 있다.

론 존슨은 애플 사의 오프라인 매장인 애플 스토어를 성공시켜 미국 언론으로부터 '유통의 귀재'라는 찬사를 받은 인물이다. 존슨은 JC페니로 오자마자 애플 출신 인사들을 대거 영입하면서 JC페니 바꾸기에 나섰다. 그의 눈에 보인 JC페니는 비효율투성이의 기업이었다. 기업의 효율성을 높이는 것이 급선무라는 생각이 들었다. 가장 먼저, 생산성은 없고 사람들만 와글거려 보이는 고객콜센터 같은 곳들을 폐쇄했다. 이렇게 해서 전체 직원의 5%를 해고했다. 기존의 바겐세일과 쿠폰할인 행사도 모두 폐지했다. 그리고 대안으로 백화점 업계 최초로 단일 최저가격제를 도입했다. 월마트의 '매일 저렴한 가격Everyday low price' 정책과 비슷한 것이었다. 판매사원에게 지급하던 커미션도 없앴다. 그러나 존슨의 의도는 완전히 빗나갔다. 고객들이 존슨의 전략에 전혀 반응하지 않았던 것이다. 날마다 할인된 가격에 상품을 제공한다는 대대적 광고에도 고객들은 시큰둥했다. 오히려 이들은 정기세일을 하는 다른 백화점으로 옮겨갔다. 판매사원들의 사기도 곤두박질쳤다. JC페니는 점점 나락으로 빠져들었다.

유통전문가인 존슨은 왜 실패한 것일까? 백화점 사업의 전체 흐름을 이해하지 못하고 애플에서의 성공경험을 그대로 이식하려 했기 때문이다. 존슨은 애플에 있을 때 소매사업부 부사장으로 세계에서 가장 수익을 많이 낸 '애플 리테일 스토어'를 창안했다. 그런데 이 성공경험이 그를 붙잡았다. 그의 착오는 애플의 고객과 백화점의 고객을 구분하지 못했다는 점에 있었다. 그는 백화점에 오는 고객이나 애플 스토어에 오는 고객이 별반 다르지 않다고 생각했다. 문제는 여기서 비롯되었다.

JC페니는 사실 아주 고급스러운 백화점은 아니다. 그렇지만 이곳을 찾는 사람들은 애플 스토어에 가는 사람들처럼 단일하고 표준화된 제품을 사러 가지는 않는다. 미국인들이 백화점을 가는 이유는 그래도 믿을 만한 품질의 제품을 비교적 품격 있게 사고 싶어서다. 그리고 가족과 시간을 함께 보내기 위해서다. 가족 단위 쇼핑객이 많은 것은 그래서다. 물건을 사는 것도 중요하지만, 가족

나들이의 장으로도 백화점을 활용한다는 이야기다.

　백화점이 세일을 하는 날이면 기꺼이 줄을 선다. 줄을 서는 것 자체가 설렘이며, 이렇게 사온 물건들을 가족과 나누며 만족을 느끼는 것이 미국의 소비자들이었다. 백화점이란 그런 즐거움을 주는 공간이었다. 그런데 존슨은 백화점이 미국인들에게 주던 설렘과 재미라는 가치를 빼앗아버렸다. 그러고는 JC페니를 무미건조한 애플 스토어처럼 바꾸어버렸다. 백화점의 판매사원들도 그저 멀뚱거리며 손님이 지나가는 걸 보기만 했다. 딱히 자신들이 고객을 붙잡아야 할 일도 없고, 그래야만 하는 인센티브도 사라졌기 때문이다. 그러자 사람들은 정기세일을 하는 다른 백화점으로 몰려갔다.

　존슨은 왜 이런 실수를 했을까? 백화점 비즈니스와 애플 스토어의 비즈니스를 혼동했기 때문이다. 모든 비즈니스는 고객에 대한 이해에서 출발한다. 이것이 잘못되면 비즈니스를 보는 눈 전체가 망가진다. 그는 백화점을 찾는 고객들이 어떤 성향을 가지며 이들에게 어떤 가치를 주어야 수익을 낼 수 있는지 전혀 간파하지 못했다. 그리고 백화점 판매사원들의 역할을 과소평가했다. 현대의 고객들은 똑똑하다. 이들은 인터넷을 통해 사전에 제품 정보를 상세히 파악하고 온다. 그런데도 판매사원의 말 한마디에 무장해제되는 사람들이 또한 고객이다. 존슨은 판매사원의 이런 기능을 이해하지 못했다. 그의 눈에 판매사원이란 그저 그럴싸한 말을 늘어놓으며 인센티브나 챙기는 사람들로 보였다. 쿠폰 발행이나 바겐세일에 대해서도 고객을 혼란스럽게 만드는 나쁜 제도라고 생각했다. 그리고 이것 때문에 경영의 효율이 떨어진다고 생각했다. 그러나 불행히도 백화점 비즈니스는 존슨의 생각대로 작동하지 않았다.

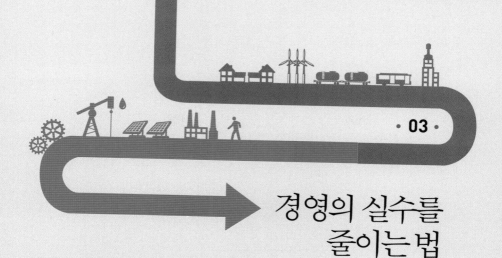

경영의 실수를
줄이는법

Q | 경영의 실수를 줄이기 위해서는 어떻게 해야 하는가?

A | 비즈니스 전체를 보는 안목인 비즈니스의 맥을 읽을 줄 알아
야 한다. 비즈니스의 맥을 읽는 능력은 고객과 기업 간의 정합성을
이해하는 눈과 기업 내부에서 벌어지는 여러 활동들 간의 정합성을
이해하는 눈에 의해 길러진다. 이것을 일목요연하게 보여주는 도구
가 바로 비즈니스 모델이다.

경영의 실수란
'비즈니스의 정합성'을 깨뜨리는 모든 것이다 ────▶

경영의 실수를 줄이려면 우선 '경영의 실수'가 무엇인지 알아야 한다. 경영의 실수란 '비즈니스의 정합성을 흐트러뜨리는 결정과 행동'이라고 정의할 수 있다. 여기서 '비즈니스의 정합성'이란 고객과 의미 있는 관계를 형성하고 여기에 기초해 기업의 내부활동이 선순환을 이루는 것을 말한다. 정합성을 다른 말로 표현하면 '궁합'이라고도 할 수 있다. 가정도 부부 간 궁합과 부모자식 간 궁합이 잘 맞아야 평온하고 발전한다. 비즈니스도 마찬가지다. 고객과의 궁합 그리고 기업 내부의 각종 활동 간의 궁합이 잘 맞아야 한다.

잘나가던 기업들이 어려워지는 이유는 어느 순간 비즈니스의 정합성, 즉 궁합이 나빠진 탓이다. 그 원인은 우선 환경변화에 있다. 경영환경이 변화하면 고객과 궁합이 안 맞게 된다. 이렇게 되면 기업성과가 나빠지면서 내부 활동들 간에도 갈등이 생긴다. 누가 책임을 질 것이며 누가 문제를 해결할 것인가를 두고 이견이 생겨서 그렇다. 이것이 해소되지 못하고 누적되면 잘 협력하던 부서들 간에 감정이 쌓이면서 협력이 어려워진다. 이런 상황을 내부 부서들 간의 정합성 또는 궁합이 나빠졌다고 한다. 고객과의 궁합 그리고 내부 활동들 간의 궁합이 나빠지고 있음에도 계속 방치하면 기업은 어느 순간 비즈니스의 맥에서 벗어나게 되고 결국 걷잡을 수 없는 상황으로 빠져들 수 있다.

이런 궁합을 잘 볼 줄 알아야 비즈니스를 전체적으로 보는 눈이 생기며 또한 비즈니스의 맥을 이해할 수 있게 된다. 비즈니스에서의 궁합, 즉 정합성이 올바르게 유지되고 있는지 아니면 흐트러졌는지를 어떻게 알 수 있을까? 이를 알 수 있게 도와주는 생각의 도구가 바로 '비즈니스 모델'이다.

비즈니스 모델, 비즈니스의 맥을 이해하는 도구

비즈니스 모델에는 기본적으로 네 가지 영역이 있다(〈그림 1〉 참조). 첫 번째는 고객과 어떤 관계를 맺어야 하는지를 알기 위한 영역이다(고객관계 모델). 두 번째는 고객에게 제공할 가치를 어떻게 창출해야 할지 알기 위한 영역이다(가치생성 모델). 세 번째는 고객과의 관계를 만들고 가치를 생성할 때 발생하는 비용구조를 이해하고 통제하기 위한 영역이다(비용 모델). 네 번째는 기업 생존의 원천인 수익을 어디서 얻어야 하는지를 찾기 위한 영역이다(수익 모델).[3] 이 비즈니스 모델을 잘 활용하면 비즈니스를 전체적 안목에서 바라볼 수 있으며 또한 경영의 실수를 줄이는 방법을 찾을 수 있다.

비즈니스 모델의 시각에서는 비즈니스의 정합성을 어떻게 이해할 수 있을까? 비즈니스 모델 간의 궁합이 높은 것을 정합성이 높다고 말한다. 우선 고객과 고객관계 모델 간의 궁합이 좋아야 한

그림 1 비즈니스 모델의 네 가지 영역

다. 이것을 외적 정합성이라고 한다. 고객과 기업 사이의 궁합을 말한다. 요리 실력이 뛰어난 음식점이라고 해서 모두 성공하는 것은 아니다. 음식점 비즈니스가 잘되기 위해서는 무엇보다도 해당 지역 사람들의 맛의 취향을 알고 여기에 맞추어야 한다. 이것이 외적 정합성이다.

또 다른 것이 내적 정합성이다. 내부 활동들 간의 궁합을 말한다. 고객에게 제공할 가치를 창출하기 위해 조직 내부에서 여러 활동이 조화롭게 이루어지는 것을 뜻한다. 지역 사람들의 미각에 맞춘 메뉴를 개발했다 하더라도 이를 요리해 손님에게 제공하는 내부 활동들이 삐걱거리고 엉성하면 그 음식점은 성공할 수 없다. 내적 정합성이 망가져 있기 때문이다.

그림 2 비즈니스 모델과 정합성

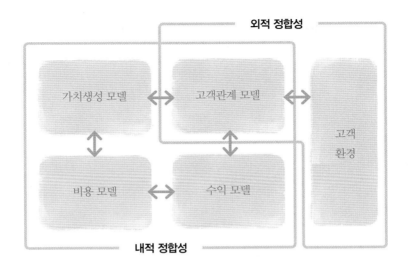

비즈니스는 기본적으로 외적 정합성과 내적 정합성 모두가 좋아야 한다. 고객의 특성−고객관계 모델−가치생성 모델−비용 모델−수익 모델의 흐름이 모두 좋아야 이 조건이 달성된다. 이것을 나타낸 것이 〈그림 2〉이다.

외적 정합성의 핵심, 고객의 즐거움은 늘리고 고통은 줄이는 것 ━━━▶

외적 정합성은 어떻게 만들어지는가? 외적 정합성을 잘 갖추려면 다음 세 가지 질문에 답해야 한다.

(1) 타깃고객이 누구인가?

(2) 고객은 어떤 즐거움과 고통을 느끼고 있는가?

(3) 우리는 고객에게 어떤 즐거움을 더해주고 어떤 고통을 줄여줄 것인가?

질문 (1)은 고객을 선택하기 위한 질문이다. 기업의 서비스나 제품을 고객이 선택하듯, 기업도 고객을 선택한다. 우리 기업의 서비스나 물건을 살 사람이 있을까? 있다면 그들 중 누구를 핵심고객으로 삼아야 하는가를 묻는 것이 첫 번째 질문이다. 질문 (2)는 고객의 니즈를 찾아내기 위한 것이다. 과연 타깃으로 한 고객이 우리의 서비스나 제품을 사려고 하는가? 사려고 한다면 어떤 이유로 그런가에 대한 답을 찾는 것이 두 번째 질문이다. 질문 (3)은 고객에게 가치 있는 서비스나 제품을 제공할 능력이 기업 자신에게 있는지를 묻는 질문이다. 질문 (1)과 (2)에 답하는 것을 '고객정의'라고 한다. 질문 (3)에 답하는 것을 '가치제안'이라고 한다.

질문 (2)와 (3)에서 말한 고객의 즐거움과 고통에 대해 좀 더 살펴보자. 고객의 즐거움과 고통을 이해한다는 것은 고객의 가치를 계산한다는 말과 동일하다. 그런데 고객의 가치를 계산하기는 의외로 쉽다. 다음 식을 보자.

$$고객가치 = \frac{즐거움}{고통}$$

이 식에 따르면, 고객가치는 고객이 느끼는 즐거움을 고통으로 나눈 것이다. 이때 즐거움이란 고객이 제품이나 서비스를 통해 얻는 편익을 말한다. 고통이란 고객이 얻는 편익의 대가로 지불하는 모든 것을 말한다. 구매에 들이는 시간과 에너지, 경제적 비용 등 제품이나 서비스를 소비하는 동안 고객을 짜증나게 하는 것들의 총칭이다. 다시 음식점을 예로 들어보자. 음식점이 제공하는 맛있는 음식은 '즐거움'에 해당한다. 쾌적한 분위기도 여기 속한다. 대접받고 있다는 느낌도 즐거움이다. 반면 고통은 이러한 즐거움을 얻고자 고객이 지불해야 하는 것들이다. 음식점까지 가기 위해 장시간을 운전해야 한다면 이것은 고통이다. 비싼 음식값도 고통이다. 종업원들의 불친절과 비위생적 환경을 감내해야 한다면 그 또한 고통이다. 이런 것은 고객의 짜증을 유발한다. 따라서 이 음식점의 가치는 고객이 느낀 즐거움의 요소를 이들이 갖는 고통의 요소로 나눈 결과다. 즐거움이라는 분자와 고통이라는 분모 중 어느 것이 큰가에 따라 이 음식점의 가치는 달라진다.

만일 고객이 우리 기업이 주는 즐거움을 얻기 위해 어떤 고통도 감내한다면 우리 기업은 고객에 대해 지배적 지위를 가질 수 있다. 명품 비즈니스가 바로 그렇다. 하지만 대부분의 비즈니스는 그렇지 못하다.

경기가 나빠지면 소비자들은 가격이라는 고통에 민감하게 반응한다. 이런 요인들을 찾아내는 것, 다시 말해 소비자들이 민감하게 반응하는 즐거움의 요소와 고통의 요소를 볼 줄 아는 것이 비즈니스의 출발이자 맥을 읽는 시작점이다. 그리고 즐거움과 고통이라는 관점에서 고객에게 어떤 즐거움을 더해주고 어떤 고통을 줄여줄지를 고민하는 것, 이것이 바로 외적 정합성을 맞추는 방법이다. 이렇게 해서 외적 정합성이 높아진 기업을 가리켜 '효과성이 높다'고 말한다. 이렇게 되면 돈을 벌 수 있는 가능성, 즉 수익 모델이 좋아질 가능성이 높다.

앞서 살펴본 JC페니는 이런 외적 정합성을 전혀 고려하지 못했고 오히려 정반대로 움직였다. JC페니의 신임 CEO는 백화점에서 통상적으로 이루어지던 바겐세일이나 쿠폰 발행을 비효율적이고 또 정직하지 못한 행동으로 이해했다. 그래서 고안한 것이 거품을 뺀 저가격의 단일가격 정책이었다. 판매원들은 그저 값을 계산하고 제품을 담아주는 사람으로 세워둘 뿐이었다. 이렇게 하면 부정직하고 거품이 낀 가격으로 인한 고객의 고통을 줄여줄 수 있으리라고 생각했다. 하지만 이로 인해 JC페니는 무미건조한 백화점으로 변하고 말았다. JC페니에 들어선 고객들은 아무런 감흥이 없었다. 그저 고급스러운 월마트에 온 것처럼 느꼈다. 비즈니스의 첫 번째 맥인 고객을 이해하고 이들과 관계를 맺는 방법에서 JC페니는 실수를 저지른 것이다. 고객에게 정직함과 저렴함을 제공하는 대신, 고객이 백화점에서 느끼던 즐거움을 빼앗아버린 것이다.

고객가치, 즉 고객의 즐거움과 고통을 제대로 이해하지 못해 어려움을 겪은 기업들을 더 살펴보자. 맥코믹McCormick이 좋은 예다. 이곳은 미국의 대표적인 양념류 생산판매 기업이다. 이 기업도 한때 큰 어려움을 겪었다. 미국에서 100년 전통을 이어오던 맥코믹은 1980년대로 접어들면서 급격히 쇠락하기 시작했다. '최고를 만들면 반드시 팔린다Make the best, someone will buy it'라는 신념으로 최상의 제품을 만들었지만 시장은 맥코믹이 제조한 양념소스를 외면했다. 소비자 취향이 급변한 탓이었다. 소비자 취향 변화의 배경에는 1980년대 들어 증가한 맞벌이 가정이 있었다. 맞벌이가 늘자 여자들이 집에서 음식을 만들 수 있는 여유와 시간이 대폭 줄어들었다. 그래서 조리가 복잡한 음식보다는 간편한 음식을 찾기 시작했다. 하지만 맥코믹에서 제조한 양념들은 요리 절차가 번거로운 전통 조리법에 적합한 것들이었다. 맞벌이 가정에는 불편하기 짝이 없는 양념과 소스였던 것이다. 그럼에도 맥코믹은 소비자의 니즈 변화를 읽어내지 못하는 실수를 범했다. 예전에는 주부에게 즐거움을 주던 맥코믹 제품이, 어느 순간 불편하고 고통스러운 제품으로 변해버린 것이다.

울워스Woolworth라는 기업도 재미있는 예다. 이 회사는 미국에서 쥐덫을 가장 많이 제조하고 판매하는 곳이다. 이 회사에서 개량형 쥐덫을 개발했다. 플라스틱으로 만들어진 이 덫은 기존의 나무 쥐덫에 비해 성능도 뛰어나고 위생적이며 디자인도 예뻤다. 여러 번 사용할 수 있다는 것도 장점이었다. 가격도 나무 쥐덫에 비해 그리 비싼 편이 아니었다. 품질 좋은 제품을 개발한 만큼 내부에서는 많은 판매를 예상했다. 그러나 어찌된 일인지 판매가 신통찮았다. 결국 이 신제품은 실패한 제품으로 끝나고 말았다.

왜 그랬을까? 이 신제품이 소비자에게 전가하는 고통을 간과한 탓이었다. 새로운 쥐덫은 결정적 약점이 하나 있었다. 모양도 예쁘고 쓰기에도 간편했지만, 재사용을 위해서는 죽은 쥐를 꺼낸 후 쥐덫을 씻어야만 했다. 이것은 누구에게나 유쾌하지 못한 일이다. 과연 누가 쥐덫에 잡힌 쥐를 만지고 싶어하겠는가? 그러다 보니 사람들은 기존의 나무 쥐덫을 선호했다. 잡은 쥐를 덫째 버리는 게 훨씬 간편해서다.

JC페니, 맥코믹, 울워스와 달리 외적 정합성을 완벽하게 이해한 기업도 있다. 요구르트로 유명한 프랑스 기업 다논Danone이다. 다논이 방글라데시의 빈민지역 '보그라Bogra'에서 시장을 개척할 때의 이야기다. 생산시설을 확보하기 위해 요구르트 생산 공장을 그 지역에 세웠다. 여기까지는 여느 기업과 다를 바 없다. 하지만 진입 전략이 압권이다. 이들은 자신들의 기존 방식을 완전히 버렸다. 그리고 빈민 시장이 지닌 특성에 모든 전략을 맞추었다.

먼저 가격을 대폭 낮추었다. 유럽에서 팔던 것처럼, 이를테면

개당 1,000원이 넘는 가격으로 이들 시장을 공략하는 것은 무리였다. 하루 생활비가 4,000원도 채 안 되는 사람들이 이 가격을 주고 요구르트를 살 수는 없었다. 그래서 내놓은 게 100원짜리 제품이다. 그러다 보니 제품의 용량을 줄였다. 대신 필수영양소는 보강했다. 방글라데시의 시골 지역에 사는 아이들은 대부분 영양상태가 좋지 않았다. 양은 적어도 요구르트를 통해 영양실조를 개선하는 데 도움을 주는 것을 주목적으로 삼은 것이다.

냉장고가 잘 보급되지 않은 곳이라는 점도 고려해, 냉장보관을 하지 않아도 일주일은 버틸 수 있도록 제품을 만들었다. 마케팅 전략도 새로 수립했다. 다논이라는 브랜드를 사용하지 않기로 했다. 방글라데시 사람들에게 다논은 의미 없는 단어였다. 대신 제품 이름을 '샥티도이Shoktidoi'라고 했다. 벵갈어로 '에너지'를 뜻하는 말이다.

시골 사람들이 낯선 음료에 관심을 가질 수 있도록 판촉활동도 벌였다. 현지를 방문하는 판매사원들에게 샥티도이의 로고로 사용된 사자 옷을 입히기도 했다. 이런 다각적 노력이 어우러지면서 다논은 이 지역에서 놀라운 실적을 보였다. 세계 경기가 금융위기로 하강하기 시작한 2008년에도 다논은 10억 달러가 넘는 매출을, 그것도 방글라데시를 포함해 전 세계의 빈민지역에서 올릴 수 있었다.

JC페니, 맥코믹, 울워스 그리고 다논의 예는 외적 정합성이 얼마나 중요한지를 여실히 보여준다. 기업이 수익을 내며 계속 생존하려면 기본적으로 외적 정합성이 좋아야 한다. 외적 정합성을 골프에 비유하자면 몸을 타깃에 정렬하는 행위라고 말할 수 있다. 이 정렬이 잘못되면 공을 아무리 잘 쳐도 홀에 넣을 수가 없다. 하지만 여전히 많은 기업들이 외적 정합성을 무시한 제품이나 서비스를 시장에 내놓는 실수를 범하곤 한다. 고객이 느끼는 즐거움과 고통을 제대로 이해하지 못하고 제품이나 서비스를 개발하기 때문이다.

선순환의 힘, '내적 정합성' 이해하기 ⟶

외적 정합성이 갖춰졌다면, 다음에는 내적 정합성에 주목해야 한다. 아무리 외적 정합성이 좋아도 내적 정합성이 따라주지 않으면 기업은 또다시 곤경에 처한다. 골프를 잘 치는 사람들은 타깃으로의 정렬을 잘할 뿐만 아니라 셋업, 백스윙, 다운스윙, 피니시의 네 가지 동작을 한 동작처럼 해낸다. 이를 밸런스라 하기도, 혹은 리듬이라 하기도 한다. 비즈니스 모델에도 유사한 성질이 필요한데, 바로 내적 정합성이다.

내적 정합성은 고객관계 모델－가치생성 모델－비용 모델－수익 모델이 마치 하나처럼 유기적으로 작동할 때 만들어진다. 이런 상태를 선순환구조가 만들어졌다고 한다. 바꿔 말해, 선순환구조가 갖춰지면 비즈니스 모델의 내적 정합성이 높아진다.

〈그림 3〉이 선순환구조를 보여준다. 이것은 〈그림 2〉에서 살펴본 비즈니스 모델의 정합성을 내부흐름의 관점에서 살펴본 것이다. 〈그림 3〉이 전하려는 메시지는 간명하다. 비즈니스는 고객과 관계를 맺는 데서 시작하며, 그것이 고객가치를 생성하는 방식을 결정하고, 이러한 가치생성 활동을 통해 비용과 수익이 결정된다는 것이다. 이런 흐름이 물 흐르듯 이루어지는 것을 가리켜 비즈니스의 선순환구조가 만들어졌다고 말한다.

선순환구조가 작동하지 못하면 악순환구조로 변한다. 악순환구조가 나타나는 이유는 두 가지다. 첫 번째는 혁신의 실수 때문

그림 3 **비즈니스의 선순환구조**

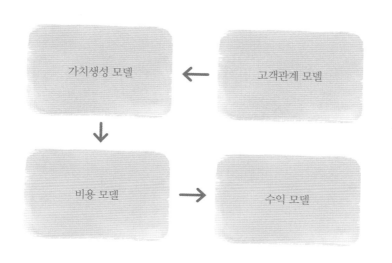

이다. 〈그림 3〉에서 화살표 방향은 앞의 모델에서 변화가 일어나면 뒤에 있는 모델도 따라서 변화해야 한다는 것을 말해주고 있다. 이것을 '혁신'이라고 한다.

많은 사람들은 혁신에 대해 '무언가 새롭게 하는 것'이라는 생각만 가지고 있다. 그 흐름이 어떻게 이어져야 하는지에 대해서는 잘 알지 못한다. 혁신은 고객의 변화에 대응해 고객관계 모델과 가치생성 모델을 수정하는 과정에서 나타난다. 이에 따라 비용구조를 개선하고 수익을 내는 방법을 새롭게 찾아내는 일련의 행동을 혁신이라고 한다.

이런 흐름 속에서 변화를 일으키지 못하면 오히려 하지 않은 것만도 못한 혁신이 된다. 그렇게 되는 이유 가운데 하나는 내부의 저항이다. 고객에게 다가가기 위해 올바른 혁신의 방향을 세워도 내부에서 반대하는 목소리가 높아지면 이것을 실행하기 어렵다. 이런 현상을 조직관성이라고 한다. 이렇게 되면 용두사미형 혁신이 일어난다. 이미 잘 길들여져 편한 방법을 버리기 싫어하는 현상이다. 기존과 타협한 반쪽짜리 혁신만 이루어질 뿐, 근본적인 문제인 외적 정합성은 끌어올릴 수 없게 된다. 결국 기업들은 겉보기에는 혁신을 한 것 같아도 혁신이 없는 상태를 맴돌게 되고 이것이 지속되면 기업은 어려워진다.

다른 하나는 역순환구조를 만들어내는 실수 때문에 나타난다. 역순환구조를 만들어내는 실수는 뒤에 있는 모델에 대한 집착으로 앞에 있는 모델들이 제약을 받을 때 일어난다. 이를 설명한 것이 바로 〈그림 4〉이다. 여기에는 네 종류의 '역순환'이 있다.

이 역순환에 대해서는 뒤에서 자세히 설명하겠지만, 이 가운데 네 번째인 '수익에 대한 집착'으로 올바른 고객관계가 형성되지 못한 예를 하나 소개하고자 한다. 국내의 대표적 전자상가로 알려진 용산전자상가의 이야기다. 세계경제가 나빠지면서 한국도 경기침체의 어려움을 겪고 있지만, 특히 심한 곳이 바로 여기다. 손님이라고는 좀처럼 찾아보기 어렵다. 이곳의 위상이 처음부터 이랬

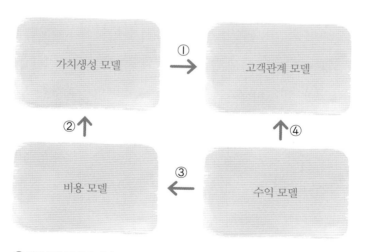

그림 4 비즈니스의 역순환구조

① 가치생성 방식에 대한 집착으로 고객관계가 올바르게 구축되지 못하는 경우
② 비용에 대한 집착으로 가치생성 방식이 올바르게 구축되지 못하는 경우
③ 수익에 대한 집착으로 비용통제가 올바르게 이루어지지 못하는 경우
④ 수익에 대한 집착으로 고객관계가 올바르게 구축되지 못하는 경우

던 것은 아니다. 1987년 문을 열었을 때만 해도 용산전자상가는 일본이나 대만에서 들여온 부품을 솜씨 있게 조립해 PC를 저렴한 값으로 제공한 장안의 명소였다. 성장세가 워낙 빨라 아시아 최대 규모의 IT밸리라는 평가를 받기도 했다. 그런 용산전자상가의 아성이 무너지기 시작했다. 혁신적 제품의 등장이 한몫을 했다. 태블릿 PC와 일체형 PC가 등장하면서 소비자들이 더는 조립 PC를 찾지 않게 된 것이다. 하지만 몰락의 더 큰 이유는 따로 있었다.

용산전자상가는 좋은 이미지를 만들어내지 못했다. 불법복제, 바가지요금, 호객행위 등 온갖 나쁜 이미지가 용산전자상가와 나란히 있었다. 이러다 보니 아이들이 용산전자상가에 가는 것을 부모들이 꺼려했다. 이런 악순환이 고착화되면서 고객들은 멀어져 갔다. 왜 이런 일이 벌어졌을까? 고객을 돈벌이 대상으로만 여기고 고객과의 관계를 허물어뜨린 것이 원인이다. 그러다 보니 불법으로 호객을 하고 바가지를 씌우는 일이 다반사가 되었으며 고객에 대한 서비스는 뒷전으로 밀려났다.

정리하면 이렇다. 경영의 실수는 경영 전체를 보는 안목이 부실해서 일어난다. 경영의 실수를 제대로 이해하려면 비즈니스 모델에 대한 철저한 파악이 먼저 필요하다.

먼저 고객과 기업 간의 관계를 알아야 한다. 그래야 비즈니스의 외적 정합성이 좋아진다. 이것을 만들어내는 비즈니스 모델의 영역을 고객관계 모델이라고 한다. 이것만 좋아서는 안 된다. 기업 내부에서 벌어지는 비즈니스 모델의 네 영역이 유려하게 하나로 움직여야 한다. 이것을 내적 정합성이라고 한다. 기업이 어려워지는 이유는 이들 외적 정합성과 내적 정합성이 무너지기 때문이다.

비즈니스 모델은 네 가지 영역만 있는 게 아니라, 이들 내에 하위 모듈도 있다. 비즈니스 모델을 제대로 이해하기 위해서는 이들 하위 모듈에 대해서도 자세히 알고 있어야 한다. 이제부터 이들을 알기 위한 여행을 시작해보자.

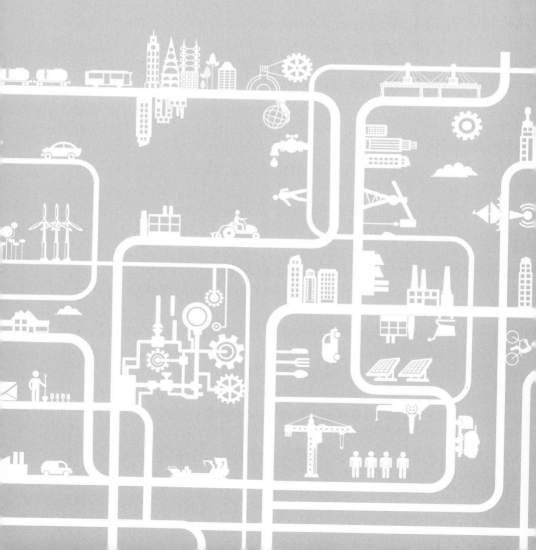

PART 2

'비즈니스 모델'을 알아야
비즈니스의 맥이 읽힌다

고객관계 모델의
네 가지 모듈

Q | **고객관계 모델의 네 가지 모듈이란 무엇인가?**

A | 우리 기업의 제품이나 서비스를 구매해줄 사람들이 무엇을 원
하는지 이해하는 것을 '고객정의'라고 하고, 우리 기업만이 줄 수 있
는 것이 무엇인지 파악하는 것을 '가치제안'이라고 한다. 그리고 이
를 어떻게 고객들에게 전달할지, 고객들과 어떤 관계를 유지할지 생
각하는 것을 '가치전달'과 '관계형태'라고 말한다.

두말할 나위 없이 비즈니스의 시작은 '고객'이다. 고객을 제대로 이해하지 못하면 비즈니스의 맥도 찾을 수 없다. 우리의 고객이 누구이고 이들이 무엇을 원하는지, 이들의 요구를 우리가 어떻게 전달해 어떤 관계를 유지할지 생각해보는 것이 비즈니스의 첫걸음이다. 이것을 고객관계라고 한다. 고객관계가 허술하면 그 비즈니스는 절대 오래갈 수 없다. 고객의 요구를 살펴 완벽한 고객관계를 구축하려면 '고객관계 모델'의 하위 모듈인 고객정의, 가치제안, 가치전달, 관계형태에 대해서도 구체적으로 알아야 한다.

고객정의:
누가 우리의 고객인가? ⟶

고객정의란 누구를 우리 기업의 고객으로 삼을 것인가를 말한다. 한마디로 말해, 공략할 고객을 선택하는 일이다. 여기서 우선 유의할 것이 하나 있다. '소비자'와 '고객'을 구분하는 일이다. 일상적으로는 굳이 구분할 필요가 없지만 비즈니스 모델을 정확히 이해하고 활용하려면 구분해서 보는 것도 나쁘지 않다.

주식투자를 할 때 명심해야 할 개념이 하나 있다. '날아다니는 새'와 '손안의 새'다. 날아다니는 새는 변동하는 주가를 가리키고, 손안의 새란 주식을 팔아 이익이 실현된 상태를 뜻하는 말이다. 사람들은 이 둘을 잘 구분하지 못한다. 주식을 샀는데 가격이 올라 기분이 좋다며 지인들에게 술을 사주는 사람이 많다. 하지만 의미 없는 행동이다. 주식의 가격이란 중간에 아무리 올라도 파는 시점에 떨어져 있으면 소용이 없기 때문이다. 그래서 파는 시점의 가격을 '손안의 새'라고 한다.

소비자와 고객도 비슷하게 이해할 수 있다. 소비자는 날아다니는 새와 같고 고객은 손안의 새와 같다. 명동을 걸어다녀본 사람이라면 엄청난 인파에 놀란 적이 있을 것이다. 명동의 수많은 인파가 곧 소비자다. 하지만 이들의 수가 아무리 많아도 우리 가게에 들어와 물건을 사주지 않으면 소용이 없다. 우리 가게에 들어와 물건을 사주는 소비자가 바로 손안의 새인 고객이다. 비즈니스 모델의 고객관계 모델이란 바로 소비자를 고객으로 전환하기 위해 필요한 생각의 도구인 셈이다. 이런 관점에서 보면 나와 거래할 가능성이 높은 소비자를 고객이라 보고 이들을 찾아내는 것을 '고객정의'라고 할 수 있다. 엄밀히 말하면 아직 고객은 아니지만 나와 거래를 함으로써 고객이 될 가능성이 높다고 생각되는 소비자를 찾아내는 것을 말한다.

건강식품을 비즈니스 아이템으로 삼는다고 해보자. 누구를 대상으로 해야 할까? 물론 어느 계층이든 건강을 챙기며 산다. 하지만 각각의 소비유형은 매우 다르다. 이를 고민하는 것이 고객정의의 첫 번째 단계다.

식약청이 한국의 성인 1,500명을 조사했다. 절반 이상이 건강기능식품을 구입한 경험이 있다고 답했다. 건강식품을 가장 많이 구매한 연령층은 30대였다. 그 다음이 40대, 50대, 60대 순이었다. 20대가 가장 낮았다. 연령층마다 선호하는 건강식품의 종류도 달랐다. 한국인의 대표적 건강식품인 홍삼 제품은 40대가 가장 많이 샀다. 오메가3 같은 제품은 50대와 60대에서 인기가 높았다. 무릎관절에 효과적이라고 알려진 글루코사민은 60대가 주로 구입했다. 반면 20대와 30대는 비타민과 무기질 제품을 선호했다.[4]

이런 정보는 무엇을 말해주는가? 건강식품 비즈니스를 하려는 사람들에게 소비자에 대한 정보를 제공하고 있다. 먼저 건강식품을 많이 찾는 사람들은 뜻밖에도 50대나 60대가 아니라 30대라는 점을 눈여겨볼 필요가 있다. 이런 정보 없이 나이 든 사람들이 건강에 더 관심이 많을 것이라 막연히 생각했다면 오산이다.

그럼 이제, 40대를 타깃고객으로 삼았다고 가정해보자. 이들에게는 어떤 제품으로 다가가야 할까? 위의 조사 결과에 따르면, 홍삼 제품이다. 물론 이들이 모두 고객이 되지는 않겠지만 이 제품으로 승부하면 손안의 새인 고객이 늘어날 가능성이 가장 높다는 점에서 그렇다. 상대적으로 20대나 30대 또는 50대나 60대는 고객보다는 소비자로 남을 가능성이 높다. 고객과 소비자를 구분하는 개념은 기업 간 거래에서도 마찬가지로 적용된다. 우리 기업과 거래할 가능성이 높은 곳이 잠재적 고객기업이다.

하지만 이 책에서는 고객과 소비자를 완전히 구분지어 사용하지는 않을 것이다. 그보다는 문맥의 흐름에 맞추어 그때그때 자연스러운 단어를 사용할 예정이다. 다만, 두 단어가 갖는 뜻은 다르다는 점을 염두에 두자.

가치제안:
고객으로 만들기 위한 첫걸음 ⟶

고객이 될 만한 소비자가 정의되었다면 다음으로는 이들을 고객으로 만들기 위한 노력을 해야 한다. 그 출발점이 고객에게 줄 가치를 제안하는 것이다. 고객에게 매력 있는 무엇인가를 어떤 방식으로 제공할지 고민하는 것이 '가치제안'이다. 소비자를 손안의 새로 만들려면 이들이 매력을 느낄 만한 가치가 제품과 서비스에 담겨야 한다. 이때 고객가치 계산이 필요하다. 앞에서 살펴본 것처럼 고객가치는 고객의 즐거움과 고통으로 정의된다.

　독일 국민들이 사랑하는 슈퍼마켓 체인으로 '알디Aldi'라는 곳이 있다. 독일 국민의 89%가 이곳에서 물건을 산 경험이 있을 정도로 알디는 독일을 대표하는 유통업체다. 전 세계에 8,000개가 넘는 매장이 있고 회사 설립 이후 매년 8%의 매출증가율을 기록하고 있다. 이 회사의 영업이익률은 5%대로, 전 세계 대형마트 업계 중 최고다. 참고로 한국의 대형 슈퍼마켓 체인은 1~2%의 영업이익률을 내는 것으로 알려져 있다.

알디가 이토록 놀라운 성과를 내는 까닭은 이 회사가 고객에게 주는 가치에서 찾을 수 있다. 알디가 고객들에게 제공하는 핵심 가치는 세 가지로, 저가격과 고품질 그리고 신뢰가 그것이다.

이 기업의 가장 큰 무기는 다른 대형마트보다 최소 15%에서 30%까지 싼 가격으로 물건을 판다는 점이다. 하지만 세상에는 싸게 파는 곳이 많다. 무조건 싸게 판다고 승부가 나는 것일까? 그게 아니라면 또 어떤 비밀이 숨어 있는 것일까? 알디는 싸게 팔 뿐만 아니라 파는 물건의 품질이 좋다. 질 좋은 소고기 1파운드약 453그램를 1.79유로, 즉 우리 돈으로 약 2,700원에 판다. 우리로서는 상상할 수 없는 가격이다. 알디가 이런 저가격 고품질 전략을 구사할 수 있는 것은 PBPrivate Brand제품을 취급하기 때문이다. 알디 매장에서는 PB제품의 비중이 무려 98%에 달한다. 코카콜라나 하이네켄 같은 유명 브랜드 제품은 이곳에서 찾아볼 수 없다. 상표와 포장 단위가 다른 PB제품만 판다. 다른 슈퍼마켓에서 초콜릿을 8개 단위로 판매한다면 알디는 10개 단위로 파는 식이다.

일반적으로 PB제품은 값은 싸도 질은 떨어질 것이라 생각한다. 이런 염려를 불식하기 위해 알디에서는 품질관리를 엄격하게 한다. 의심이 드는 제품이 있으면 불시에 공급처를 방문해 경위조사에 들어간다. 그리고 개선의 기미가 없으면 거래처를 바꾼다. 또한 알디는 고객이 조금이라도 만족하지 않으면 100% 환불해준다. 자신들의 비즈니스가 고객의 신뢰를 기반으로 한다는 사실을 너무나도 잘 알고 있기 때문이다. 고객신뢰를 유지하기 위한 알디의 노력은 여기서 그치지 않는다. 알디 PB제품의 수준은 독일 정부가 매달 발행하는 제품평가 보고서에 잘 나타나 있다. 세계적으로 유명한 브랜드인 P&G나 유니레버에 결코 뒤지지 않는 품질평가를 받고 있다. PB제품에 대한 불신을 씻어내기 위한 알디의 노력이다.[5]

알디가 저가격과 고품질 그리고 신뢰를 고객가치로 내세운 것은 마트를 찾는 독일 국민들의 즐거움과 고통에 대한 인식, 그중 특히 고통에 대한 인식이 분명했기 때문이다. 이들은 우선 마트를 찾는 소비자들의 가장 큰 고통은 가격이라고 생각했다. 하지만 가격이 싸다는 이유로 품질이 나쁘면 결국 질 나쁜 제품을 싸게 파는 것이 되므로 싼 가격이 아무런 의미를 갖지 못한다. 이렇게 되면 소비자는 짜증이 난다. 알디는 이 문제를 고민했고 엄선된 PB제품을 공급하는 것으로 해결했다. 하지만 PB제품은 유명브랜드 제품과 비교해 고객신뢰를 얻기가 어려웠다. 잘 알려지지 않은 제품을 구매할 때 사람들은 망설이게 된다. 이를 만회할 방법이 필요했다. 그래서 알디는 제품에 불만이 있을 경우 전액 환불해주는 과감한 정책을 썼다. 또한 정부의 품질평가에 적극적으로 응해 자사의 PB제품이 유명브랜드 제품과 비교해도 질적으로 차이가 없음을 알렸다. 알디의 이런 노력이 고객의 마음을 파고들면서 성공의 길로 들어설 수 있었던 것이다.

관계형태:
고객과 결속하는 방법 ▶

고객에게 줄 가치가 정의되면 그에 적합한 제품이나 서비스를 개발하게 되는데 이때 고객과 어떻게 관계를 맺을까도 고려해야 한다. 고객과 맺어지는 관계의 모습이 바로 관계형태다. 고객을 제대로 정의했다 하더라도 관계형태가 잘못 설정되면 기업은 어려움에 처할 수 있다. 고객과의 관계형태는 거래와 관계의 방식에 따라 〈그림 5〉처럼 네 가지로 나눌 수 있다.

지배적 거래관계란 고객에 대해 기업이 우위를 지니는 표준적 거래를 말한다. 명품 비즈니스가 여기에 속한다. 명품은 고객에게 지배적 힘을 발휘해야 비즈니스가 유지된다. 한국의 백화점

그림 5 관계형태의 네 가지 유형

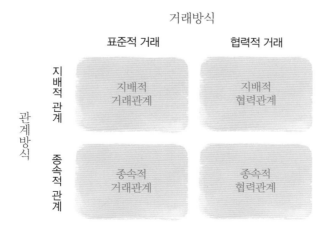

들이 해외 명품에 속수무책으로 당한다는 기사가 흘러나오는 것도 이런 거래구조 때문이다. 지배적 거래관계를 가지려면 강력한 표준이 필요하다. 매장의 형태나 디스플레이 방법 그리고 세일 여부 등에 대해 기업은 강력한 표준을 가지고 있어야 하고 또한 이를 구사할 수 있어야 한다. 이 표준을 유지할 수 있는 것 자체가 고객에 대한 기업의 힘이다.

종속적 거래관계는 일반적 표준거래에서 고객의 힘이 더 강할 때 나타난다. 정형화된 부품을 생산하는 중소기업이 대기업에 납품할 때나 중소업체가 대형마트나 할인점과 거래할 때 볼 수 있는 형태다. 일반고객과 마트 사이에서도 유사한 관계가 나타난다. 이런 거래관계는 수요자가 공급자의 힘보다 강할 때 발생한다. 종속적 거래관계의 비즈니스 상황에서 고객에게 군림하려는 태도는 매우 위험하다. 이것을 느끼는 순간 고객은 미련 없이 떠나가기 때문이다. 처음에는 잘되던 음식점이 어느 정도 성공을 한 후 망하는 이유가 여기 있다. 식당을 개업할 당시 주인의 마음속에는 종속적 거래관계가 자리 잡고 있다. 어떻게든 식당을 찾는 손님을 한 명이라도 더 잡으려고 애를 쓴다. 하지만 장사가 잘되고 손님이 줄을 설 정도로 밀려들면 마음이 변하기 시작한다. 떠밀어도 손님이 온다는 오만한 생각에 빠지면서 자신과 고객의 관계를 지배적 거래관계로 착각하게 된다. 손님들이 이를 모를 리 없고 결국 고객은 떠나게 된다.

물론 다른 거래관계에서도 이 같은 패턴이 나타날 수 있다. 하지만 종속적 거래관계일수록 매우 심하다. 그래서 고객을 잘 관찰할 필요가 있다.

파리바게뜨를 운영하는 SPC그룹은 동남아와 중국 등에 진출할 때 이 점을 잊지 않았다. 이 회사는 한국의 앞선 이미지와 프리미엄 빵에 대한 자부심으로 자칫 지배적 거래관계에 빠질 수 있었다. 만약 그랬다면 한국에서 개발해 표준화한 빵을 그대로 팔았을 것이다. 하지만 SPC는 종속적 거래관계가 비즈니스의 핵심이라고 생각했다. 빵을 철저히 현지화했다. 중국에서는 '육송빵肉松面包'을 개발했다. 고기를 좋아하는 중국인들의 식성을 반영해 빵 위에 소고기가루를 잔뜩 뿌려놓은 것이다. 베트남에서는 구운 고기와 그 나라 사람들이 좋아하는 각종 향채를 넣은 빵을 개발했다. 물론 한국에서 개발된 빵들도 판매했다. 하지만 그것만 고집하지는 않았다.

또 다른 유형으로 지배적 협력관계가 있다. 지배적 협력관계란 거래당사자들 간의 긴밀한 협력이 필요한 거래를 하되, 수요자보다는 공급자가 힘을 갖는 거래형태를 말한다. 주로 B2B거래에서 나타난다. 미국의 인텔이 반도체 공정의 핵심 제조장비인 노광기 제조업체의 협력을 얻어내고자 많은 애를 쓰고 있다. 인텔은 차세대 첨단 노광기를 개발하기 위해 일본의 니콘 사에 수백억 엔을 투자했고, 네덜란드의 노광기 제조업체인 ASML에도 애정을 쏟고 있다. 인텔만이 아니다. 삼성전자를 비롯해, 대만의 반도체 회사들도 마찬가지다. 자신들 스스로가 강력한 수요자인 이들이 기업 규모에서 비교도 안 되는 기업들에 목을 매고 있다. 무슨 까닭일까? 노광기는 반도체 제조공정에서 핵심이 되는 장비다. 생산원가를 낮추기 위해서도 노광기는 매우 중요하다. 그런데 노광기를 제조하는 기술을 가진 기업은 전 세계에 몇 안 된다. 이런 경우에는 기술을 가진 공급기업이 수요기업에 대해 힘을 가지면서 협력하는 관계, 즉 지배적 협력관계가 나타난다.

이런 사례는 일본에 많다. 일본의 장인정신, 즉 '모노즈쿠리' 비즈니스가 이런 유형에 해당한다. 모노즈쿠리는 '물건 만들기'라는 뜻을 지닌 일본어다. 그러나 이는 단순히 물건을 만든다는 의미가 아니라 '장인의 혼이 담긴 제조'를 일컫는다. 일본 경쟁력의 핵심이 곧 모노즈쿠리인 셈이다. 규모가 작더라도 기술개발에 남다른 혼을 불어넣는 장인형 중소기업이 일본에는 많다. 많은 경우 대를 이어 비즈니스를 하다 보니 오랜 세월 축적된 기술이 풍부하다. 그리고 한 가지 기술을 개발하는 데 매진하다 보니 그 품질이 탁월하다. 따라서 이들이 대기업과 거래를 할 때는 우리나라의 중소기업들과는 사뭇 다른 일이 일어난다. 오히려 이들이 지배적인 힘을 갖는 것이다.

종속적 협력관계는 지배적 협력관계와 반대다. 공급자가 수요자에 종속되어 있을 때 나타나는 거래형태로, 역시 B2B거래에서 자주 나타난다. 한국의 대기업과 중소기업 간의 관계는 대부분

이런 형태다. 중소기업이 한국의 대기업들과 거래할 때 자주 겪는 것 중의 하나는 모델변경이다. 시장 상황에 따라 모델변경은 필연적일 때가 많다. 이렇게 되면 중소기업은 큰 타격을 입는다. 기존에 개발해둔 모델을 버리고 새로운 것을 개발해야 하기 때문이다. 그럼에도 한국의 중소기업들은 이에 따를 수밖에 없다. 종속적 협력관계에서 벗어나면 살길이 막막해지기 때문이다.

여기서 한 가지 아이러니를 설명해보자. 노키아가 어렵게 된 이유 중 하나는 협력업체와 잘 정립된 거래관계에 발목이 잡혔기 때문이다. 노키아는 모든 부품을 해외에 아웃소싱하면서 표준부품에 의한 표준적 거래를 유지했다. 협력업체 입장에서 보면 종속적 거래관계가 유지되고 있었다. 그렇다고 이런 거래를 이유로 노키아가 협력업체들에 횡포를 부린 것은 아니다. 노키아는 가능한 협력업체들과의 모든 거래를 예측 가능한 표준화된 틀 속에서 진행했다. 자신들과 거래하는 중소기업들에게 돌발적 설계변경이나 부품교체 등을 전혀 요구하지 않았다. 협력업체를 봐주기 위해서 그런 것이 아니었다. 원가가 높아지기 때문에 그랬다.

노키아 입장에서는 그럴 필요가 전혀 없기도 했다. 노키아는 세계 휴대폰 업계의 최강자였다. 이 시기 휴대폰 시장은 철저히 노키아가 이끌어갔다. 자신들이 내놓는 모델이 곧 표준인데 그걸 자주 바꿀 필요가 없었다. 이런 이유로 노키아는 1년 정도의 시간적 여유를 가지고 해외 협력업체에 부품을 대량으로 주문했고 그 덕에 부품가격을 낮출 수 있었다. 협력업체 입장에서 보면 한국의 대기업과 중소기업에서 나타나는 정도의 강력한 종속적 거래구조를 갖고 있지 않았다는 이야기다.

그런데 이것이 노키아에 치명적 약점이 되었다. 한국의 삼성전자와 LG전자가 강력한 도전장을 내밀면서다. 삼성전자와 LG전자는 노키아의 신제품 전략과 달리 매우 빠른 속도로 다량의 프리미엄급 신제품을 시장에 쏟아냈다. 무명이던 이들 기업의 제품에 세계 소비자들이 반응하기 시작했다. 매력적인 디자인과 높은 품질의 제품을 빠르게 내놓는 이들에게 소비자들이 움직이기 시작한 것이다. 하지만 노키아는 여기에 대응할 방법이 없었다. 표준적 모델을, 그것도 1년 전에 통보받아 일처리를 하던 협력업체들이 잦은 모델변경에 대응하기란 쉽지 않았다. 한 번도 그런 일을 해본 적이 없는 그들에게 모델변경은 쉽게 대응할 수 없는 어려운 일이었다. 표준적인 틀 속에서 잘 정립되었던 협력업체와의 관계가, 변화하는 환경에서는 무용지물이 되었다. 그러자 노키아의 외적 정합성은 무너지고 말았다.

가치전달:
효과적 유통체계 구축

고객에게 제공할 제품이나 서비스가 개발된 후 이것을 고객에게 실제로 넘겨주는 것을 가치전달이라고 한다. 가치전달은 유통과 관련된 개념이다. 이 가치전달체계가 잘못되어도 기업은 어려움에 처한다. 한국을 떠난 까르푸Carrefour가 바로 이런 아픔을 경험했다. 까르푸는 월마트와 함께 세계 유통시장을 선도하는 기업이다. 이 까르푸가 한국에서는 초라한 성적을 거두었다. 국내에서 32곳의 점포를 운영했던 프랑스계 할인마트 까르푸는 한국 진출 10년 만에 철수를 결정했다. 까르푸의 실패 원인 중 하나가 바로 한국시장에 맞지 않는 가치전달체계를 구축했다는 점이다.

까르푸의 최대 장점은 가격경쟁력이다. 저렴한 가격으로 고객을 파고드는 힘이 강하다. 이것이 가능하려면 임대료가 저렴한 외곽에 매장을 지어야만 했다. 그리고 고객들이 물건을 대량으로 사도록 하는 것이 필요했다. 그런데 까르푸가 진입할 당시 한국의 소비자들은 이런 할인형 마트에 익숙하지 않았다. 저녁이 되면 찬거리를 사러 가까운 시장에 가서 필요한 만큼만 사는 습관이 배어 있었다. 그래서 자신이 사는 거주지 가까이에 있는 매장을 선호했다. 그러나 까르푸가 운영하는 할인점은 차량으로 이동해야 하는 도심 외곽지역에 위치했다. 반면 까르푸보다 늦게 시장에 진출한 한국의 할인마트들은 전략을 달리했다. 주택가에 최대한 가까이 매장을 열어 고객과 밀착하는 방법을 사용했다.

까르푸에는 또 다른 문제가 있었다. 후발로 뛰어든 한국의 마트들에 비해서 까르푸는 가격의 이점도 별로 없었다. 여기에다 매장 분위기에서도 한국의 마트들에 밀렸다. 까르푸는 프랑스에서 하던 대로 직원 수와 편의시설을 최소화하는 '창고형' 체계를 도입했다. 원가를 낮추기 위한 전략의 일환이었다. 이 틈을 한국의 마트들이 파고들었다. 이들은 마트를 백화점처럼 쇼핑과 식사가 가능한 복합형 서비스 공간으로 꾸몄다. 고객의 입장에서는 비슷한 가격에 같은 물건이라면 당연히 쾌적하고 즐길 거리가 풍부한 곳에서 쇼핑을 하고 싶어했다.

매장 진열에서도 까르푸는 문제를 드러냈다. 까르푸는 상품 진열대 높이를 한국인의 신장은 고려하지 않은 채 자사의 규정에 따라 2.2미터에 맞추었다. 이는 보통의 한국인들에게는 너무 높았다. 매장의 상품구성 역시 본사의 방식을 그대로 적용했다. 이들은 공산품을 중심으로 상품을 배치했다. 신선식품을 계산대 주변에 두어 공산품을 먼저 구매하고 신선식품을 나중에 구매하도록 유도하는 방식이었다. 하지만 한국 소비자들은 신선식품을 먼저 구매하고 공산품을 사는 데 익숙했다. 매장 조명도 1,000럭스로 어두웠다. 그러다 보니 매장구성이 한눈에 들어오지 않았다. 내부도 비좁고 답답하게 느껴졌다.

까르푸의 강력한 경쟁자였던 이마트는 다른 방식을 취했다. 한국 소비자들의 눈높이에 맞추어 진열대 높이를 1.6~1.8미터로 낮추었다. 조명도 1,500럭스까지 밝게 했다. 매장구성은 신선식품을 중심으로 하는 배치방식을 택했다. 소비자들은 쇼핑하기 편리한 이마트로 몰려갔고, 까르푸는 그들의 관심에서 멀어져갔다. 까르푸가 한국을 떠날 수밖에 없었던 이유 중 하나가 바로 한국 소비자들에게 걸맞은 가치전달체계를 갖추지 못한 것이다.

가치전달체계의 차이로 명암이 엇갈린 예는 또 있다. 온라인 서점 아마존Amazon과 반즈앤노블Barnes & Noble이다. 아마존이 온라인 영업을 시작했을 즈음, 미국의 최대 오프라인 서점인 반즈앤노블도 거의 유사한 방식의 온라인 판매를 시작했다. 하지만 아마존과 달리 반즈앤노블은 성공을 거두지 못했다. 이 회사에는 아마존에 있는 한 가지가 없었다. 아마존은 책을 읽고 나서 후기와 추천사를 남길 수 있는 공간을 웹사이트에 만들어두었지만 반즈앤노블은 빠뜨렸다. 이 작은 차이가 두 거물 온라인 서점의 승패를 갈랐다. 인터넷에서 무언가를 구입할 경우 고객들은 답답함을 느낀다. 제품에 대한 정보는 제공되지만 이 정보를 얼마나 믿을 수 있느냐는 것이다. 아마존은 이런 심리를 간파했다. 그래서 사람들이 책을 추천하는 이유와 추천의 정도를 표시해두었다. 그러자 고객들이 이를 기준점 삼아 책을 구매하기 시작했다. 불행히도 반즈앤노블은 이를 너무 늦게 깨달았다.

공급망 관리 역시 가치전달체계와 관련이 깊다. 공급망은 크게 전방공급망과 후방공급망으로 나뉜다. 여기서 '전방'이란 유통망에 자사의 제품을 넘겨주는 것을 의미하고, '후방'이란 부품 등을 조달하는 것을 의미한다. 특히 전방공급망 관리가 중요한데, 고객에게 가치를 직접적으로 전달하는 핵심장치여서 그렇다. 예를 들어 생선가게와 거래를 한다고 가정해보자. 잡는 생선의 양은 비슷하지만 한 어부는 생선을 잡은 바로 그날 생선가게에 가져다주고, 다른 어부는 다음 날이 되어서야 생선가게에 가져온다고 하자. 누가 더 성공 가능성이 높을까? 당연히 앞의 어부다.

삼성전자의 가전제품들이 세계시장에서 선전하는 것도 바로 이 전방공급망 관리능력 때문이다. 물론 삼성전자의 제품들은 품질도 좋다. 그러나 성공의 이유는 이것만이 아니다. 이 기업은 자신이 만든 제품을 지체 없이 전 세계 유통망으로 배급하는 능력에서도 세계 최고 수준이다. 일단 세계 어느 매장에 가도 삼성 제품은 항상 있다. "제품이 없으니 다른 날 오세요"라거나 "품절이 돼서 며칠 기다려야 합니다"라는 말을 점원으로부터 듣게 되는 경우가 거의 없다. 신제품이 개발되었을 때도 마찬가지다. 광고와 더불어 지체 없이 매장에 신제품이 진열된다. 그 덕분에 고객들은 기다릴 필요 없이 신제품을 만날 수가 있다. 고객들이 삼성전자 제품을 선호하는 이유 중 하나다.

전방공급망 관리가 제대로 이루어지려면 수요파악이 급선무다. 주먹구구식으로 유통망에 물건을 가져다주어선 안 된다. 그건 최악이다. 삼성전자의 유통체계는 세계 각지의 유통망과 긴밀한 연락망으로 엮여 있다. 다시 말해, 판매정보를 전 세계 매장에서 수집해 삼성전자에 실시간으로 들어오도록 했다. 이렇게 하니

까 각각의 매장에서 몇 대의 삼성 제품이 판매되었고 향후 주문이 얼마나 들어올지를 미리 파악할 수 있게 되었다. 이런 현장정보는 수요예측을 가능하게 한다. 수요예측이 가능해지면 제품을 얼마나 만들어야 할지도 알 수 있다.

그렇게 되면 후방공급망 관리도 수월해진다. 생산 예측이 가능해지면 부품수급 예측도 가능해져 협력업체에 필요한 만큼만 생산해달라고 하면 된다. 예전에는 삼성전자도 그저 만들어놓은 후 쌓아놓고 팔았다. 창고에 더는 쌓을 곳이 없어 재고관리를 협력업체에 맡기기도 했다. 협력업체들이 삼성전자의 부품창고 역할까지 했던 것이다. 그러나 지금은 이런 일이 줄었다. 전방공급망 관리가 잘되면서 후방공급망 관리까지 수월해져서다.

가치전달체계는 자칫 소홀하기 쉬운 영역이다. 하지만 이는 기업의 운명에 큰 영향을 미친다. 당연히 비즈니스 모델을 설계할 때 면밀히 살펴보지 않으면 안 되는 부분이다.

가치생성 모델을
만들기 위한 준비

Q | 가치생성 모델을 구축하기 위해서는 무엇을 해야 하는가?

A | 네 가지 활동을 해야 한다. 어디에서 우리만의 독특한 역량(핵심역량)을 갖출지, 핵심역량을 구현하기 위한 프로세스를 어떻게 구축할지(프로세스), 외부 협력자와 어떤 관계를 맺을지(파트너십), 그리고 성과에 차질이 생기거나 환경이 바뀌었을 때 어떻게 대응할지(성찰과 기회 탐색)를 생각하고 실행해야 한다. 앞의 세 가지는 실행력을 확보하기 위한 것이고 마지막 네 번째는 업그레이드 능력을 확보하기 위한 것이다.

고객을 정의하고 이들에게 어떤 가치를 줄 것이며 또 어떤 관계를 유지할지 고민하는 것은 비즈니스의 기본 시작점이다. 하지만 이 것으로 끝이 아니다. 고객가치를 우리만의 독특한 방식으로 만들 어내고(핵심역량), 이것을 구현할 수 있는 프로세스를 구축해야 한 다(프로세스). 여기에 외부 파트너들과의 질 높은 협력관계를 어떻 게 구축하고(파트너십), 성과에 차질이 생겼을 때 그리고 변화하는 환경에는 어떻게 대응할지도 생각해야 한다(성찰과 기회탐색).

핵심역량:
기업생존의 필수조건 ⟶

고객이 요구하는 가치를 제공하고 싶은 기업이라면 반드시 핵심역 량이 있어야 한다. 다른 기업과 똑같아서는 경쟁에서 이기기 어렵 다. 일반적으로 기업이 가져야 할 핵심역량은 Q^2CDA로 나타낼 수 있다. Q^2은 양quantity과 품질quality을 말한다. 양이란 충분한 생산능 력, 즉 고객이 요구하는 양을 항상 채워줄 수 있는 능력을 말한다. 이런 능력은 B2C기업에도 그렇겠지만 특히 B2B기업에 중요하다. 생산능력이 적으면 대규모 수주를 따낼 수 없기 때문이다. 아울러 높은 품질을 유지하는 것은 기업이 가져야 할 당연한 핵심역량 중 하나다. C는 비용cost을 말한다. 비용을 낮출 수 있는 능력은 기업 에 매우 중요한 역량이다. D는 생산된 제품이나 서비스를 적기에 납품delivery하는 능력을 말한다. A는 Q²CD에 대한 고객의 변화 요구에 재빠르게agility 대응하는 능력을 말한다.

기업이 최고의 경쟁력을 유지하려면 Q²CDA를 완벽하게 갖추어야 한다. 그러나 이는 매우 힘들 뿐 아니라 비용도 만만치 않다. 이 모든 역량을 다 갖출 수 없다면 이 가운데 고객이 우리와 거래하지 않을 수 없도록 하는 조건을 반드시 하나 이상 지녀야 한다. 이것을 가리켜 핵심역량 중의 핵심역량, 즉 '킬러역량'이라고 한다. 성공하는 기업들은 이런 킬러역량을 반드시 가지고 있다.

나는 어느 기업과 같이 일하면서 재미있는 사실 하나를 발견했다. 이 기업은 매년 고객기업으로부터 Q²CDA 평가를 받는다. 그런데 성적이 그리 좋은 편이 아니다. 품질은 전체 거래 기업에서 중간 정도로, 고객기업이 요구하는 품질기준을 약간 상회하는 수준이다. 그렇다고 가격이 경쟁사에 비해 저렴한 것도 아니다. 그런데 이 기업이 딱 하나 경쟁사보다 월등하게 잘하는 것이 있다. 고객기업이 요구하는 양을 적기에 납품하는 능력이다. 고객이 필요로 하는 시점에 필요한 양만큼 정확히 도달하도록 하는 능력이 바로 이 기업의 생존비법이었다. 이것이 킬러역량이다.

이곳과 유사한 킬러역량을 가진 곳이 있다. 동진볼트라는 국내 중소기업이다. 각종 자동차에 쓰이는 볼트를 생산하는 업체다. 이곳의 킬러역량은 납기일과 품질을 철저히 지키는 것이다. 특히 이 업체에 '납기일'은 흡사 종교와도 같다. 납기시한이 아무리 촉박

해도 발주자가 원하는 날 정확히 물건을 공급하는 능력이 업계 최고 수준이다. 이 능력을 유지하기 위해 동진볼트는 두 가지 노력을 하고 있다. 하나는 끊임없는 교육이다. 일주일에 한 번씩 사내 교육을 하고 석 달에 한 번은 외부 전문가를 초청해 교육한다. 납기일을 지키기 위한 시스템 운영과 안전관리가 주 내용이다. 다른 하나는 품질을 높이기 위한 노력이다. 중소기업에서 불량률 제로에 도전하기는 쉽지 않다. 하지만 이곳은 매년 수억 원의 연구개발비를 품질 및 기술 개발을 위해 쏟아 붓고 있다. 품질 개선을 위해 노력하면서 납기일을 한 번도 어기지 않는 이 기업을 누가 싫어하겠는가?[6]

자동차 업계에서 최고의 경쟁력을 갖춘 기업은 어디일까? 다름 아닌 BMW다. 이 회사의 킬러역량은 고객이 요구하는 모든 종류의 차종을 하나의 라인에서 만드는 유연한 생산체계에 있다. 이와 관련해 BMW에는 재미있는 경영방침이 하나 있다. 경영 상황이 나빠질 것에 대비해 공장의 생산능력을 시장의 수요보다 적게 운용하는 것이다. 이렇게 되면 아무래도 고객의 기다리는 시간이 길어진다. 그럼에도 불구하고 BMW의 고객들은 기다리지 않는다. 고도로 발달한 이 회사의 유연생산체계 덕분이다.

그 출발은 주문 후 제작하는 BMW의 생산방식이다. 영업소에서 고객이 자동차의 디자인, 색상, 엔진방식, 내부 인테리어 등에 대한 주문이 완료되어야 비로소 생산이 시작되는 방식이다. 그런데도 고객이 요구하는 시점에 차를 정확히 제공할 수 있다. 생산 능력이 빠듯한데도 이같이 할 수 있는 이유는 앞서 언급했듯 생산 라인이 매우 유연하기 때문이다.

BMW는 하나의 생산라인에서 매우 많은 차종을 만든다. 모델별·엔진별·고객옵션별·수출별 등 경우의 수를 모두 합치면 이론적으로 10^{64}종류의 차를 한 라인에서 처리할 수 있다. 놀랍지 않은가? 실제로 하나의 라인에서 완전히 똑같은 차가 조립되는 경우는 3년에 한 번 정도라고 한다. 이런 시스템을 가능케 하기 위해 BMW의 모든 공정은 디지털화되어 있다. 이것을 기반으로 수많은 부품이 적기에 공급되고 있다. 더 중요한 것은 모델변경 요청이 있어도 라인교체 작업이 없다는 점이다. 교체가 잦아지면 그만큼 생산이 지연된다. BMW에서는 이런 일이 없다. 아무리 복잡한 주문도 한 라인에서 지체 없이 처리한다. 근로자들이 다양한 업무를 두루 처리할 수 있도록 철저히 훈련되기 때문이다. BMW의 작업자들은 스물다섯 가지 정도의 상이한 업무를 해낼 수 있다고 한다.[7]

전 세계 온라인 쇼핑몰 중 가장 단기간에 성공한 기업을 꼽으라고 한다면 앞서 소개한 아마존을 들 수 있을 것이다. 인터넷 서점에서 출발해 이제는 팔지 않는 게 없을 정도로 모든 것을 파는 거대 쇼핑몰로 성장했다. 아마존 역시 킬러역량을 가지고 있다. 바로 초스피드 민첩성이다. 아마존의 내부 연구결과에 따르면 인터넷 화면의 속도가 0.1초 느려질 때마다 고객의 만족도는 1%씩 나빠진다고 한다. 이 연구를 통해 아마존은 인터넷 비즈니스에서 속도의 중요성을 뼈저리게 실감했다.

아마존에서는 어떤 곳보다 빠르게 책을 찾을 수 있다. 단 한 번의 클릭만으로 상품을 구매할 수 있는 '원클릭one-click' 서비스 덕분이다. 또 세계 어디에 있든지 휴대전화와 인터넷을 통해 1~2분 안에 전자책을 다운받아 볼 수 있다. '위스퍼넷Whispernet'이라는 서비스 때문이다. 배송에서도 초스피드를 자랑한다. 당일배송이 그 예다. 영국과 미국 내 10개 도시에서는 오전 9시 이전에 상품을 주문하면 당일 저녁에 물건을 받아볼 수 있다. 배송가격은 3.99달러에 불과하다.

또 있다. 아마존의 핵심사업 중 하나로 '아마존 웹 서비스'가 있다. 아마존이 제공하는 웹에서 연산과 저장을 할 수 있게 해주는 원격 컴퓨팅 서비스이다. 우리가 알고 있는 클라우드 컴퓨팅 서비스와 같은 것이다. 넷플릭스Netflix나 인스타그램Instagram 같은 인터넷 회사들과 미국 항공우주국NASA 같은 곳이 아마존 웹 서비스의 주 고객이다. 고객들이 몰리는 이유 중 하나는 초스피드에 있다. 다른 업체들의 경우 서버를 계약하고 이용하는 데 최소 2~3시간이 걸린다. 하지만 아마존은 10분이면 충분하다.

아마존의 '초스피드'는 일하는 방식에도 적용된다. 이 회사에는 이른바 '피자 두 판 규칙'이란 것이 있다. 한곳에 모여 일하는 사람들의 숫자를 6~10명, 즉 라지 사이즈 피자 두 판으로 한 끼를 해결할 수 있는 정도로 제한한다는 규칙이다. 그래야 일을 빠르게 창의적으로 할 수 있다는 것이다. 이를 넘어서면 팀이 관료화되어 좋은 결과를 얻을 수 없다는 발상이다.[8]

초스피드를 킬러역량으로 삼는 기업은 또 있다. 시멕스CEMEX라는 곳으로, 세계 3대 시멘트 회사이자 멕시코에서 가장 존경받는 회사다. 시멕스의 킬러역량은 '피자배달보다 빠른 콘크리트 공급'이라는 슬로건에서 잘 드러난다. 왜 이런 슬로건을 내걸었을까? 이 회사는 자사의 고객들이 시간과 싸우고 있다는 것을 간파했다. 적기에 공급되지 않는 콘크리트는 무용지물이기 때문이다. 그래서 나온 것이 'GPS 기반 통합업무 시스템'이다. 이들은 배송 트럭마다 컴퓨터를 설치하고 고객사에도 위성통신 시스템을 장착했다. 고객이 주문하면 본사에서는 고객과 가장 가까운 지역에 있는 트럭을 연결해준다. 그러자 배송시간이 20분으로 줄었다. 고객들이 자신의 주문이 어떻게 처리되는지 볼 수 있는 인터넷 포털사이트도 개설했다. 멕시코에서는 배송 당일에 주문을 취소하는 경우가 다반사로 일어난다. 이 문제도 GPS 기반 통합업무 시스템으로 해결했다. 배달 마지막 순간에 고객이 주문을 취소하면 트럭의 행선지를 바꿔 다른 공사장으로 이동하도록 조치된다. 그래도 고객으로부터 위약금은 받지 않는다. 그러니 멕시코 사람들이 시멕스를 싫어할 수 있겠는가?

이탈리아에는 어떤 브랜드의 옷이든 저울에 달아 무게로 값을 매겨 성공을 거둔 기업이 있다. 킬로파숑Kilo Fascion이라는 패션 매장이다. 여기서는 손님이 옷을 골라 오면 상품코드를 찍고 옷의 무게를 저울로 달아 가격을 정한다. 대체로 정가의 40~90% 할인된 가격으로 살 수 있다. 잘만 고르면 50만 원짜리 옷을 10만 원이나 5만 원으로도 살 수 있다. 그렇다고 싸구려 옷을 파는 것은 아니다. 구찌나 프라다 같은 최고급 명품 브랜드 의류를 판다. 킬로파숑은 고정된 매장이 없다. 가게를 임시로 빌려 대략 6개월 영업을 한 뒤 다시 자리를 옮긴다. 매장운영에 들어가는 고정비를 최소화하기 위해서다. 매장을 옮길 때마다 손님들이 구름같이 몰려든다. 프라다 옷을 정가와 상관없이 무게로 재서 살 수 있다면, 당연히 손님이 몰리지 않겠는가?

이토록 특이한 비즈니스 아이디어는 주세페 카빌리아Giuseppe Caviglia 회장의 머리에서 나왔다. 불황을 타개할 비책을 고민하던 중 어느 영화 장면이 떠올랐다. 옷감을 살 때 무게에 따라 돈을 내고 그것을 재봉사에게 맡겨 옷을 만들던 장면이었다. 그는 옷도 저울에 달아 팔면 어떨까 생각했다. 그렇더라도 무작정 저울에 달 수는 없었다. 그래서 슈퍼마켓에서는 채소와 고기를 어떻게 판매하는지 관찰하고 수백 개 품목을 대상으로 수천 번 실험을 거듭해 그램당 최적의 가격을 찾아냈다. 브랜드 가치와 출시 날짜에 따라 '굿Good' '베터Better' '베스트Best'로 의류를 분류하고 각 등급에 맞추어 그램당 가격을 책정한 것이다.[9]

그렇다면 비용을 줄이는 것이 킬로파숑의 킬러역량일까? 아니다. 바로 명품 기업과의 협력관계가 킬러역량이다. 킬로파숑이 속한 릴라그룹Lilla SPA International Group은 1975년 설립 후 구찌, 프라다, 질샌더 등 600여 개에 달하는 명품 브랜드와 이월상품을 대량 구입하는 협력관계를 구축해왔다. 이것이 저울에 옷을 달아 판다는 놀라운 아이디어와 결합하면서 '킬로파숑'이라는 특이한 유통방식으로 진화한 것이다. 릴라그룹이 맺고 있던 협력관계가 바로 이곳의 킬러역량인 셈이다.

프로세스:
가치생성을 만들어가는 일련의 흐름

핵심역량을 정의했다면 이제 이를 구현할 수 있는 프로세스를 구축해야 한다. 다시 아마존 이야기로 돌아가보자. 스피드의 중요성을 인식한 아마존은 이를 킬러역량으로 구현하기 위한 행동을 개시했다. 당일배송을 실현하기 위해 아마존은 로스앤젤레스와 샌프란시스코 등지에 핵심물류센터를 건립했다. 그리고 모든 물류센터를 자동화해 매우 빠른 속도로 일처리가 가능하도록 설계했다. 또한 웹 클라우딩 서비스의 스피드를 높이기 위해 가동 서버를 45만 대로 대폭 늘렸다. 아마존의 강력한 경쟁자인 페이스북은 약 10만 대를 보유한 정도였다.

'타라Tara'라는 인쇄업체가 있다. 이 업체는 디지털기기 보급으로 인쇄업이 쇠락하는 가운데서도 성장을 거듭하는 기업이다. 타라가 이렇게 성장할 수 있었던 데는 자신들만의 확실한 킬러역량을 설정하고 이를 뒷받침하는 프로세스를 구현한 덕분이다. 타라가 킬러역량으로 삼은 것은 다품종 소량 생산과 스피드다. 타라에는 TPSTotal Printing Solution라는 사업부가 있다. 전통 방식의 인쇄업을 하는 사업부문이다. 그런데 이곳의 인쇄 스피드는 업계 최고 수준이다. 인쇄를 맡기는 고객은 시간에 쫓기는 일이 다반사다. 출판날짜는 정해져 있지만 원고 마감이 지연되는 경우가 많기 때문이다. 이러다 보니 인쇄소가 빛의 속도로 일해주지 못하면 출판날짜를 맞출 수가 없다. 그래서 타라의 TPS는 '원스톱 프린팅 서비스'라는 시스템을 개발했다. 보통 인쇄는 제판, 인쇄, 제본, 후가공으로 공정이 분리되어 있다. 이 가운데 한 단계만 지연되어도 전체 일정이 늦어진다. 하지만 타라에서는 전 공정이 하나의 생산라인으로 묶여 있어 주문이 들어오면 중단 없이 일사불란하게 움직인다. 이러한 프로세스를 갖춘 덕분에 전체 공정에 대한 관리가 수월해졌고 생산속도도 2배 빨라졌다. 타라가 인쇄업의 선두주자로 나설 수 있었던 이유다.

최근 신한금융그룹이 프로세스를 변경했다. 기업투자금융과 자산관리 분야를 하나로 묶은 것이다. 그룹 내의 신한은행과 신한금융투자가 각각 맡고 있던 기업금융과 자산관리 업무를 묶는 작업이 그 핵심이다. 유럽이나 미국과 달리 한국에서는 은행과 증권사 업무가 분리 운영되고 있다. 그래서 직접금융증권사의 유가증권 발행과 간접금융은행의 대출상품을 통합한 서비스를 제공하기가 쉽지 않다. 그러다 보니 고객은 은행과 증권사를 따로따로 방문해야 하는 불편을 겪었다. 이런 불편을 없애 고객에게 편리하고 차별화된 통합 자산관리 솔루션을 제공하자는 것이 프로세스 개편의 이유다. 이를 위해 신한은행의 기업금융 조직과 신한금융투자의 자산관리 조직이 사업부문으로 통합되었다. 이로써 신한은행의 기업담당자와 신한금융투자의 기업담당자가 한 팀이 되어 움직이는 것이 가능해졌다.

조직개편을 단행한 후에는 고객접점 프로세스도 바꾸었다. 신한금융투자와 신한은행에 각각 존재하던 전문자산관리센터를 같은 점포 내에 두는 조치를 취한 것이다. 이로써 고객들은 은행과 증권사의 금융상품과 자산관리 서비스를 동시에 제공받게 되었다. 이런 프로세스 개편의 이면에는 고객들의 원스톱 서비스 욕구가 자리 잡고 있다. 고객들은 자신들을 위한 서비스가 여기저기서 분산 제공되는 것을 원치 않는다. 원하는 시간에 편리한 곳에서 일관성 있게 이루어지기를 바란다. 신한금융그룹은 바로 이런 고객 니즈를 깨달은 것이다.

요즘 국내의 대형 유통업체들은 거점물류센터를 구축하기 위해 동분서주하고 있다. 롯데마트가 농산물포장센터를 개장했고 이

마트는 이마트 후레시센터Fresh Center를 열었다. 이곳에서는 과일과 채소, 수산물 등 신선식품의 가공과 저장 그리고 포장이 동시에 이루어진다. 유통업체가 이렇듯 거점물류센터를 여는 이유는 단 하나다. 생산으로부터 판매에 이르는 유통단계를 줄여 판매가격을 낮추기 위해서다. 대형마트들이 사활을 건 싸움을 하는 현 상황에서 저가격은 삶과 죽음을 가르는 중요한 요소다. 기존에는 '생산자 → 산지 저장업자 → 도매상 → 상품 선별 및 포장 작업을 하는 중간상'으로 넘어가는 복잡한 유통구조를 통할 수밖에 없었다. 이런 체계 아래에서는 수익이 분산되기 때문에 소비자들이 결국 비싼 가격을 지불해야 한다. 이런 기능을 거점물류센터에서 원스톱으로 처리해 고객 부담을 줄이자는 것이다.[10]

공장이 해외에 진출해 있는 경우 가장 큰 골칫거리는 품질을 유지하는 일이다. 하지만 품질을 끌어올리는 프로세스 구축이 생각만큼 쉽지 않다. 이 문제를 지식공유와 학습이라는 관점에서 해결한 기업이 있다. LG이노텍의 후이저우 중국 공장 사례다. 핵심은 근로자의 숙련도를 빠른 속도로 끌어올리는 것이었다. 이 방법은 생각보다 간단하다. 종업원을 숙련도에 따라 모자 색깔로 구분하는 것이다. 빨간 모자는 입사 3개월 이상의 근로자에게, 파란 모자는 평균 숙련 근로자에게 지급된다. 신입직원들에게는 노란 모자가 지급된다. 이렇게 한 후 근무 중에는 절대 같은 색깔끼리 모이지 않게 하는 것이다. 노란 모자는 반드시 빨간 모자와 파란 모자 사이에서 일해야 하고, 파란 모자도 앞뒤로 최소 한 명은 빨간 모자를 쓴 직원이 있어야 한다. 이렇게 하자 신규 인력의 업무적응력이 눈에 띄게 좋아졌다. 노란 모자를 쓴 신입직원들이 자신들도 빨간 모자를 쓰고 싶다는 열망을 갖게 되었고, 그러기 위해 빨간 모자와 파란 모자를 쓴 선배들 사이에서 열심히 일했다. 당연히 보고 배우는 것이 많아지면서 숙련도가 빠르게 올라갔고, 초보자로 인한 품질불량률도 크게 떨어졌다.

빨간 모자를 쓴 숙련공들은 특별임무를 지시받기도 한다. 불량이 발생하면 생산라인에 긴급 투입되어 문제를 해결하는 역할이다. 공장 내에서는 이들을 '품질특공대'라고 부른다. 이런 방식이 도입되자 불량률이 급격히 떨어졌다.[11]

파트너십:
외부와의 효과적 협력

가치생성 모델에서 결코 가볍게 다루어서는 안 되는 것이 바로 파트너십이다. 부산에 협성종합건업이라는 건설업체가 있다. 이 회사의 큰 일 중의 하나는 협력업체와 거래하는 재하청 근로자들의 임금을 매달 입금해주는 일이다. 이런 번거로운 일을 하는 것은 하도급업체 직원들을 돕기 위해서다. 건설업은 경기의 부침이 심한 업종이다. 그러다 보니 협력업체들이 부도를 내는 일도 적지 않다.

이들 업체가 부도를 내면 재하청을 받은 영세기업의 근로자들이 급여를 받지 못하는 문제가 발생한다. 모회사가 공사대금을 제때 줘도 막상 하도급업체는 3~6개월짜리 어음을 대금으로 받는 일이 다반사이기 때문이다. 그런데 협력업체가 부도를 내면 어음결제조차 불가능하다. 이런 일이 일어나면 재하청업체의 근로자들이 모회사로 몰려와 데모를 한다. 아무 잘못이 없는 곳에 와서 하소연을 하는 셈이다. 이 문제를 해결하지 않고서는 협력업체와의 관계가 나빠지기만 한다는 판단이 서자 협성종합건업은 협력업체들을 설득해 재하청 근로자들의 임금을 모회사가 직접 지불하는 제도를 시행했다. 처음에는 반대도 많았지만 일일이 찾아가 설득했다.

과정은 어려웠지만 결과는 좋았다. 재하청업체 근로자들이 모회사로 몰려와 데모하는 일이 사라진 것이다. 그뿐 아니라 협성종합건업의 일이라면 다른 일을 제치고 성실히 도왔다. 자신들의 인건비가 떼일 염려가 사라지면서다.[12]

파트너십은 기업경영에서 자칫 소홀하기 쉬운 부분이다. 하지만 파트너십이 강해야 기업도 궁극적으로 견실히 성장할 수 있다. 가치생성 모델에서 파트너십이 중요하게 다뤄지는 이유다.

파트너 때문에 고생한 기업도 있다. 롯데백화점이 그랬다. 롯데백화점은 2008년 야심차게 중국 베이징의 번화가인 왕푸징王府井 거리에 중국 인타이銀泰 그룹과 합작으로 백화점을 열었다. 하지만 개장 첫해부터 큰 적자에 시달리면서 이후 누적적자가 눈덩이처럼 불어났다. 백화점 입지 선정에 문제가 있었다는 지적도 있었지만 더 큰 문제는 합작회사인 인타이와의 불협화음이었다. 두 회사는 아무리 작은 일도 협의해 처리한다는 계약을 맺었다. 그러다 보니 백화점의 사활에 영향을 미치는 명품점 유치 같은 결정에서 부딪치기 시작했다. 심지어 형광등 하나를 갈 때도 의견이 부딪쳤다. 시간이 흐르면 차츰 서로를 이해하게 될 것이라고 생각했지만 상황은 나아지지 않았다. 이러는 사이 백화점은 아무런 특징도 없고 관리도 제대로 되지 않는 곳으로 전락하고 말았다.

파트너십이란 단순한 협력을 의미하지 않는다. 극단적으로 말하면 파트너십만으로도 비즈니스가 가능할 정도로 매우 중요한 문제다. 홍콩의 의류업체 리앤펑Li & Fung은 파트너십만으로 연간 200억 달러의 매출을 올리고 있다. 리앤펑은 생산시설이 없다. 이 회사는 파트너십에 의한 공급망 관리만으로 연간 20억 벌이 넘는 옷을 납품받아 판매한다. 원자재 구매 및 생산 과정은 협력업체가 모두 맡는다. 리앤펑은 단지 이들을 관리할 뿐이다. 이곳이 관리하는 업체는 40개국에 흩어진 약 3만 개 공장이다.

리앤펑이 처음부터 이렇게 일했던 것은 아니다. 1906년 창립한 이 회사는 장난감과 원단 등을 파는 무역중개업으로 출발했다. 이때만 해도 자체 생산공장이 있었다. 하지만 펑 회장이 새로운 CEO로 등장하면서 변화가 일어났다. 협력업체만으로 비즈니스를 하는 방식이 도입된 것이다. 자신이 공장을 가지고 있으면 협력업체와 경쟁관계에 놓여 원활한 협력이 어렵다는 이유였다. 이 회사의 사업방식은 이렇다. 리앤펑이 미국의 대형마트에서 수주를 받으면 방글라데시에 있는 협력업체 공장에 봉제를 맡긴다. 이곳은 리앤펑의 도움을 받아 단추는 중국, 지퍼는 일본, 실은 파키스탄에서 구매한다.

리앤펑이 협력업체만으로 비즈니스를 할 수 있는 데는 세 가지 비결이 있다. 첫째, 협력업체 네트워크를 관리하는 공급자 관리 시스템을 갖추고 있다. 이 시스템을 통해 모든 외주관리가 통합적으로 이루어진다.

둘째는 '30/70 규칙'을 철저히 지키는 것이다. 협력업체 생산 능력의 30% 이상, 그러나 70%를 넘지 않게 일감을 준다는 원칙이다. 협력업체에 지나치게 의존하지 않으면서도 좋은 관계를 유지하기 위한 황금률이다. 이를 펑 회장은 액체, 고체, 기체에 비유한다. 30% 미만이면 기체가 된다. 이렇게 되면 협력업체와 지속적 관계를 유지하기가 어렵다. 70%가 넘으면 고체 상태다. 이렇게 되면 유연성이 사라진다. 가장 좋은 것은 액체 상태를 유지하는 것이다. 이를 유지시키는 방법이 30/70 규칙인 것이다. 여기에는 리앤펑에만 전적으로 의지하지 말라는 의미도 담겨 있다. 30% 정도는 스스로 거래처를 개척해야 협력업체도 창의성을 살리게 된다는 것이다.

셋째는 항상 새로운 협력업체를 찾아 나서는 것이다. 리앤펑은 새로운 협력업체와 거래를 시작할 때 협력업체가 이미 몸담고 있는 기존 사업에는 진출하지 않겠다는 약속을 한다. 협력업체에 강한 신뢰를 심어줌으로써 장기간 공생을 도모하자는 것이다. 이런 행동은 네트워크 내의 기존 업체들이 적당한 긴장을 유지하게 하는 부수적 효과도 발휘하고 있다.

성찰과 기회탐색: 항상 새로워지기

성찰과 기회탐색 역시 가치생성 모델에서 매우 중요한 요소다. 이것이 없으면 기업 존립의 핵심인 외적 정합성을 높일 수 없기에 그렇다. 성찰이란 자신의 부족함을 인식하고 그것을 메우기 위한 노력을 말한다. 목표달성에 실패하거나 성과에 차질이 생겼을 때 원인을 면밀히 분석하고 대응방안을 마련하는 것이 성찰이다. 성찰의 핵심은 '피드백feedback'이다.

이에 비해 기회탐색은 미래의 기회를 감지하고 이것에 기민하게 대응하는 것을 말한다. 여기선 피드포워드feedforward가 핵심이다. 피드포워드란 앞으로 발생할 변화의 조짐을 찾아내는 것이다. 기회탐색에는 두 가지가 있다. 하나는 고객니즈의 변화를 관찰해 대응하는 것(고객기회탐색)이고, 다른 하나는 기술변화의 추이를 지켜보며 대응하는 것(기술기회탐색)이다.

'성찰과 기회탐색'을 통해 스스로를 계속 변화시키는 기업이 있다. 바로 헨켈Henkel이다. 헨켈은 가정주부와 전문요리사가 가장 가지고 싶어하는 칼을 만드는 곳이다. 한국에는 '쌍둥이칼'이라는 이름으로 더 잘 알려져 있다. 헨켈은 원래 중세 기사들이 쓰는 검劍을 만들었다. 세상이 바뀌어 검이 필요 없어지자 주방용 칼을 만드는 회사로 변신한 것이다. 지금은 주방용 칼뿐 아니라 가위, 손톱 손질 기구, 이발소용 면도기 등 칼과 관련된 모든 것을 만든다. 헨켈의 지속성장 비결은 고객으로부터 오는 피드백에 재빠르게 대응하는 성찰능력과, 고객가치가 어떻게 변화해가는지를 경쟁자보다 빠르게 포착하는 고객기회탐색 능력이 뛰어나다는 데 있다.

헨켈의 피드백 활용능력은 정말 탁월하다. 헨켈의 주력은 무쇠 칼이었다. 그런데 이 칼에 대한 고객불만이 많았다. 칼날이 너무 쉽게 닳는다는 점이었다. 이를 계기로 헨켈은 고객이 '잘 드는 칼'에서 '오래 쓰는 칼'을 원하고 있음을 깨달았다. 그래서 쉽게 무뎌지지 않는 칼을 만들기 위한 공법을 새로이 개발했다. 섭씨 1,000도 정도에서 철을 가열한 뒤 실온에서 식힌 다음 영하 70도에서 냉각하고 다시 이것을 80~310도에서 가열해 칼을 제작하는 방식이다. 열처리 과정에서 칼의 강도를 높이고 냉각과정을 통해 칼의 신축성을 개선함으로써 칼의 날카로움을 오랫동안 유지하는 방법을 찾아낸 것이다.

고객가치를 끌어올리기 위해 헨켈은 피드백에 의한 성찰에만 의존하지 않았다. 고객이 제공하는 미래기회를 탐색하기 위한 피드포워드에도 능하다. 헨켈이 새로운 고객니즈를 탐색하는 창구는 인터넷 사이트와 트위터 그리고 매장이다. 다른 기업들과 크게 다르지 않다. 인터넷 사이트에서는 소비자 참여와 파워블로거 체험을 통해 고객정보를 수집한다. 또한 트위터에서도 정보를 찾는다. 이를 통해 헨켈은 주부들이 식칼에서 나는 쇠냄새를 싫어한다는 것을 알게 되었다. 그래서 내놓은 것이 무쇠와 스테인리스 철을 배합한 칼이다. 기존의 무쇠 칼은 자르는 성능은 좋았지만 쇠냄새가 심하게 났다. 스테인리스는 쇠냄새는 없었지만 자르는 힘이 약했다. 이 둘의 장점을 결합한 것이 무쇠 스테인리스 칼이었다.

헨켈의 기회탐색은 여기서 멈추지 않았다. 주부들이 칼 가는 일을 어려워하는 것을 알고 이번에는 갈지 않아도 되는 칼 '트윈스타' 시리즈를 개발했다. 이 제품은 시장에 나오자마자 유럽의 고급 주방용 칼시장의 40%를 장악했다. 매장을 통해서도 정보는 항시 수집된다. 헨켈은 다른 나라에 매장을 낼 때 유행을 선도하는 대형 매장을 선호한다. 취향이 특히 까다로운 소비자들로부터 고급 정보를 얻어내기 위함이다.[13]

기회탐색의 또 다른 요소는 기술변화의 추이를 살펴보고 이에 대응하는 것이다. 고객의 변화가 기업경영의 지형을 바꾸기도 하지만 기술변화도 고객 못지않은 영향력을 비즈니스에서 발휘한다. 기술기회탐색의 핵심은 새로운 기술 출현에 주의를 기울이면서 적절한 시점에 빠르게 대응하는 것이다. 이에 실패한 기업이 코닥이다. 코닥은 필름업계를 장악한 기업으로 유명하지만, 디지털 카메라 기술에 대응하지 못해 쇠락한 기업으로도 유명하다. 아이러니하게도 이 기술은 코닥이 세계 최초로 개발한 것이다. 그런데 일본의 경쟁기업들이 코닥의 디지털카메라를 모태로 하여 새로운 산업을 일으키는 동안 정작 코닥은 기존의 필름사업에 안주하는 경영의 실수를 저질렀다.

비용 모델 구축하기

Q | 비용 모델은 어떻게 구축하는가?

A | 기업에서 비용은 획득→가공→가치제공이라는 본원적 활동과 연구개발과 관리라는 지원활동에서 발생한다. 따라서 비용통제는 이들 각각의 단계에 따라 이루어져야 한다. 아울러 비용통제는 통합경영을 할지 분산경영을 할지에 따른 전략적 관점에서도 바라볼 필요가 있다. 비용의 효율적 통제는 기업 생존에 매우 중요한 기본활동이다. 하지만 고객가치를 무너뜨리지 않는 범위 내에서만 이루어져야 함을 절대 잊어서는 안 된다.

비용이란 고객에게 제공할 가치를 만들고 전달하는 과정에서 발생하는 각종 경비를 말한다. 보통의 경우 '비용'은 부가가치를 만들어내는 프로세스와 판매행위가 일어나는 과정에서 발생한다. 이 비용을 얼마나 적게 들여 원하는 가치를 만들어내느냐가 경쟁의 관건이다. 이를 위해 비용 모델을 제대로 이해하는 일이 중요하다.

비용은 기업경영의 다양한 영역에서 발생한다. 가치사슬을 알면 비용이 발생하는 곳을 알 수 있다. 기업의 가치사슬은 〈그림 6〉과 같이 '획득 → 가공 → 가치제공'의 흐름과, 가치를 창출하는 데 필요한 '연구개발' 과정, 이러한 활동과 흐름을 '관리'하는 행위로 이루어진다.

그림 6 **가치사슬**

획득 과정에서 비용통제하기

기업이 서비스나 제품을 생산하려면 필요한 원자재나 서비스를 외부로부터 구매해야 한다. 이를 획득이라 한다. 획득에 드는 비용을 줄이면 기업이 경쟁력을 가질 수 있다. 다양한 방법이 있는데, 가장 많이 쓰는 방법이 규모의 경제를 활용하는 것이다.

규모의 경제는 많이 사들여 구매로 인한 비용을 낮추는 방법이지만, 또 다른 이득도 있다. 구매협상력을 높일 수 있다. 한국의 소비자들은 해외 명품에 대해 이런저런 불만이 많다. 해외 다른 나라에 비해 국내에서 산정되는 가격이 높기 때문이다. 중간상들이 마진을 많이 챙긴 까닭일 수도 있지만 근본적으로는 이들의 구매협상력이 약해서다. 명품 업계에서 볼 때 한국시장은 상대적으로 규모가 작다. 한국 전체에서 팔리는 양이 미국의 한 가게에서 팔리는 양보다 적을 때도 있다. 그러다 보니 가격을 깎아서 구매해 올 수 있는 협상력을 발휘하기가 어렵다.

규모의 경제에 사활을 거는 업종은 할인마트 같은 곳이다. 월마트가 경쟁자보다 저렴한 가격을 유지할 수 있는 비결도 규모의 경제에서 나온다. 그래서 이들은 기를 쓰고 매장수를 늘린다. 매장이 많아야 파는 양도 많아져 가격협상에서 유리한 고지를 점할 수 있기 때문이다.

비용절감 프로그램도 종종 쓰이는 방법이다. 이는 협력업체로부터 제공받는 원자재나 서비스에 대한 공급가격을 낮추는 프로그램이다. 협력업체 입장에서는 마진이 줄어들겠지만 구매하는 입장에서는 비용을 줄이는 손쉬운 방법이다. 이 역시 획득 프로세스에 개입해 비용을 통제하는 방법이다. 하지만 일방적인 가격 낮추기는 문제를 만들기도 한다. 협력업체 입장에서 받아들이기 어려운 가격주문을 하면 납품하는 원자재나 부품의 품질이 심하게 저하될 수 있다. 도요타가 미국에서 초대형 리콜을 실시한 이유도 협력업체의 부품에 문제가 있었던 것으로 알려지고 있다. 과도한 원가 쥐어짜기가 빚어낸 참사다. 협력업체의 단가를 낮추기 위해서는 협력업체를 돕는 방법이 우선되어야 한다. 대체로 협력업체들은 경영능력이 열악하다. 이 경우 이들의 혁신능력을 끌어올려주어야 한다. 협력업체에 생산이나 기술 또는 경영과 관련한 컨설팅 인력을 투입해 이들의 역량을 끌어올릴 필요가 있다. 여기서 얻은 과실을 나누는 것이 올바른 비용절감 프로그램이다.

카드업계에서는 고소득층을 잡기 위해 VVIP 카드를 발행한다. VVIP 카드의 연회비는 아주 비싸다. 그렇다면 카드회사는 이 연회비로 수익을 내는 것일까? 아니다. 이들 회원에게 받은 연회비는 이런저런 서비스로 대부분 돌려준다. 그럼 왜 굳이 비싼 연회비를 받는 것일까? 이 역시 획득 과정을 통제해 기업비용을 줄이려는 하나의 방법이다. 카드업계에서 획득이란 고객선별을 말한다. 카드업계에는 고질적인 문제가 하나 있다. 카드 사용자들의 결

제대금 연체다. 이 연체료가 생각보다 많아서 카드업체당 수천억 원에 이른다. 이로 인한 재정적 위험을 줄이려면 충당금을 쌓아야 하고 그만큼 비용부담이 커진다. 그런데 VVIP 회원들은 연체율이 아주 낮다. 그만큼 충당금을 쌓아야 한다는 부담이 줄어든다. 받은 만큼 다 돌려주더라도 전체적 차원에서 보면 비용을 절감할 수 있다는 계산이 나온다.

가공 과정 개선을 통해 비용통제하기

기업의 가공 프로세스를 개선해 비용을 줄일 수도 있다. 방법은 가공 프로세스를 가급적 간단히 하는 것이다. KISSKeep It Short and Simple 가 핵심 개념이다. 프로세스가 짧아지고 간단해지면 가공비용이 줄어든다. BPRBusiness Process Reengineering이나 린Lean 시스템이 KISS 의 실행도구들이다.

LG전자의 생산라인은 세계에서 손꼽힐 정도로 빠른 스피드를 자랑한다. 라인의 생산속도를 나타내는 지표 중 하나가 택트타임tact time이다. 택트타임이란 제품이 최종 라인을 거쳐 완성된 후 그 다음 제품이 나오기까지의 시간 간격을 말한다. LG전자는 이 부분에서 세계 정상급이다. 초대형 냉장고 라인의 택트타임은 16초, 드럼세탁기의 택트타임은 10초다. 초대형 냉장고가 16초마다 한 대씩,

다양한 드럼세탁기가 10초에 한 대씩 만들어진다는 이야기다.

택트타임이 짧다는 것은 제조라인의 원가경쟁력이 높다는 의미다. 사실 한국에서 냉장고나 세탁기 같은 노동집약적 제품을 생산하기란 만만한 일이 아니다. 중국에 비해 인건비가 높아서 원가경쟁력이 떨어지기 때문이다. 그럼에도 한국에서 이런 제품이 계속 생산되는 것은 생산라인에서 이뤄지는 원가절감 노력 덕분이다. 택트타임이 줄어드는 만큼 생산성이 올라가고 그만큼 원가경쟁력도 좋아진다.

서비스 업종에서 특이한 방법으로 비용을 줄이는 기업이 있다. 미국의 패스트푸드 기업인 인앤아웃버거In-N-Out Burger이다. 이 회사는 서비스와 일하는 방식에서 발생하는 복잡성을 최대한 줄여 비용을 절감하는 방법을 알고 있다. 핵심은 '4'라는 숫자에 있다. 인앤아웃버거는 햄버거, 프렌치프라이, 셰이크, 소다 네 가지 메뉴만 고객에게 제공한다. 점포의 인테리어도 빨강, 노랑, 회색, 흰색의 네 가지 색으로만 치장한다. 음식을 주문하고 계산하는 카운터 역시 네 개다. 재료 구매 및 제작 그리고 접객서비스의 과정을 간소화해 최대한 관리 포인트를 줄이기 위해서다. 이를 통해 인앤아웃버거는 구매 및 관리 비용을 대폭 줄일 수 있었다.[14]

겉으로 드러나는 비용만이 아니라 보이지 않는 비용에도 주의를 기울여야 한다. 미국 텍사스시티에 있는 브리티시 페트롤리엄BP, British Petroleum의 정유공장에서 대형 폭발사고가 있었다. 15명이 죽고 180명이 다치는 엄청난 사태가 벌어졌다. 경제적 손실만 해도 15억 달러가 넘었다. 2년 뒤 사건에 관한 조사보고서가 발간되었다. 사고 원인은 근로자들의 과중한 업무와 누적된 피로였다. 앞서 BP는 비용을 25% 절감하기 위해 인원을 감축했다. 그러다 보니 공정을 제어하는 직원들의 업무 강도가 세졌다. 공정제어 스크린에 표시되는 수많은 공정을 혼자 처리해야 하니 화장실 갈 시간도 없었다. 점심은 제어실 내에서 틈날 때 먹었다. 사고 당일까지 29일 내내 오전 6시부터 12시간씩 일했다. 잠이 모자라고 늘 피곤한 직원들이 치명적 실수를 했고 이것은 엄청난 손실로 이어졌다.[15] 이를 리스크 비용이라 한다. 이렇듯 리스크가 제대로 관리되지 못하면 기업은 자칫 더 큰 비용을 지불하게 된다.

가치제공 과정을 활용해 비용통제하기

가치제공 프로세스에서도 비용통제가 가능하다. 가치제공 프로세스란 다른 말로 판매와 고객관리 프로세스를 의미한다. 이 과정에서 비용을 줄이는 것이다. 판매비용 자체를 줄이는 것이 주로 사용되는 방법이지만, 판매 과정에서 고객을 활용해 비용을 줄이는 방법도 있다. 한국의 음식점들은 종종 고객을 활용한다. 본래 음식을 주방에서 완전히 조리해서 손님상에 올려야 하지만, 한국의 음식점들은 손님들을 이용하는 경우가 많은 것이다. 소고기 등심구이나 삼겹살 굽기 등이 예다. 음식점 입장에서 보면 그만큼 인건비가 절약되는 셈이다.

이런 방식으로 가치제공 프로세스에서 비용을 절감하는 기업이 있다. 스웨덴의 이케아IKEA다. 이곳은 DIYDo It Yourself, 즉 '스스로 만들어 쓰기' 방식을 세계 최초로 도입한 가구회사다. 고객이 가구를 조립해서 쓰도록 하므로 기업 입장에서 보면 조립에 필요한 인건비가 줄어, 그만큼 저렴한 가격에 팔 수 있다.

비용통제는 고객관리를 통해서도 이루어진다. 미국의 통신업계에서 비일비재하게 일어나는 일이 있다. 현재 거래하는 통신회사와 계약을 해지하고 자사의 서비스에 가입하면 사례금을 주겠다는 업체들의 전화가 자주 걸려오는 것이다. 게다가 그 사례금이 한두 푼도 아니다. 무려 100달러를 주는 업체도 있다. 여기에 이런저런 비용을 합치면 고객 한 사람을 유치하는 데 드는 비용이 만만치 않다. 한국의 통신업계도 사정은 비슷하다. 미국처럼 돈을 주면서 고객을 빼앗지는 않지만 각종 혜택으로 고객을 끌어오고자 안간힘을 쓴다. 한국 휴대전화시장의 경우 매년 전체 사용자의 30% 수준인 1,500만~1,700만 명 정도가 통신회사를 옮겨 다닌다고 한다. 이 과정에서 발생하는 비용이 고객 1인당 최소 30만 원 이상이라고 한다.

이런 상황에서 비용을 어떻게 줄일 수 있는가? 답은 고객을 뺏기지 않는 것이다. 무슨 수를 쓰더라도 고객이 이탈하지 않도록 고객서비스를 강화하는 것이 중요하다. 붙잡아두는 비용이 다시 빼앗아 오는 비용보다 훨씬 적게 들기 때문이다. 이를 위해서 한국의 통신업체들은 다양한 방법을 시도하고 있다. 가족 두 사람이 자사의 휴대전화를 쓰면 집전화는 무료로 쓸 수도 있고, 가족 모두를 묶으면 휴대전화 서비스 가입비용을 대폭 깎아주기도 하며, 초고속인터넷 서비스를 공짜로 제공하기도 한다. 집과 휴대폰 서비스를 모두 같은 회사에서 받으면 스트리밍 서비스를 해주는 유선 TV 사용료의 월정액도 대폭 깎아준다. 이런 일은 언뜻 고객서비스 강화처럼 보이지만 실은 비용관리 차원에서 이뤄지는 것이다. 고객 한 사람을 다른 통신사로부터 빼앗아 오는 비용이 높다 보니 한 명의 고객이라도 놓치지 않는 것 자체가 비용을 줄이는 방법이기 때문이다.

연구개발에서 불필요한 비용통제하기

연구개발에서 비용을 통제하는 방법은 크게 두 가지가 있다. 하나는 연구개발 프로세스를 간편하게 하는 것이고 다른 하나는 불필요한 연구를 줄이는 것이다. 그런데 후자가 전자보다 훨씬 중요하다. 연구는 창조행위와 관련된다. 그런데 사실 창조만큼 위험한 것도 없다. '스웨덴 패러독스Swedish paradox'라는 것이 있다. 스웨덴은 국가 GDP 대비 연구개발 비중이 세계에서 두 번째로 높은 나라다. 그런데 정작 국가 GDP는 그만큼 늘지 않고 있다. 이것을 스웨덴 패러독스라고 한다. 이와 유사한 역설이 기업경영에서도 나타난다. 부즈앨런Booz Allen Hamilton이 전 세계 상위 1,000개 기업의 연구개발비와 기업성과 간의 상관성을 분석한 결과, 놀랍게도 그 상관성이 매우 낮았다. 거액을 들여 연구개발을 하더라도 기업의 성과 향상에는 정작 큰 도움이 되지 않는 경우가 많다는 말이다. 이것을 'R&D 패러독스'라고 한다.

　　스티브 잡스가 떠난 애플이 하지 말았어야 할 연구개발을 한 탓에 천당과 지옥을 오간 적이 있다. 스티브 잡스를 쫓아낸 애플은 여전히 창조적인 제품을 출시했다. 1993년에는 오늘날 우리가 쓰는 스마트폰의 원조 격인 PDA를 만들었다. 하지만 대실패를 하고 말았다. 또 그해에 매킨토시 TV도 만들었는데, PC와 TV가 융합된 형태로 스마트 TV의 원조 격이다. 그러나 이 역시 크게 실패하고 말았다. 이 회사는 모토로라와 제휴해 휴대폰을 만들었지만, 또 실패였다. 창조적 제품을 위해 막대한 연구개발비를 쏟아 부었건만 기업의 실적은 계속 바닥을 칠 뿐이었다. 애플에서조차 '창조=기업의 실적'이라는 등식이 성립하지 않은 것이다. 급기야 1997년에는 도산 직전까지 내몰렸다. 이런 상황에 이르자 애플은 쫓아냈던 스티브 잡스를 재영입할 수밖에 없었다. 돌아온 스티브 잡스가 내놓은 것이 바로 아이팟과 아이폰이다. 두 제품은 공통점이 있다. 돈을 별로 안 들이고 만들었다는 점이다. 아이팟은 외부 아이디어를 사들인 것이고, 아이폰은 노키아의 스마트폰을 기반으로 만든 것이다.

그렇다면 비용을 낭비하지 않는 연구개발은 어떻게 가능할까? 몇 가지 원칙이 있다. 돈이 많이 들고 시간이 오래 걸리는 기초연구는 가급적 외부기관과 협력해 진행하는 것이 좋다. 물론 기업이 직접 할 수도 있지만, 성과와 연결시키기가 매우 어렵기 때문이다.

다른 하나는 고객 관점에서 연구개발을 하는 것이다. 발기부전치료제 '비아그라'의 특허보호 기간이 만료되었다. 이 기회를 국내 제약사들이 이용하고 있는데 제품형태가 기업마다 특색이 있다. 입에 털어 넣는 과립형, 입 안에서 녹여 먹는 필름형, 씹어 먹는 추잉형 등 다양하다. 이 중에서 가장 인기 있는 것은 추잉형이다. 왜 그럴까? 발기부전치료제를 복용하는 사람들은 파트너가 눈치 채는 것을 걱정한다. 그런데 추잉형은 파트너의 의심 없이 복용할 수 있다는 장점이 있다. 맛도 다양해서 씹다 보면 어느새 자신이 발기부전치료제를 복용하는 게 아니라 껌을 씹고 있다는 생각을 하게 된다. 연구개발의 핵심은 거창한 기술을 개발하는 데 있지 않다. 소비자들의 고통을 줄여주고 즐거움을 늘려주는 방법으로도 손쉽게 개발할 수 있다. 그렇게 하려면 상상이 아닌 소비자를 '관찰'함으로써 연구개발의 방향을 잡아야 한다.

소비자 불만을 적극 반영하는 것도 연구개발의 좋은 방향성이다. 전기밥솥을 만드는 회사 쿠쿠Cuckoo의 시장점유율은 70%가 넘는다. 여러 기업에서 밥솥을 출시하고 있지만 이 회사의 시장점유율이 압도적이다. 이유가 뭘까? 소비자 불만을 반영해 신제품을 개발하는 능력이 탁월해서다. 쿠쿠 전기밥솥의 최대 히트작은 밥솥 안에 있는 뚜껑을 분리한 것이다. 한 주부로부터 걸려온 전화에서 비롯된 아이디어다. "도대체 뚜껑을 뗄 수가 없어 밥솥 설거지를 제대로 할 수 없다"는 불만이었다. 전기밥솥도 가끔은 청소를 해주어야 한다. 특히 밥솥 안에 있는 뚜껑이 밥물, 수증기 등으로 지저분해지는 경우가 많다. 그런데 쉽게 씻을 수가 없어서 고통스럽다. 이 불만을 주부가 제기했다. 쿠쿠는 곧바로 제품개발에 착수했다. 3년에 걸친 연구개발 끝에 마침내 뚜껑을 뗄 수 있는 신제품을 출시했다. 쿠쿠 밥솥의 경우 밥을 할 때 여성이 아닌 남성의 목소리가 나오는 기능도 있다. 왜 남자 목소리는 없느냐는 고객의 문의에서 힌트를 얻었다고 한다. 이런 노력들이 쌓이면서 쿠쿠는 밥솥시장의 강자로 군림하게 되었다.

관리 과정에서 발생하는 비용통제하기

관리란 기업에서 발생하는 각종 비용을 통제하는 프로세스를 말하지만, 그 자체로도 비용이 유발된다. 관리비용을 줄이기 위한 기본 방법 역시 관리 프로세스의 간소화다. 일반적으로 기업은 관리 프로세스를 복잡하게 하려는 경향이 있다. 관리 프로세스가 복잡해지는 것은 이것이 잘돼야 기업의 비용을 줄일 수 있다고 생각하기 때문이다. 적정수준의 관리는 중요하다. 하지만 이것이 과도해지면 오히려 기업의 보이지 않는 비용을 늘리게 된다. 과도한 관리로 인해 발생하는 비용을 '관료화 비용'이라고 한다.

《빈 카운터스Bean Counters》라는 책이 있다. '콩의 숫자만 세고 있는 곳'이라는 뜻이다. 거대 기업 GM이 붕괴하는 과정을 보여주는 책이다. 이 책은 과도한 관리 프로세스로 GM이 어떻게 도산하게 되었는지를 보여준다. GM은 품질과 제품의 품격에서 경쟁자를 압도하던 기업이다. 우리가 잘 아는 캐딜락, 뷰익, 폰티악, 사브, 허머, 시보레 등 쟁쟁한 브랜드의 자동차를 생산하던 곳이다. 그러던 이 회사가 2009년 파산하면서 세계적 파장을 몰고 왔다. 그 이면을 정리한 책이 바로 《빈 카운터스》다.

이 책의 주장은 간단하다. GM이 몰락한 것은 어느 순간 이 기업이 재무성과만 따지고 비용만 논하는 기업으로 변한 탓이라는 것이다. 기업 내부의 권력이 재무 및 회계 전문가들에게로 이동하면서 일어난 일이다. GM은 경쟁력이 하락하자 이를 만회하기 위해 비용절감에 매달렸다. 그러다 보니 자연스럽게 재무 및 회계 전문가들이 득세하면서 회사는 비용을 줄이는 분석에만 매달렸다.

급기야 값싼 부품만 들어간 자동차가 만들어졌고 품질은 나빠졌다. 비용 줄이기 규칙은 나날이 늘어났다. 한편에서는 엔지니어들이 비용을 줄이기 위한 회의와 절차로 날을 샜다. 고객을 위해 투자되어야 할 시간이 관료적 절차를 유지하는 데 소모되었던 것이다. 그러면서 GM의 경쟁력은 더욱 나빠져만 갔다.

GM의 경영이 어려워진 이면에는 일본 자동차 회사들의 빠른 신차주기도 한몫을 했다. 일본의 자동차 업체들은 미국시장에 진입하면서 신차주기를 4년으로 가져갔다. 소비자 입장에서 보면 이들 업체는 항상 신선한 생선을 공급하는 어부였다. 이에 반해 GM의 신차주기는 6.5년이었다. 그러다 보니 GM이 신차를 내놓을 즈음이면 GM의 차는 트렌드에 뒤진 구형차가 되어버렸다. 신차주기를 따라잡지 못한 이유 역시 관료화된 임원들에게 있었다. 임원들이 관료화될수록 부하직원들은 더욱 바빠진다. 필요하지도 않은 내부보고서를 만들어야 하고 위에서 만든 각종 절차와 규정을 따라야 하기 때문이다. 그렇지 않으면 강도 높은 책임추궁이 돌아왔다. 그러다 보니 신차 개발기간을 단축할 수가 없었다. 관료화된 GM이 지불해야 했던 비용이다.

관료적 기업에서는 임원들 간의 협력 역시 잘 이루어지지 않는다. 그러다 보니 임원들의 주 업무 중 하나는 회의다. 하지만 상당수의 회의는 문제해결이 아닌 타협이다. 제록스Xerox는 최고급 기술을 많이 가지고 있던 회사다. 스티브 잡스가 만일 제록스의 팔로

알토Palo Alto연구소를 방문하지 못했다면 아마도 오늘날의 애플은 없었을지 모른다. 제록스는 애플에만 영향을 준 것이 아니다. 프린터 사업의 강자 휴렛팩커드Hewlett Packard에도 엄청난 영향을 미쳤다. 사무실과 가정용 프린터에서 제록스는 휴렛팩커드를 훨씬 앞서 있었다. 연구개발 부서에서는 이 프린터를 사업화하고 싶었다. 하지만 개발 담당 임원들은 그것을 원치 않았다. 복사기 사업에 방해가 된다는 이유였다. 결국 이 기술은 휴렛팩커드에 매각되었다. 이 기술로 휴렛팩커드는 날개를 달았고 프린터 시장에서 최강자로 떠오를 수 있었다.

관료화는 기업 임원들을 비효율적으로 만드는 주범이기도 하다. 관료화된 조직에서 임원들은 자리보전에 나선다. 자신에게 주어진 일에만 신경을 쓸 뿐 다른 일에는 간여하지 않게 된다. 자칫 위험이 뒤따르는 행동을 했다가는 자리가 위태로워지기 때문이다. 루 거스너Louis Gerstner는 IBM을 되살려낸 사람이다. 그가 이 회사를 재생시킬 수 있었던 것은 임원 관료화가 기업에 미치는 영향을 꿰뚫어보았기 때문이다. 루 거스너가 CEO를 맡고 나서 기업 내부를 들여다보니 전체 임원 중 고객과 접점활동을 하는 임원은 채 25%도 되지 않았다. 많은 임원들이 분석과 보고서에 몰두하며 통제기능만 하고 있었다. 거스너는 이런 일을 줄이고 사업과 관련된 일들을 할 수 있도록 인력을 재배치했다. 내부가 아니라 고객과 접하며 사업을 진행하는 것에 더 많은 시간을 할애하도록 했다. 이런 노력이 10년 동안 지속되면서 IBM은 죽어가는 조직에서 생동감 있는 조직으로 다시 태어났다.

전략적 차원에서 비용통제하기 ⟶

가치사슬 관점에서 비용을 통제할 수도 있지만, 전략적 차원에서도 비용통제를 살펴볼 수 있다. 기업은 통합경영 전략을 사용하기도 하고 분산경영 전략을 사용하기도 한다. 통합경영에 의한 전략은 비용을 최소화하는 관점에서 하는 것이고, 분산경영에 의한 전략은 시장에 대한 밀착력을 최대화하고자 하는 것이다. 이 두 전략 중 어느 것이 더 우세하다거나 더 열등하다고는 말할 수 없다. 기업이 어떤 상황에 처했느냐에 따라 우세 여부가 달라진다.

통합경영 전략은 가치사슬별로 분산된 기능들을 한곳에 모아 관리하는 방법이다. 다시 말해 비슷한 업무를 한데 모아 대량으로 처리하는 전략을 말한다. 이렇게 되면 기계나 설비의 가동률을 높일 수 있고 자재를 공용으로 씀으로써 비용을 줄일 수 있다. 규모의 경제로 인한 비용 줄이기 효과가 발생하는 셈이다. 중국 저장성 자싱嘉興에는 한국타이어 사의 제조공장이 있다. 승용차 타이어를 전 세계에서 가장 많이 생산하는 곳이다. 한국타이어는 이곳과 장쑤성江蘇省 공장에서 생산된 타이어로 중국시장 점유율 1위를 차지하고 있다. 한국타이어가 중국에서 이런 성공을 거둘 수 있었던 이유 중 하나가 통합경영으로 인한 규모의 경제 활용이다.

자싱 공장은 경트럭용 타이어를 포함해 하루 6만 개, 연간 2,000만 개의 타이어를 생산한다. 이에 비해 다른 타이어 회사에서는 소형 공장을 세계 각지에 두는 분산경영 방식을 사용했다. 글로컬라이제이션glocalization, 즉 현지화를 강화하기 위해서다. 생산규모도 1일 2,000~5,000개에서 최대 2만~3만 개 수준이다. 한곳에 생산역량을 집중하기보다는 현지에 소규모 공장을 여러 개 지어 물류비를 절감하고 환율변동이나 공장 화재 등의 위험에도 대응하고자 함이었다.

그런데 이들 회사가 다시 통합경영에 나섰다. 브리지스톤과 미쉐린이 한국타이어를 벤치마킹해 설비를 한곳으로 모으는 작업을 하고 있다. 원가경쟁력에서 한국타이어에 뒤진다는 생각 때문이다. 물론 통합경영이 모든 비즈니스에서 옳은 것은 아니다. 하지만 타이어는 표준품에 가깝고 수주예측이 가능해 타이어를 미리 생산해 지정된 장소에 가져다놓을 수 있어 배송이나 물류비용이 생각만큼 크지 않다는 특징을 가지고 있다. 이런 경우에는 통합경영이 비용통제에 더 유리하다.[16]

수익 모델 찾아내기

Q │ **수익 원천은 어디에서 찾을 수 있는가?**

A │ 수익의 원천은 크게 바람직한 원천과 그렇지 못한 원천으로 나눌 수 있다. 바람직한 수익으로는 본원적 수익, 유발적 수익, 공생적 수익이 있다. 바람직하지 못한 수익으로는 차별적 수익, 전가적 수익, 징벌적 수익이 있다. 후자는 상대적으로 수익 창출이 용이해 그 유혹에 빠지기 쉽지만 궁극적으로는 기업의 미래를 어둡게 할 수 있다.

고객에게 제공한 가치에 대한 반대급부로 기업이 고객으로부터 받는 것을 '수익'이라고 한다. 이 수익을 어디서 얻을 것인가? 이를 설계하는 작업이 바로 수익 모델을 만드는 것이다.

기업이 수익을 얻는 방법은 매우 다양하고 복잡하다. 하지만 그 원천은 크게 두 가지다. 하나는 기업의 근원적 활동인 고객가치를 제공하는 데서 얻는 것이고, 다른 하나는 고객이나 협력자의 약점을 이용해서 얻는 것이다. 두말할 나위 없이 기업은 고객에게 정당한 가치를 제공함으로써 수익을 얻어야 한다. 그렇지 않은 방법들은 기업을 어렵게 하는 원인이 될 수 있다.

바람직한 수익 모델: 기업의 근원적 활동에서 얻는 수익 ➤

기업의 근원적 활동에서 얻는 수익에는 본원적 수익, 유발적 수익, 공생적 수익이 있다. 본원적 수익이란 제공하는 서비스나 제품 자체로 얻는 수익을 말한다. 제공하는 서비스나 만들어진 제품의 비용에 적절한 이윤을 붙이면 된다. 세상 대부분의 비즈니스는 이 방식으로 수익을 낸다. 원가에 이윤을 붙여 파는 제조업이 여기에 가장 충실하다. 서비스업도 유사하다. 자신이 제공하는 서비스에 들어가는 비용에 일정한 이윤을 붙인 수수료를 받는 것이다. 금융업은 브로커 업무, 즉 돈을 맡기는 사람과 돈을 쓰는 사람의 중간이나 금융상품을 살 사람과 팔 사람의 중간에서 거래를 주선하고 여기에 드는 비용에 적정한 이윤을 붙여 수익을 얻는다.

유발적 수익이란 제공하는 서비스나 제품 자체가 아닌 이차적 서비스나 제품을 통해 얻는 수익을 말한다. 맥도날드는 어디서 수익을 얻을까? 많은 사람들은 햄버거를 팔아 수익을 얻을 것이라고 생각하지만 실상은 그렇지 않다. 업체 간의 경쟁이 심화되면서 햄버거만 팔아서는 거의 이익을 남기지 못한다. 오히려 30% 정도 적자라고 한다. 그렇다면 이를 메워주며 돈을 벌게 해주는 것은 무엇일까? 바로 콜라와 감자튀김이다. 콜라는 60% 정도 수익이 되고 감자튀김은 40% 정도 수익이 된다. 프린터업체의 수익이 프린터에서 나오지 않는 것과 같은 이치다. 프린터는 가능한 한 저렴한 가격에 제공하되 여기에 사용하는 토너나 잉크에서 돈을 번다. 이처럼 일차적으로 제공하는 서비스나 제품이 아닌, 이차적 서비스나 제품에 의해 수익을 얻는 것이 유발적 수익이다.

최근 병원 응급실이 진퇴양난의 상황에 빠졌다. 병원 입장에서 보면 의료비 수가는 낮으면서 의무는 무한정으로 져야 하는 곳이 응급실이다. 우리나라에서는 응급실의 원가보전율이 68%에 불과하다. 응급실에 환자가 많이 오면 올수록 병원은 그만큼 손해를 본다는 말이다. 그래서 병원들은 응급실을 축소하거나 아예 없애버리려 한다.

이런 상황에서 응급센터에 과감히 투자하는 병원이 있다. 대전의 한 종합병원인 선병원이다. 이 병원은 응급센터 규모를 3배 이상 확장하고 각종 첨단기기도 들여놓았다. 응급실 전용 CT와 MRI도 설치했으며, 심장과 뇌질환 치료에 쓰이는 혈관조영술 기기도 응급환자들에게 우선적으로 제공하기 위해 센터 바로 옆에 배치했다. 응급센터 내에 중증 외상환자를 위한 전용 수술실도 갖추었다. 턱뼈나 광대뼈 골절 등 얼굴 외상 환자를 위해 그 분야 전문의사도 24시간 배치하고 있다. 응급환자가 오면 주야에 상관없이 내과·외과·응급의학과 전문의가 동시 진료에 나선다. 다른 병원처럼 응급실 의사가 먼저 환자를 돌본 후 전문의에게 진료를 의뢰하는 방식이 아니다. 중증환자가 오면 진료정보가 마취통증의학과·신경외과·흉부외과 등 관련 분야 전문의들에게 휴대폰 SMS 문자서비스로 즉시 통보되는 시스템도 갖추고 있다.[17]

왜 이런 일을 했을까? 이곳은 응급실 운영 자체가 아니라 그에 따른 유발적 수익을 제대로 이해하고 있었기 때문이다. 응급실은 응급처리 자체만으로는 수익을 남길 수 없지만 이차 수익을 만들어낼 수 있는 곳이다. 지방 병원들이 어려워진 이유는 수도권에 있는 대형병원들에 환자를 빼앗겨서다. 거동이 가능한 웬만한 환자들은 시설 좋고 평판 좋은 수도권 병원으로 가려고 한다. 하지만 응급환자는 다르다. 일단 응급처치를 해야 하니 먼 거리의 병원으로 갈 수가 없다. 그리고 응급처치가 이루어지고 나면 수술 같은 이차적 처치가 뒤따른다. 그런데 수도권 병원들은 응급환자에 소홀하다. 선병원은 이 틈새를 보았다.

공생적 수익도 있다. 고객으로부터 직접 수익을 얻는 것이 아니라 고객과 협력함으로써 얻는 수익을 말한다. 고객과 기업의 공생구조를 활용하는 것이다. 하나의 극단적 예를 프리노믹스 freenomics에서 찾을 수 있다. 한편의 사람들에게는 공짜로 편익을 제공하면서 다른 한편의 사람들에게서 수익을 얻는 방식이다. 방송이 전통적인 프리노믹스 사업이다. 공중파 방송은 TV나 라디오 같은 수신기만 있으면 온 국민이 공짜로 시청하거나 청취할 수 있다. 당연히 이들은 직접적 수익을 제공하지 않는다. 하지만 방송사들은 자신들의 프로그램을 보거나 듣기 위해 모여든 사람들을 활용한다. 이들에게 광고를 제공해 광고주로부터 수익을 얻는 것이다. 스마트폰에서 공짜 게임이나 공짜 문자서비스를 제공하는 카카오톡도 이런 방식으로 수익을 얻는다.

최근 이산화탄소가 지구온난화의 주범으로 지목되면서 이를 제한하려는 움직임이 전 세계적으로 일고 있다. 이산화탄소 발생량을 일정량으로 제한하고 이를 어기면 벌금을 내든지 아니면 다른 회사로부터 배출권을 사도록 규제하고 있다. 그래서 기업들은 높은 벌금보다는 배출권 구매를 선택한다. 배출권은 이산화탄소를 줄인 노력만큼 주어진다. 이를 활용하고자 가전업체들이 나섰다. 동남아시아에서는 마을의 도랑에서 이산화탄소가 다량으로 배출된다. 각종 생활하수와 쓰레기가 뒤범벅되어 있는 까닭이다. 한 가

전기업이 마을의 도랑을 청소하는 권리를 사들였다. 그 대가로 마을 주민들에게는 TV와 냉장고를 공짜로 나눠주었다. 도랑을 청소함으로써 얻은 이산화탄소 배출권을 자사가 배출하는 이산화탄소에 대한 벌금 대신 사용하려는 것이다.

인터넷을 근간으로 하는 비즈니스에서도 이와 유사한 방식으로 수익을 얻는다. 온라인 마켓의 대부분은 본원적 수익 모델을 추구한다. 이들은 고객과 판매자들에게 온라인시장을 마련해주되, 고객으로부터 직접 수익을 창출하거나 판매자들에게서 수익을 얻는 방식을 취한다. 온라인 서점 아마존은 고객에게 책을 판매함으로써 직접 수익을 얻는다. 한국의 G마켓이나 미국의 이베이e-Bay는 판매자에게 입점료나 판매수수료를 받는 방식을 취한다.

시장에 참여하는 당사자가 아니라 제삼자에게서 수익을 얻는 공생적 수익 모델도 자주 사용된다. 구글이 이런 방식을 쓰고 있다. 구글은 세상 사람들이 원하는 정보를 찾아주는 강력한 검색 서비스를 공짜로 제공한다. 그러다 보니 엄청난 수의 사람들이 정보를 찾기 위해 모여든다. 구글은 여기서 키워드 광고 비즈니스를 한다. 정보를 찾기 위해 사람들이 키워드를 치면 해당 광고를 정보 형태로 제공하면서 광고수익을 챙기는 것이다.

온라인 게임업체들의 수익 모델은 좀 더 복잡하다. 이들은 온라인 게임을 하러 들어오는 사람들에게 게임 계정을 만들 때 회비를 받아 수익을 낸다. 하지만 이 외에 다른 수입원도 있다. '온라인

장터' 같은 것으로 돈을 번다. 게임에 참여하는 사람들이 서로 아이템을 사고판다는 데 착안해, 게임아이템 시장을 개설해 이 과정에서 수수료를 받아 수익을 얻는다. 여기서 더 나아가 집객효과를 활용한 광고를 하기도 한다. 게임 시작 전에 게임 관련 광고를 띄우는 식이다.

바람직하지 못한 수익 모델: 고객과 협력자의 약점을 이용해서 얻는 수익 ⟶

고객과 협력자의 약점을 이용해 수익을 얻는 방법이 있다. 차별적 수익, 전가적 수익, 징벌적 수익이 여기 해당한다. 차별적 수익이 잘 나타나는 곳으로는 백화점 비즈니스가 있다. 백화점은 기본적으로 '구매자'와 '판매자'에게 장소를 대여하고 판매자로부터 수수료를 받는 사업을 한다. 그런데 이곳은 판매자에 따라 수익을 차별적으로 받는다. 백화점이 명품을 파는 것은 명품 판매에서 이익을 보겠다는 의도가 아니다. 명품 매장을 이용해 사람들을 끌어들여 다른 곳에서 수익을 올리겠다는 것이다. 사람들에게 지배력을 갖는 명품일수록 사람들을 불러 모으는 힘도 크다. 백화점은 바로 이 힘을 활용하는 것이다. 명품 매장을 찾는 발걸음이 많아지면, 다른 상품들도 더 많이 팔릴 가능성이 높다. 이러한 제품이나 서비스를 판매하는 업체들에게 백화점은 입점료를 세게 매긴다. 물론 명품 입점료는 이들보다 낮다. 이런 방식으로 백화점은 수익을 낸다.

　　마트나 할인판매점은 전가적 수익을 내기도 한다. 이들의 기본적 수익 모델은 판매마진에서 이익을 얻는 것이다(본원적 수익). 그런데 이 비즈니스에서 수익을 내기가 만만치 않다. 월마트의 유명한 구호 '매일 저렴한 가격Everyday low price'에서 짐작할 수 있듯이, 이 사업에서 판매마진을 얻기란 매우 어렵다. 판매마진이 줄어들수록 수익을 내는 방법은 단 한 가지로 귀결된다. 무조건 '많이' 팔아야 한다. 많이 팔면 두 가지 효과가 나타난다. 하나는 박리다매를 통한 수익창출 효과다. 다른 효과도 있다. 많이 팔 수 있으면 공급자에 대해 유리한 협상력을 가질 수 있다. 이 협상력을 이용해 구매비용을 낮춰 수익을 보전할 수 있다. 그런데 협상력이 생기면 또 다른 부수적 효과가 생긴다. 공급자들로부터 받는 가격인하 이외에 판매와 관련한 비용을 받는 것이다. 마트나 할인점들은 할인판매를 위해 다양한 판촉행사를 한다. 이때 비용의 일부를 이들 공급업체에 요구하기도 한다. 또 인테리어비나 광고비를 요구하기도 한다. 이렇게 해서 얻어지는 수익을 전가적 수익이라고 한다.

　　징벌적 수익 방식도 사용된다. 미국의 블록버스터Blockbuster는 한때 미국의 DVD 대여시장을 장악했던 회사다. 이곳의 수익 모델은 당연히 DVD를 빌려주는 대가로 받는 대여비다. 고객에게 일정한 대여수수료를 받는 본원적 수익 모델이 이 회사가 돈을 버는 주된 방법이었다. 그런데 시간이 지나면서 기이한 일이 벌어졌다.

DVD 대여료가 아니라 연체료가 수입에서 차지하는 비중이 높아진 것이다. DVD를 빌린 후 반납기한을 어기면 고객들은 벌금을 낸다. 2004년 기준 미국인들이 DVD를 제때 반납하지 못해 낸 연체료가 13억 달러가 넘었다고 한다. 대여업체 매출에서 연체료가 차지하는 비중이 20%에 달할 정도였다. 금융업, 특히 고리대금업자들의 수익 모델은 이러한 징벌적 수익 요소가 매우 강하다. 연체에 따른 이자가 상상을 초월하는 수준이다.

수익 모델이
바람직해야 하는 이유 ⟶

지금까지 설명한 수익 모델을 정리한 것이 〈그림 7〉이다. 수익의 원천과 거래방식에 따라 여섯 가지 수익 모델이 존재함을 보여준다.

수익 모델을 설계할 때에는 한 가지를 분명히 해야 한다. 가능한 한 본원적 수익이나 유발적 수익 또는 공생적 수익을 얻도록 해야 한다는 점이다. 차별적 수익이나 전가적 수익 또는 징벌적 수익은 가급적 피해야 한다. 여기에 과도하게 의존하면 결국 기업은 고객과 사회의 저항으로 큰 어려움에 직면할 수 있다.

이런 방법들은 짧은 시간에 손쉽게 돈을 벌게 해준다. 그래서 유혹도 심하다. 하지만 과도하게 의존하면 구성원들은 정당한 방법으로는 수익을 내려 시도하지 않게 된다. 이것이 반복되면 고객

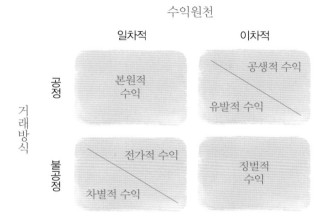

그림 7 수익원천과 거래방식에 따른 여섯 가지 수익 모델

수익원천

일차적　　　　　이차적

공정

거래방식

불공정

본원적
수익

공생적 수익

유발적 수익

전가적 수익

차별적 수익

징벌적
수익

생태계가 무너진다. 당연히 기업의 근원적 경쟁력도 약해진다.

　　징벌적 수익 모델에 지나치게 의존하다가 쇠락한 기업이 바로 DVD 대여업체 블록버스터다. 블록버스터를 무너뜨린 새로운 경쟁자는 넷플릭스Netflix라는 온라인 DVD 대여업체였다. 1997년에 설립된 넷플릭스는 2000년대 초만 해도 그저 그런 기업이었다. 당시 업계의 선두주자였던 블록버스터를 찾아가 제휴를 맺자고 통사정을 하다 문밖으로 쫓겨난 경험도 있었다. 이런 회사가 한때 3,000여 개의 대여매장을 두며 업계 최강자로 군림하던 블록버스터를 제치고 세계 1위 기업으로 우뚝 서게 되었다. 이 기업 때문에 블록버스터는 2010년 9월 파산보호 신청을 했다.

　　무슨 사연이 있었던 것일까? 블록버스터의 징벌적 수익 모델이 결국 문제를 일으켰다. 넷플릭스의 온라인 DVD 대여사업 동기는 아주 간단했다. 이 회사의 설립자인 리드 해스팅스Reed Hastings는 〈아폴로 13호〉 DVD를 빌렸다가 반납기일을 못 지켜 40달러의 연체료를 낸 경험이 있었다. 이것이 부당하다고 생각한 해스팅스는 회원이 되기만 하면 이용시간에 제약을 받지 않는 헬스클럽처럼, 아무 때나 DVD를 빌려볼 수 있는 곳을 만들기로 했다. 그렇게 해서 탄생된 넷플릭스는 블록버스터가 당연시 여기며 받던 연체료 제도를 아예 없애버렸다. 대신 DVD를 조기에 반납하면 다음에 주문하는 DVD를 우선적으로 제공하는 인센티브를 주었다. 이런 전략이 시장에 퍼져나가고 있었음에도 블록버스터는 고객들에게 벌주는 행위를 멈추지 않았다. 자연스럽게 고객들이 블록버스터를 떠나기 시작했다. 그 반사이익은 모두 넷플릭스가 가져갔다.

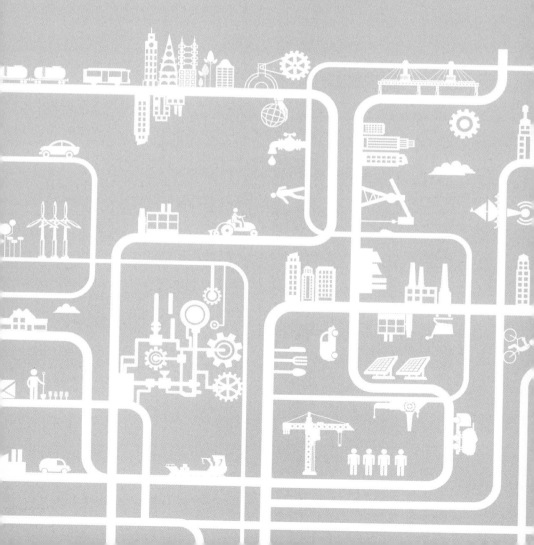

PART 3

어떻게
비즈니스의 맥을
놓치지 않을 것인가?

답은 '외적 궁합'과 '내적 궁합'에 있다

Q | 비즈니스의 맥은 왜 끊기는가?

A | 비즈니스 정합성이 깨져서 그렇다. 다른 말로 하면 비즈니스의 궁합이 깨져서 그렇다. 정합성은 외적 정합성(궁합)과 내적 정합성(궁합)으로 구성된다. 외적 정합성은 기업과 고객의 관계에서 오는 것이고 내적 정합성은 기업 내부의 기능과 활동 간의 유기적 연계에서 오는 것이다. 외적 정합성과 내적 정합성 중 어느 하나라도 무너지면 기업은 쇠퇴의 길로 들어선다. 기업이 겪는 성장통은 성장에 따라 내적 정합성이 불안정해져 나타나는 현상이다.

까르푸와 베네통이
곤두박질친 이유

비즈니스의 맥이 끊겼다면 그것은 비즈니스 모델의 정합성, 다른 말로 궁합에 문제가 생겼다는 이야기다. 정합성은 외적 정합성_{외적} _{궁합}과 내적 정합성_{내적 궁합}으로 구성된다고 앞서 설명했다. 외적 정합성은 기업과 고객의 관계에서 오는 것이고 내적 정합성은 기업 내부의 기능과 활동 간의 유기적 연계에서 오는 것이다. 기업경영에서 잘못된 결정과 행동이 이뤄지면 이들 정합성에 문제가 생기면서 기업도 어려워진다.

환경변화는 끊임없이 외적 정합성을 흔든다. 이를 알아채지 못해 대응이 늦거나 잘못되면 외적 정합성이 깨진다. 잘못된 대응이란 고객이 요구하는 가치와 전혀 다른 가치를 제공하는 것을 말한다. 한국에서 외적 정합성을 맞추지 못해 실패한 까르푸가 본국 프랑스로 돌아가서도 잘못된 고객대응으로 똑같은 실수를 했다. 프랑스 내에서도 까르푸의 실적은 곤두박질쳤고 급기야 월마트에 인수될지 모른다는 소문까지 돌고 있다.

까르푸가 프랑스 내에서 저지른 실수는 프리미엄 전략과 관련된다. 이들은 식품매장을 고가격의 유기농 제품으로 채우고 내부 인테리어를 최고급으로 하는 전략을 취했다. 매장 면적도 1만 제곱미터에 이르렀다. 유럽 할인마트의 평균 면적 3,000~5,000제곱미터와 비교하면 2~3배가 넘는 엄청난 규모다. 고급화 전략은 여기서 멈추지 않았다. 화려해진 매장을 고급 화장품과 가전제품 그리고 DVD와 도서로 채웠다.

그런데 고객으로부터 전혀 예상치 못한 반응이 나타났다. 손님들이 까르푸를 떠나기 시작한 것이다. 어쩌다 이런 일이 벌어졌을까? 고객이 요구하는 것과 까르푸가 제공하는 것 사이에 큰 틈이 생겼기 때문이다. 프랑스 사람들이 할인매장을 찾는 가장 큰 이유는 가격이다. 가뜩이나 경기가 어려워 웬만해선 지갑을 열지 않는 상황에서 유기농 식품을 앞세워 갑자기 가격을 올리자 고객들은 당황했다. 그렇다고 까르푸가 건강을 생각하는 유기농 식품 전문판매점이라는 이미지를 사전에 잘 다져놓은 것도 아니었다. 여기에 장바구니를 들고 오는 사람들에게 어울리지 않는 고가 화장품을 팔았다. 그뿐이 아니다. 이젠 온라인 유통업체에 자리를 내준 전자제품과 DVD 그리고 도서를 매장에 들여놓았다. 소비자들은 까르푸가 참 이상한 행동을 한다고 여길 수밖에 없었다. 까르푸의 새로운 전략이 오히려 외적 정합성을 깨뜨리는 요인으로 작용한 것이다.

내적 정합성이 깨진 사례는 베네통Benetton에서 찾아볼 수 있다. 베네통은 세상에서 고객을 가장 잘 이해하고 이것을 내부에서 잘 뒷받침해주는 것으로 유명한 기업이었다. 이 기업이 도입한 후염가공 기법은 의류업계의 일대 혁명으로 평가받기도 했다. 염색을 먼저 하고 의류를 제작하는 방식이 아니라 의류를 제작하고 주문이 들어오면 염색하는 방식으로, 베네통이 세계 최초로 도입한 기법이다. 티셔츠 같은 옷은 디자인보다는 색상 변화가 극심하다. 계절에 따라 혹은 사회 분위기에 따라 소비자가 요구하는 색상이 다종다양하다. 그러다 보니 디자인이 아니라 색상 때문에 재고가 쌓이는 일이 잦았다. 후염가공 기술은 이 문제를 해결해주었다.

그런데 이러한 베네통이 2000년대 들어 침체를 면치 못하고 있다. 베네통이 지배하던 시장을 자라Zara와 H&M 같은 패스트패션fast fashion 업체들이 장악하면서다. 이들의 등장으로 의류업계는 트렌디한 옷을 누가 더 빨리, 얼마나 저렴한 가격으로 내놓느냐를 놓고 치열하게 싸우기 시작했다. 패스트패션 업체들의 신무기는 계절별로 옷을 디자인하던 기존의 방식을 버리고 계절에 상관없이 매우 빠른 주기로 디자인을 바꾸는 것이었다.

이런 엄청난 변화가 일어나고 있는데도 베네통은 둔감했다. 오히려 자신들에게 익숙한 계절별 기획 방식을 고수했다. 그럼에도 베네통 내부에서는 그 누구도 자신들을 옥죄고 있는 문제들을 해결하고자 나서지 않았다. 내부기능들 간의 유기적 연결고리가 끊긴 지 오래였던 것이다. 한마디로 내적 정합성이 완전히 망가져 있었다. 이것이 깨지면 내부에서의 협력적 문제해결이 어렵다. 서로 간의 연결이 약해지면 어느 한 곳에서 움직이고 싶어해도 다른 곳의 방해로 일이 제대로 되기가 어렵기 때문이다.

기업의 성과를 결정짓는
외적 정합성과 내적 정합성의 상호작용 _____▶

경영의 성패는 외적 정합성이나 내적 정합성 하나만으로 이루어지는 것이 아니다. 이 둘의 상호작용에 의해 매우 복합적으로 형성된다. 이를 보여주는 것이 〈그림 8〉이다. 〈그림 8〉은 외적 정합성과 내적 정합성의 정도에 따라 기업의 성과가 어떻게 달라지는지를 보여준다.

당연한 이야기이지만, 외적 정합성과 내적 정합성이 모두 높은 기업이 최고의 성과를 거둘 가능성이 높다. 그 반대라면 기업은 붕괴할 가능성이 높다. 그 중간 경우도 있을 수 있다. 내적 정합성은 높은데 외적 정합성이 낮은 경우, 혹은 반대로 외적 정합성은

그림 8 **외적 정합성과 내적 정합성의 상호작용**

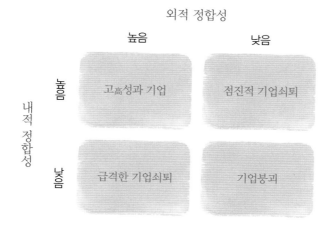

높은데 내적 정합성이 낮은 경우다. 이런 부조화가 지속될 경우에도 기업은 궁극적으로 쇠퇴의 길을 걷게 된다.

외적 정합성도 낮고 내적 정합성도 낮으면 기업은 순식간에 붕괴한다. 이를 경험한 곳이 GM이다. 경기가 나빠지면 사람들은 자연스럽게 소비를 줄이고, 경기가 좋아지면 반대로 소비를 늘린다. 자동차 산업의 경우 불황이 지속되면 중·대형차 소비가 줄고 경차 수요가 늘어난다는 것을 누구든지 예상할 수 있다. 이런 예상에 맞추어 자동차를 생산하는 것이 외적 정합성을 높이는 일이다. 그런데 GM은 이 당연한 일을 하지 못했다. 누구나 쉽게 예측 가능한 사실조차 외면한 탓에 101년 전통의 GM은 결국 파산에 이르고 만다.

GM의 어려움은 1차 유류파동과 2차 유류파동에서 비롯되었다. 이 두 사건은 미국 소비자의 자동차 소비패턴을 극적으로 바꾸어놓았다. 자동차 선택기준을 마력이 아닌 연비로 바꾸면서 자동차 시장을 대형차 중심에서 소형차 중심으로 재편한 것이다. 이런 변화가 일어나고 있음에도 GM은 마진이 좋은 대형차 개발에만 매달렸다.

2008년 금융위기가 터지자 대형차의 수요는 더욱 위축되었다. 그럼에도 GM은 대형차 중심의 오랜 관성과 노조와의 불협화음으로 이런 추세에 대응할 수 없었다. 소형차 중심의 틈새시장은 일본과 한국의 자동차 회사들에 의해 빠르게 잠식되고 있었다.

2008년을 기준으로 GM의 소형차 비중은 11.7%였다. 반면 도요타는 25.7%였다.

GM의 실수는 이게 다가 아니다. 대형차 판매가 급감하자 GM은 판매 인센티브로 이를 만회하고자 했다. GM은 대형차의 판매 인센티브를 7~10%로 책정하고 강한 판매 드라이브를 추진했다. 하지만 이미 소형차 중심으로 넘어가기 시작한 시장은 GM의 노력을 외면했다. 결국 대형차의 이익률만 낮추고 만 꼴이었다. 최악의 마케팅이었다.

GM은 외적 정합성만 망가진 것이 아니었다. 내적 정합성도 망가질 대로 망가진 상태였다. 먼저 GM은 고객을 끌어들이고 경쟁사를 압도할 만한 핵심역량을 가지고 있지 못했다. 고육지책으로 찾은 방도는 생산원가를 대폭 낮추는 것뿐이었다. 이를 위해 부품 최저가 입찰방식을 도입했다. 그러나 이것은 GM의 자동차 품질을 떨어뜨리는 결정적 원인으로 작용했다. 원가절감이 협력업체 중심으로만 이루어진 것도 문제였다. GM의 내부 생산 프로세스가 복잡해질 대로 복잡해져 엄청난 관료화 비용을 발생시켰지만, 적극적인 개선 노력은 없었다. 자동차 조립라인의 효율성을 측정해볼 수 있는 지표 중 하나가 프레스 금형교체 시간이다. 도요타는 이것이 7.8분이었는데, GM은 19.6분이나 걸렸다.

과도한 인건비 지출에 따른 고비용 구조도 GM을 압박했다. 2007년 기준으로 미국 내 기업들의 평균 인건비는 시간당 25달러 수준이었다. 이에 비해 GM을 포함한 미국 자동차 빅3의 시간당 인건비는 73달러 수준이었다. 이로 인해 매출액 대비 인건비 비율이 10.1%에 이르렀다. 도요타는 6.6%였다.

노사문제로 인한 비용 증폭도 GM에는 큰 문제였다. GM은 미국 자동차 노조 연합체인 UAW와 임금동결 협상을 하면서 그 대가로 퇴직자 및 가족에게 평생 동안 연금과 건강보험을 제공하기로 약속했다. 이로 인해 GM은 매년 추가로 560억 달러를 지출해야 했다. 이것을 유산비용이라 한다. 결과적으로 GM은 일본 기업에 비해 자동차 한 대당 1,500달러의 제조비용을 더 들여야 했다. 당연히 가격경쟁력이 떨어졌다.

GM이 붕괴한 이유는 간단하다. 밖으로는 외적 정합성이 깨지고 안으로는 내적 정합성이 망가졌기 때문이다. 이런 상황에서 살아남을 기업이 어디 있겠는가?

외적 정합성과 내적 정합성
어느 하나만 좋아서는 성공을 이어갈 수 없다 ➡

외적 정합성이나 내적 정합성 중 어느 하나가 좋다고 기업이 생존할 수 있는 것도 아니다. 둘 중 어느 하나라도 문제가 있으면 기업은 어려워지면서 결국 붕괴한다. 노키아는 우수한 내적 정합성을 가지고 있었지만 외적 정합성이 떨어지면서 기업이 어려워진 경우다. 노키아는 사실 업계 최고 수준의 내적 정합성을 가진 기업이었다. 외부 협력업체와의 관계도 좋았고 내부 효율성 역시 높았다. 이 기업보다 경영효율이 높은 휴대폰 기업을 당시에는 찾아보기 어려울 정도였다. 이것이 초기 휴대폰 시장을 장악한 원동력이었다.

시장을 장악한 노키아는 자사에 가장 적합한 내부역량을 구축했다. 무기는 표준화였다. 표준화된 연구개발 방식으로 비용이 가장 적게 드는 휴대폰을 개발했고, 표준화된 부품을 대량 주문하는 방식으로 저렴한 부품을 수급하는 체계도 구축했다. 경쟁사들이 노키아 제품을 사서 분해해 원가를 조사해보면 결론은 하나였다. 노키아의 부품을 그대로 써서 똑같은 휴대폰을 개발해도 도저히 노키아의 원가에는 맞출 수 없다는 것이었다. 이런 강점이 빛을 발하면서 노키아의 세계 휴대폰 시장점유율은 한때 40%를 넘어섰다.

이런 노키아에 서서히 문제가 생겼다. 삼성전자와 LG전자가 프리미엄 제품을 가지고 노키아가 파고들지 못한 틈새시장을 공략하면서다. 초기에 이들의 시장점유율은 무시해도 좋을 만큼 미미했다. 하지만 시간이 흐를수록 프리미엄 시장이 커지면서 노키아의 시장점유율을 급속히 잠식했다. 결정적 타격은 애플의 아이폰이 출시되면서다. 사실 스마트폰은 노키아가 애플보다 앞선 기술을 보유하고 있었다. 이미 시장에 노키아 스마트폰이 출시되어 있기도 했다. 애플이 아이폰을 출시하기 2년 전에는 아이폰과 거의 유사한 휴대폰을 검토한 일도 있었다. 하지만 제조비용이 많이 든다는 이유로 이 프로젝트는 진행속도가 느렸다. 그러는 사이 애플이 아이폰을 출시하면서 휴대폰 시장의 분위기가 예상치 못한 방향으로 흘러갔다. 다급해진 노키아가 스마트폰 전략을 수정하면서 애플에 맞서나갔다.

그런데 이번에는 운영체제가 발목을 잡았다. 그들은 자신들이 개발한 운영체제인 심비안을 고집했다. 하지만 이것은 애플이나 구글 안드로이드에 비해 플랫폼 기능이 약했다. 또한 노키아는 세계 최대 휴대폰 시장인 미국을 등한시하는 실수도 저질렀다. 미국 이동통신사와 협력하지 않고 자체 매장을 연 것이다. 보조금으로 움직이는 미국 통신시장에서 노키아의 방식은 전혀 통하지 않았다. 이런 일이 겹치면서 노키아의 외적 정합성은 급격히 무너져내렸다.

노키아는 어쩌다 이렇게 된 것일까? 자신들이 구축한 내적 정합성이 너무나 공고해 외부 변화를 받아들이지 못할 정도로 경직되었던 탓이다. 세상이 바뀌었는데도 자신들의 논리로만 세상을 해석하려 했다. 그들 눈에 세상은 천천히 변하는 것처럼 보였지만, 어느 순간 자신의 힘으로는 되돌릴 수 없는 수준으로 변해 있었다. 아무리 내적 정합성이 좋은 기업이라도 외적 정합성을 잃으면 붕괴할 수 있음을 노키아의 사례는 잘 보여준다.

외적 정합성은 높은데 내적 정합성이 낮아 어려움을 겪는 기업도 있다. 외적 정합성이 높으면 기업은 외형적으로 큰 성장을 보인다. 하지만 내부활동 간의 부조화로 불필요한 비용이 증가하면서 안쪽으로부터 붕괴하는 구조를 갖게 된다. LG카드가 그렇게 무너졌다. LG카드 사태는 정부 정책과도 관련이 있다. 바로 정부의 카드 사용 장려책이다. IMF 시대를 맞은 정부는 소비를 진작하면서도 현금거래로 인한 탈세를 막을 도구로서 '신용카드'를 떠올렸다. 정부가 카드 사용을 장려하는 정책을 내놓자 국민들이 보유한 카드는 2000년 기준 평균 1.8개에서 2년 만에 4개로 늘었다.

카드 사용이 늘면서 새로운 풍조도 생겨났다. 현금서비스 이용 비중이 크게 높아진 것이다. 1999년까지 1인당 70만 원에 묶어두었던 개인 현금서비스 한도를 폐지한 결과였다. 그러다 보니 신용카드사 매출의 60% 이상이 현금서비스에서 나왔다. 카드 사용이 일반화된 일본이나 미국도 이 비율은 20~30% 수준이었다. 이 비율이 높다는 것은 그만큼 카드업계의 부도위험이 높아지고 있다는 의미였다. 현금서비스 매출이 늘어난 것은 카드사들이 이를 매우 매력적인 비즈니스로 보았기 때문이다. 현금서비스만큼 이익률이 높은 비즈니스는 없었다.

이런 변화에 가장 공격적으로 대응한 기업이 바로 LG카드였다. 길거리에서 대대적인 판촉행사를 벌였고, 심지어 대학교 정문 앞에서 카드 모집을 하기도 했다. 공격적 전략의 결과는 2000년에 나타났다. LG카드는 최대 라이벌인 삼성카드를 누르며 업계 1위가 되었고, 그룹 내에서도 일약 '신데렐라'로 떠올랐다.

하지만 성공은 오래가지 못했다. 카드 거품이 현실화되면서 카드로 인한 신용불량자가 폭증한 것이다. 카드빚을 갚지 못해 자살하는 사람들이 나타나고 심지어 가족이 동반 자살하는 사태까지 발생했다. 상황의 심각성을 인식한 정부는 2002년 신용카드종합대책을 내놓았다. 이때부터 카드사의 성장곡선은 내리막길을 달리기 시작했다.

불행히도 LG카드는 이미 1조 5,000억 원의 연체가 누적된 상태였다. 신용불량자가 LG카드에 가장 많았기 때문이다. 이로 인해 LG카드는 1조 원이 넘는 누적적자를 보아야 했다. 업계 상황이 심각해지자 정부는 2003년 카드사 지원 대책을 내놓았다. 하지만 LG카드는 돌이키기 어려운 상황으로 치달았다. LG카드는 자구책으로 사옥 건립용 부지를 팔았고 1조 5,000억 원의 연체채권을 자산관리공사에 매각했다. 유상증자도 실시했다. 이런 조치에도 불구하고 LG카드의 운명은 급격히 기울었고 2003년 매각되기에 이른다.

왜 이런 일이 벌어졌을까? 정부가 만들어놓은 카드 사용 환경을 LG카드는 정말 잘 활용했다. 이로 인해 외적 정합성을 높일 수 있었다. 거기까지는 좋았다. 하지만 반대로 내적 정합성은 망가지고 있었다. 무분별한 카드 발급에 따른 신용불량으로 연체가 폭발적으로 늘어났지만, LG카드는 이런 문제에 대처할 만한 내적 역량과 이를 중단시킬 프로세스를 가지고 있지 못했다.

경쟁사는 끊임없이 비즈니스의 맥을 흔들고자 노력한다 ▶

기업을 전쟁에 비유하는 사람들이 많다. 이 전쟁의 핵심은 경쟁 기업의 외적 정합성과 내적 정합성을 무너뜨리는 것이다. 역사 속 전쟁을 논할 때면 '진법陣法'에 대한 언급이 자주 나온다. 전쟁에서 지는 장수들은 공통점이 있다. 진법을 주위환경에 부적합하게 펼치는 것이다. 이렇게 되면 상대편이 그것을 역이용한다. 머리 위에 강을 두고 진을 펼쳤다면 상대 장수는 강물을 막았다가 터뜨림으로써 전쟁에서 이겼다. 따라서 적의 장수가 진법을 주위환경에 맞추어 펼치지 못하게 하는 것, 다시 말해 외적 정합성이 떨어지도록 유도하는 것도 전쟁에서 이기는 지략 중 하나였다.

적진의 내적 정합성을 무너뜨리는 것도 아주 중요한 작전이었다. 기습이 이런 용도로 쓰인 대표적인 공격법이다. 기습이 일어나면 병영이 혼란스러워지면서 각 군 간의 유기적 연계가 무너져 내적 정합성이 깨진다. 이뿐만 아니다. 길게 늘어선 적진의 측면을 치고 들어가면 손쉽게 적군의 내적 정합성을 와해시킬 수 있었다. 속이기 작전도 유사한 목적으로 사용되었다.

비즈니스에서도 다를 바 없다. 기업들은 서로 상대 기업의 외적 정합성과 내적 정합성을 무너뜨리기 위해 끊임없이 노력한다. 외적 정합성을 무너뜨리는 대표적인 무기로는 소비자의 니즈를 파고드는 신제품 출시와 저가 공세를 들 수 있다.

협립우산이 경쟁자의 그런 전략으로 무너진 예다. 협립우산은 한국 우산업계의 대부였다. 이승만 전 대통령의 부인인 프란체스카 여사가 가장 아끼던 우산과 양산이 협립우산의 제품이었다. 협립우산은 미국에서도 반응이 좋았다. 다양한 색상의 우산과 양산 12개를 넣은 '협립 원더즌'은 그야말로 최상의 인기를 누렸다. 그러다 보니 한국의 우산 대리점들이 협립우산의 물건을 받기 위해 줄을 섰고, 심지어 웃돈거래까지 이루어졌다. 하지만 저렴한 대만산 우산과 양산이 시장에 나오면서 상황은 반전되었다.

해외시장이 먼저 붕괴되었다. 설상가상 중국산이 국내시장까지 들어왔다. 대만 업체들도 경쟁에 뛰어들기 어려울 정도로 값싼 우산들이 물밀듯 밀려들었다. 그렇다고 협립우산이 가만히 있었던 것은 아니다. 가격전쟁에 대비했다. 2005년 중국에 공장을 짓고 여기서 만들어진 부품을 들여다가 국내에서 조립하는 전략을 택했다. 중국의 저렴한 인건비와 한국의 고품질을 결합하자는 의도였다. 하지만 이것도 완전한 대안이 되지는 못했다. 부쩍 성장한 중국 업체들의 품질이 날이 갈수록 좋아졌고, 아무리 노력해도 이들의 가격경쟁력을 당해낼 방법은 없었다.

외적 정합성을 무너뜨리려는 공세 못지않게 경쟁기업의 내적 정합성을 무너뜨리려는 노력도 치열하다. 그 방법 중 하나가 특허 공세다. 이에 대한 방어가 제대로 이루어지지 못하면 핵심역량과 내부 프로세스가 한순간에 무력화된다.

코닥의 붕괴에는 이들이 필름사업에 안주한 탓도 있지만, 특허전쟁에서 패한 탓도 있다. 1976년 폴라로이드는 코닥을 상대로 특허소송을 제기했다. 자사의 즉석카메라를 베껴 코닥이 이 시장에 진입했다는 것이었다. 코닥은 폴라로이드가 주장하는 특허는 원천무효라고 맞섰다. 원래 양사는 전략적 동맹관계를 유지하고 있었다. 그런데 즉석카메라 시장이 커지자 코닥이 이 시장에 뛰어들었고 이 과정에서 폴라로이드의 기술을 차용했다. 두 회사의 소송은 10년을 끌었다. 드디어 1985년 1심 법원이 판결을 내렸다. 코닥의 패소였다. 대법원까지 항소가 이어졌지만 1990년 대법원도 코닥의 특허침해를 인정했다. 이로 인한 대가는 엄청났다. 손해배상금이 8억 7,300만 달러에 이르렀고 15억 달러를 투입한 즉석카메라 공장은 강제 폐쇄되었다. 시장에 판매된 기존 제품을 수거하는 데에만 5억 달러가 들어갔다.

특허를 잘해놓았다고 안심할 일도 아니다. 특허는 최소한의 방어일 뿐 이로써 모든 것이 끝나지는 않는다. 에디슨은 전 세계에서 가장 많은 특허를 보유한 사람이었다. 상업성 높은 백열전구, 축음기, 영사기 등에 대한 특허도 다수 가지고 있었다. 그러다 보니 특허분쟁에 가장 많이 휩싸였다.

백열전구에 얽힌 싸움도 그중 하나다. 백열전구는 사실 에디슨이 처음 발명한 것이 아니었다. 기존의 전구를 개량해 수명을 늘렸고 더 밝은 제품을 생산할 수 있도록 한 것이 그의 특허였다. 백열전구 시장이 확대되자 경쟁사들도 유사한 전구로 시장을 공략했다. 이에 따라 에디슨은 1885년 경쟁사에 소송을 제기했다. 엄청난 소송비용을 들여 결국 6년 뒤 승소했다. 하지만 시장에는 이미 에디슨의 특허를 침해하지 않고도 품질 좋은 백열전구를 만드는 방법들이 나오고 있었다. 그리하여 그가 세운 '에디슨 제너럴 일렉트릭 전구회사'는 문을 닫고 만다. 이를 인수한 업체가 바로 지금의 제너럴 일렉트릭GE, General Electric Company이다.

기업의 성장통 역시
'내적 정합성'의 문제다

기업인들은 성장통이라는 말을 종종 쓴다. 보통 성장통이란 어린 아이가 자라는 과정에서 나타나는 통증을 말한다. 이런 현상이 기업의 성장과정에서도 일어난다고 생각하는 것이 이른바 '기업의 성장통'이다. 기업의 성장통 역시 비즈니스의 정합성 문제에서 기인한다. 일반적으로 기업의 성장통은 외적 성장은 빨라지는데 내적 대처가 제대로 이루어지지 못해서 생긴다. 다시 말해 외적 정합성은 높지만 내적 정합성이 상대적으로 낮아서 나타나는 현상이다.

국내의 디지털 셋톱박스 제조업체 휴맥스도 이런 성장통을 겪은 바 있다. 휴맥스는 매출이 늘자 직원을 대폭 늘렸다. 문제는 그 다음이었다. 인력 채용이 늘면서 외부 직원의 유입이 급속히 이루어졌고 이들이 기존 직원들과 갈등을 빚었던 것이다. 200명이 채 안 되는 작은 규모로 일하던 기존 직원들 눈에 이들은 이방인으로 보였다. 정신적으로 나태해진 모습도 엿보였다. 회사규모가 작을 때에는 위기의식을 가지고 다 같이 열정적으로 일했는데, 기업의 규모가 커지고 눈에 보이는 성과가 나타나자 안주하는 듯했다. 결코 망하지 않을 것이라는 막연한 기대가 작용했기 때문이다.

휴맥스의 경험은 기업이 성장하는 과정에서 종종 겪는 일이다. 기업규모가 갑자기 커지면 짧은 시간에 많은 사람들이 외부로부터 유입될 수밖에 없다. 이렇게 되면 기존 세력과 신규 세력 간의 알력으로 기업 내부의 협력이 깨지고 결국 내적 정합성에 문제가 생긴다. 이것이 성장통이다.

성장통을 해소할 가장 좋은 방법은 신입직원을 선발해 이들이 기업문화에 젖어들 수 있도록 충분한 시간을 주는 것이다. 하지만 이들을 채용하면 교육과 훈련에 많은 비용과 시간이 든다. 그래서 기업들은 경력직원 채용을 선호한다. 이런 경우 문제가 생긴다.

해결책은 딱 하나다. 기존 구성원들과 융화될 수 있도록 회사

차원에서 프로그램을 마련하는 것이다. 구성원들 간에 공식적·비공식적 대면 프로그램을 준비할 필요가 있다. 내가 아는 한 기업에서는 직원들에게 여행을 보내주는 방법을 썼다. 단, 조건이 있었다. 같은 부서나 잘 아는 사람들과는 함께 갈 수 없었다. 새로 뽑은 직원들이 여행팀에 꼭 끼도록 제한했다. 이렇게 여행지에서 며칠을 보내게 하자 직원들 간에 인간적 신뢰가 조금씩 생겨났다.

휴맥스의 경우, 일을 통해 어우러지는 방식을 사용했다. 사내에 혁신실을 두고 활용했다. 혁신실에는 기존 사원과 외부에서 유입된 사원 중 유능한 사람들을 배치했다. 그리고 이들이 공동운명체로 움직이도록 했다. 혁신실에서 나온 아이디어는 CEO가 직접 챙기며 힘을 실어주었다. 이런 노력들 덕에 조직이 변하기 시작했다.

비즈니스의 선순환구조
유지하기

Q | 비즈니스가 선순환구조에서 이탈하는 이유는 무엇인가?

A | 비즈니스의 선순환구조가 유지되기 위해서는 고객관계 모델→가치생성 모델→비용 및 수익 모델의 순서로 비즈니스의 흐름이 매끄럽게 이어져야 한다. 이런 흐름이 깨지면 비즈니스는 선순환구조에서 이탈한다. 이유는 뒤의 모델이 앞의 모델을 억압하는 역순환이 일어나기 때문이다. 이렇게 되면 기업은 궁극적으로 고객관계 모델에 이상이 생겨 외적 정합성에 문제가 생긴다.

비즈니스가 내적 정합성을 지속적하려면 기업 내부에 선순환구조가 확립되어 있어야 한다. 그런데 이 구조를 유지하기가 생각만큼 쉽지 않다. 앞서 언급한 역순환의 실수를 저지르는 경우가 많기 때문이다. 고객관계에서 출발해 가치생성 모델과 비용 및 수익 모델을 구축하는 것이 아닌, 뒤에서 순환의 흐름을 거슬러 올라가는 실수다. 네 종류가 있음은 설명한 바 있다. 이를 살펴보면 다음과 같다.

(1) 가치생성 방식에 대한 집착으로 고객관계가 올바르게 구축되지 못하는 경우

(2) 비용에 대한 집착으로 가치생성 방식이 올바르게 구축되지 못하는 경우

(3) 수익에 대한 집착으로 비용통제가 올바르게 이루어지지 못하는 경우

(4) 수익에 대한 집착으로 고객관계가 올바르게 구축되지 못하는 경우

가치생성 방식에 대한 집착으로 고객관계가 올바르게 구축되지 못하는 경우

기존의 가치생성 방식에 집착하면 고객관계를 왜곡하는 실수를 저지를 수 있다. 쉽게 말해 자신에게 익숙하게 구축된 생산방식과 파

트너와의 협력방식을 변경하지 않고 고집하다가 팔리지 않는 물건을 만듦으로써 고객이탈을 불러일으키는 실수다.

변하지 않는 시장은 없다. 소비자의 취향이 달라져서든 새로운 기술이 등장해서든 시장은 끊임없이 변화한다. 이런 변화에 기업들이 제대로 대응하지 못하는 것은 기존의 가치생성 방식에 대한 집착이 관성으로 작용하기 때문이다.

앞서 예로 든 노키아를 다시 생각해보자. 이 회사의 문제 역시 기존의 가치생성 방식에 대한 집착에서 비롯되었다. 세상에서 가장 저렴하고 품질 좋은 휴대폰을 만들던 기업의 쇠락은 시장에 프리미엄 바람이 불어닥치면서 시작되었다. 삼성전자와 LG전자, 그리고 결정적으로 애플이 가세하면서다. 하지만 노키아는 이런 변화에 꿈쩍도 하지 않았다. 노키아의 CEO 올리 페카 칼라스부오 Olli-Pekka Kallasvuo는 오히려 경쟁자들을 걱정했다. 강력한 가격경쟁력을 가진 노키아에 그들이 쓸모없이 대항하다 무너지리라 본 것이다. 왜 이런 완고한 생각에 빠졌던 것일까? 자신들이 그동안 축적한 가치생성 방식에 대한 확신이 너무 강해 집착으로 변했기 때문이다. 자신들이 구축한 가치생성 방식의 틀로 고객을 바라보는 오류를 범한 것이다.

소니도 노키아와 유사한 길을 걸었다. 차이가 있다면 소니의 경우 새로운 기술이 등장한 걸 알았으나 이를 의미 없이 지나가는 기술로 여겼다는 점이다. 소니는 세상에서 가장 혁신적인 기업 중 하나였다. 소니가 망하면 일본이 망한다고 할 정도로 세계적인 기업이었다. 소니의 간판은 TV였다. 소니의 브라운관 TV '트리니트론Trinitron'은 누구도 감히 넘볼 수 없는 세계시장 판매 1위 제품이었다. 또 1979년에 출시된 워크맨은 소니를 경이로운 기업으로 만들었다.

하지만 이 잘나가는 제품들에 브레이크가 걸렸다. 워크맨은 디지털 기술로 무장한 MP3 플레이어에 시장을 내주고 말았다. TV도 문제가 되었다. PDP와 LCD 기술이 발전하면서 브라운관 TV를 대체하기 시작했다. 이런 상황이 벌어지고 있는데도 소니는 미적거렸다. 이유는 브라운관 TV와 워크맨을 만들어내는 능력이 너무 탁월해 외부에서 일어나는 기술변화는 별것 아닌 것으로 치부했기 때문이다.

이들의 고집은 단순히 고집에 그치지 않았다. 아무리 새로운 기술이라도 자신들의 기술을 절대 넘어설 수 없다는 일종의 자기기만 수준에까지 이르고 있었다. 그러나 얼마 가지 않아 그들의 생각이 틀렸음이 드러났다. 기술진보의 속도가 빨라지면서 MP3와 LCD로 무장한 새로운 기술들은 소니가 자랑하던 모든 제품들을 압도하는 수준으로 발전했다. 뒤늦게 조치를 취해보았지만 이미 때는 늦고 말았다.

미국의 베스트바이Bestbuy도 비슷한 경우다. 베스트바이는 전 세계의 전자제품을 판매하는 미국 최대의 양판점이다. 이 기업 역시 급격한 어려움을 겪으며 붕괴 직전에 놓여 있다. 커지는 온라인 시장에 제대로 대응하지 못해서다. 인터넷을 중심으로 하는 온라인 시장의 출현은 소비행태를 바꿔놓았다. 오프라인 매장은 온라인 시장에서 물건을 사기 전 실물을 둘러보는 장소로 전락했다. 그럼에도 베스트바이의 대응은 재빠르지 못했다. 기존의 매장 중심 판매방식에 너무 익숙해져 온라인 시장의 위력을 과소평가했다. 베스트바이를 성공시킨 오프라인 중심의 비즈니스 모델이 관성으로 작용하면서 새로운 변화를 알아차리지 못하게 눈을 가린 것이다. 뒤늦게 온라인 매장을 오픈했지만 이미 아마존 등 대형 온라인 업체들이 점령한 뒤였다.

비용에 대한 집착으로
가치생성 방식이 올바르게 구축되지 못하는 경우

비용에 집착하다 가치생성 모델의 변화를 소홀히 다루는 실수도 자주 일어난다. 앞서 소개한 버버리의 실수가 여기 해당한다. 최고급 명품 브랜드를 유지하는 기업들은 유통망을 엄격히 관리한다. 직영점을 두는 중앙집권적 유통방식을 선호하는 것이다. 그런데 버버리는 반대 전략을 썼다. 현지업체에 유통을 일임했다. 이유는 비용이었다. 이런 방식이 유통망을 유지하는 데 훨씬 저렴했기 때문이다. 하지만 이 방식은 브랜드 가치를 일관성 있게 유지하는 데는 불리하게 작용했다. 현지업체가 자신들의 필요에 따라 아무 때나 세일을 하는 등 명품으로서 가치를 훼손하는 행동을 해도 제어하기가 쉽지 않았다. 그러는 사이 버버리는 서서히 죽어갔다.

유사한 실수가 도요타에서도 벌어졌다. 2009년 렉서스를 타고 고속도로를 달리던 미국인 노부부와 911의 다급한 통화가 도요타를 궁지에 몰아넣었다. 도요타의 자랑이던 렉서스가 제멋대로 달려 속도를 늦출 수가 없다는 통화 내용이 공개되었고, 도요타의 명성은 한순간에 땅으로 떨어졌다. 이 사고는 도요타의 무리한 비용절감에서 비롯된 것이었다. 원래 도요타는 비용을 절감하는 능력에서 세계 최고다. 그렇다고 비용을 아무렇게나 줄이지는 않는다. 제품의 품질을 전혀 손상치 않는 범위에서 낭비를 줄여 비용을 감축하는 세계 최고의 능력을 가지고 있다. 이것을 TPS_{Toyota Production System}, 즉 '도요타 생산방식'이라고 한다.

그런 도요타가 도요타답지 않은 실수를 한 것이다. 전 세계적으로 협력생산 거점이 늘어나면서부터다. 이들 해외 협력업체들은 일본 내의 협력업체들에서는 가능했던 TPS를 따라가지 못했다. 이런 상황임에도 도요타는 해외 현지 협력업체의 원가절감에만 주의를 기울였다.

2009년의 사건은 가속페달에 문제가 발생한 것이었다. 미국의 CTS라는 회사가 이 부품을 납품했다. 하지만 이곳은 일본의 협력업체처럼 고강도로 훈련되어 있지 않았다. 일본 내의 협력업체인 덴소Denso가 만든 가속페달에서는 아무런 문제가 발견되지 않았다. 하지만 미국의 협력업체인 CTS는 사정이 달랐다. CTS의 부품이 장착된 자동차들에서만 동일한 문제가 대규모로 일어났다. 렉서스를 비롯해 도요타의 또 다른 핵심 차종인 캠리, 카롤라 등에서도 동일한 문제가 발생했다. 이렇게 하여 '품질의 도요타'는 치명상을 입었다.

수익에 대한 집착으로
비용통제가 올바르게 이루어지지 못하는 경우

수익에 집착하다가 잠재적 비용 증가를 눈치 채지 못하는 경우도 다반사로 일어나는 실수다. 세계를 뒤흔든 서브프라임 모기지subprime mortgage 사태가 이에 해당한다. 그 전조는 금융권의 수익이 낮아지면서 나타났다. 각국의 중앙은행들은 경기를 살리기 위해 앞 다투어 금리를 내렸다. 그 여파가 금융권에도 밀어닥쳤다. 시중에 돈이 넘쳐나면서 수익을 보장해주던 대출금리는 떨어지고 설상가상 수익을 낼 만한 대출처도 줄어들었다. 이때 주목받은 것이 서브프라임 모기지였다. 미국은 집을 살 돈이 일부만 있으면 나머지는 은행에서 빌려주는 제도가 있다. 이를 모기지mortgage, 주택저당대출라고 하는데, 프라임 모기지와 서브프라임 모기지가 있다. 프라임 모기지는 신용이 우수한 사람들에게 돈을 빌려주는 것을 말하고 서브프라임 모기지는 신용이 약한 사람들에게 빌려주는 것을 말한다. 말할 것도 없이 서브프라임 모기지는 고위험을 수반한다.

시중에 넘쳐나는 돈이 부동산으로 몰렸고 사람들은 너도나도 돈을 빌려 집을 사기 시작했다. 이런 분위기 한가운데에 페니 메이 Fannie Mae와 프레디 맥Freddie Mac이라는 두 모기지 회사가 있었다. 민간과 공공이 합작해서 설립한 회사인데 이상한 방식으로 경영되었다. 이익이 날 때는 회사 몫이 되고 손해가 나면 정부가 보전해주는 방식이었다. 손해 볼 일이 전혀 없던 이들 회사는 위험대출에 손을 대며 도박경영을 시작했다. 전혀 갚을 능력이 없는 사람들에게도 서브프라임 모기지를 제공한 것이다. 이들은 부동산 경기가 끝없이 좋을 것이라 예상했고 설사 그렇지 않더라도 손실은 정부가 메워주리라 생각했다. 회사는 손해 볼 일이 없었기 때문이다.

그런데 문제는 이 회사들이 아니었다. 정부로부터 아무런 손실보전을 받을 수 없는 금융회사들이 이들 회사가 돈 버는 것을 보고 서브프라임 모기지 대출에 뛰어든 것이다. 하지만 대출위험이 문제였다. 이때 기발한 방법이 제시되었다. 채무를 파생상품화해 많은 외부 투자자들에게 판매하는 것이었다. 이렇게 되면 이론적으로는 위험이 제로에 가까워졌다. 책임지는 사람들이 많아지니 위험은 줄어들고 돈은 벌 수 있다는 생각이었다. 이를 뒷받침하는 그럴듯한 이론도 발표되자 투자회사들이 너도나도 서브프라임 모기지에 의한 파생상품에 투자하기 시작했다. 돈을 빌려 집을 사는 사람들이나, 이런 사람들의 채무로 만들어진 파생상품을 사는 사람들이나, 그리고 중간에서 거래수수료를 받는 금융기관들이나 모두 행복한 거래가 이루어졌다.

하지만 결국 문제가 터졌다. 끝도 없이 오르기만 하던 부동산 경기가 하락하면서다. 시중에 너무 많이 풀린 유동성을 흡수하기 위해 미국의 연방준비은행이 이자를 올린 것이 신호탄이었다. 서브프라임 모기지의 이자도 가파르게 올라갔다. 높은 이자를 감당하기 어려운 사람들이 생겨나면서 파산하는 사람도 늘었다.

그러자 서브프라임 모기지를 담보로 만든 파생상품 채권들이 휴지조각이 되었다. 연쇄적으로 서브프라임 모기지 대출업체들이 파산했고, 서브프라임 모기지 파생상품에 투자한 거대 금융기관들도 도산하기 시작했다. 미국에서 두 번째로 큰 서브프라임 모기지 대출업체인 뉴 센트리 파이낸셜New Century Financial이 2007년 파산했다. 2008년에는 규모가 가장 큰 모기지 대출업체 컨트리와이드Contrywide가 무너졌다. 이어 미국 투자은행업계의 3위, 4위, 5위인 메릴린치Merrill Lynch, 리먼브러더스Lehman Brothers, 베어스턴스Bear Stearns가 파산 혹은 매각되었다. 보험업계 1위인 AIG도 파국을 견디지 못하고 결국 매각되었다. 시티그룹은 400억 달러가 넘는 돈을, 뱅크오브아메리카BOA는 150억 달러에 이르는 돈을 날렸다. 이들을 도화선으로 전 세계 은행들이 부실화되었다.

도대체 어디에 문제가 있었을까? 수익에만 집착한 금융기관들은 자신들이 사들인 채권이 어떤 종류인지 알려고 하지도 않았다. 알았다 하더라도 금융공학이 만든 '리스크 제로' 논리에 속았다. 근원이 된 채권이 부실덩어리인데 리스크가 제로가 되는 일이 어떻게 가능하단 말인가? 수익이 생기는 곳에는 지불할 비용도 존재한다는 사실을 이들은 완전히 망각하고 있었다.

수익에 대한 집착으로 고객관계가 올바르게 구축되지 못하는 경우 ⟶

수익에 집착하다 고객관계를 왜곡하는 경우도 종종 있다. 비즈니스를 할 때 해서는 안 될 일이 바로 수익에 대한 과도한 집착이다. 돈 버는 행위만 비즈니스라고 생각하면 다른 요소들과의 조화로운 관계가 깨진다. 소셜 게임의 대표 기업인 미국의 징가Zinga가 이런 상황에 빠졌다. 징가는 포커의 변형인 '텍사스 홀덤Texas hold'em' 게임과 '마피아워즈Mafia Wars', '팜빌FarmVille', '시티빌City Ville' 등 중독성 있는 게임을 페이스북 페이지 안에서 운용해 큰 인기를 끌었다. 2009년에는 게임 참가자가 한 달에 4,000만 명을 넘어서면서 세계적 화제를 몰고 왔으며, 농장을 경영하는 게임인 팜빌의 하루 접속자가 2,000만 명을 넘기도 했다. 미국 인터넷 사용자의 4분의 1 이상이 징가의 게임을 즐겼다. 수익 모델도 다양해서 게임아이템 판매, 쿠폰 판매, 광고, 장난감 판매 등을 통해 2010년 한 해만 순이익 1억 달러를 벌어들였다.

그런데 문제가 생겼다. 회사 설립자인 CEO 마크 핀커스Mark
Pincus가 그 원인을 제공했다. 그는 징가를 머니게임의 수단으로만
인식했다. 회사를 상장하기 직전 핀커스는 유능한 직원들을 붙들
어두기 위해 부여했던 스톡옵션을 철회하는 무리수를 두었다. 그
리고 주가가 오르자 자신의 주식을 대거 팔아 약 2억 달러를 벌었
다. 하지만 새로운 변화에는 무관심했다. 게임시장이 PC에서 모바
일로 넘어가고 있었음에도 제대로 대응하지 못했다. 징가가 PC용
소셜 게임에 집착하는 동안 경쟁사들은 모바일 게임으로 옮겨가기
시작하면서 징가를 위협했다. 이런 일들이 벌어지자 유능한 인력
이 대거 징가를 빠져 나갔다. 주가도 폭락했다.[18]

우리나라 은행들 중에도 이와 비슷한 일을 아무렇지 않게 하
는 곳들이 있다. 은행마다 VIP니 VVIP니 하며 고객을 우대하는 정
책이 있다. 우대를 받는다니 고객 입장에선 즐거운 일이다. 그런데
문제는 고객이 VIP나 VVIP의 조건을 벗어날 때다. 조건을 잘 유지
하다가도 예금이 줄어들면 그 고객은 VIP 자리에서 쫓겨난다. 몇
년을 은행과 거래했든, 그동안의 신용이 어떠했든 소용이 없다. 그
은행의 카드를 1년에 얼마를 써주어도 상관이 없다. 자신들이 정
한 예금 기준점에서 벗어나면 쫓아낸다.

은행들은 고객들을 불러모으기 위해 정말 많은 애를 쓴다. 그
런데 정작 그간 쌓은 고객과의 관계는 아무렇지 않게 정리하는 은

행들이 있다. 이유는 간단하다. 고객을 돈벌이 수단으로만 인식하기 때문이다. 긴 호흡으로 보면 이런 곳들이 살아남을 확률은 점점 낮아지고 있다.

최근 어떤 가게에 들러 이야기를 나누다가 주인으로부터 멋진 이야기를 들었다. "내가 만일 돈만 벌려고 했으면 이렇게 오랫동안 가게를 유지하기가 어려웠을 겁니다. 우리 가게는 동네 분들이 많이 도와주십니다. 나를 도와주는 그분들에게 저도 무언가 더 드리려는 마음으로 운영했더니 이렇게 오래 유지하게 됐네요."

이 주인은 고객과의 관계를 통해 자신이 살아간다는 것을 알고 있는 사람이었다. 고객이 있고 나서 돈벌이가 있다는 선순환구조를 이해하는 사람이다. 하지만 많은 기업들이 역순환의 실수를 한다. 자신에게 돈벌이가 되는 사람들만 고객으로 여긴다. 아무리 오랫동안 신용을 쌓아도 자신들 기준에 벗어나면 고객을 내친다. '수익'이라는 돈벌이가 '고객관계'를 지배하는 역순환의 실수를 아무렇지 않게 하고 있는 것이다.

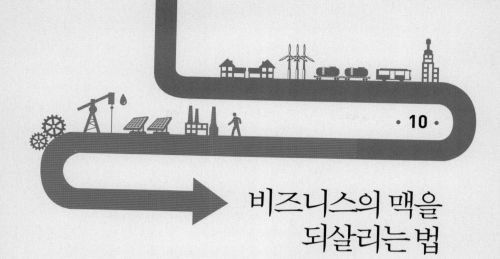

· 10 ·

비즈니스의 맥을
되살리는 법

Q │ 흐트러진 비즈니스의 맥은 어떻게 되살릴 수 있는가?

A │ 비즈니스 모델을 부분이 아닌 전체적 시각에서 조망해보아야
한다. 그러면서 우리 회사의 문제가 어디 있는지를 찾아내는 것이다.
가장 중요한 것은 외적 정합성이다. 고객관계가 흐트러져 있지 않은
지 주의 깊게 관찰해야 한다. 다음으로는 내적 정합성이다. 기업 내
부의 여러 활동들이 선순환구조를 이루고 있는지 살펴보아야 한다.
특히 역순환의 실수를 저지르고 있지 않은지를 살펴보는 것이 중요
하다. 이런 일을 해내려면 상세 비즈니스 모델을 알고 있어야 한다.

비즈니스 모델을
전체적으로 조망하기 ⟶

경영의 실수로 비즈니스의 맥이 흐트러졌다면 이를 되살릴 방법을 모색해야 한다. 이때 가장 먼저 할 일은 비즈니스 모델을 다시 전체적 시각에서 조망해보는 것이다. 가장 중요한 것은 외적 정합성이다. 고객관계가 흐트러져 있지 않은지 주의 깊게 관찰해야 한다. 다음으로는 내적 정합성이다. 기업 내부의 여러 활동들이 선순환 구조를 이루고 있는지 살펴보아야 한다. 특히 역순환의 실수를 저지르고 있지 않은지 살펴보는 것이 중요하다.

이러한 조망을 위해서는 비즈니스 모델에 대해 지금까지 한 이야기를 정리할 필요가 있다. 비즈니스 모델에는 고객관계 모델, 가치생성 모델, 비용 모델, 수익 모델의 네 가지 영역뿐 아니라 그 하위 모듈들이 존재한다고 했다.

우선 고객관계 모델의 하위 모듈은 다음과 같다.

1. 고객정의: 우리의 고객은 누구인가? 누구를 고객으로 할 것인가?
2. 가치제안: 고객은 무엇을 원하는가? 우리는 고객에게 무엇을 줄 것인가?
3. 관계형태: 고객과 어떤 관계를 유지할 것인가?
4. 가치전달: 어떻게 우리의 제품과 서비스를 전달할 것인가?

가치생성 모델의 하위 모듈은 다음과 같다.

5. 핵심역량: 고객을 끌어들일 우리만의 독특한 역량은 무엇인가?

6. 프로세스: 핵심역량을 구축하고 고객가치를 효과적으로 만들어내기 위한 내부 프로세스는 무엇인가?

7. 파트너십: 파트너와 어떤 협력관계를 맺을 것인가?

8. 성찰과 기회탐색: 기업의 성과 차질에 어떻게 대응할 것인가? 고객과 기술의 변화를 어떻게 감지하고 대응할 것인가?

비용 모델의 경우는 비용구조라는 하나의 하위 모듈이 있다.

9. 비용구조: 어디에서 비용이 발생하며 이들을 어떻게 통제할 것인가?

마지막은 수익 모델이다. 이 역시 수익구조라는 하나의 하위 모듈을 가지고 있다.

10. 수익구조: 어디에서 어떤 방식으로 수익을 낼 것인가?

그림 9 상세 비즈니스 모델

가치생성 모델			고객관계 모델		
성찰과 기회 탐색	프로세스 / 파트너십	핵심 역량	가치 제안	관계형태 / 가치전달	고객 정의

비용 모델	수익 모델
비용구조	수익구조

이들 열 가지 영역을 하나로 모으면 〈그림 9〉와 같다. 비즈니스의 맥을 이해하고 경영의 실수를 줄이며 이를 살려내기 위해서는 앞서 설명한 〈그림 2〉는 물론이고 〈그림 9〉의 상세 비즈니스 모델도 반드시 숙지해야 한다. 이를 이해하지 못하고 단편적인 사실이나 느낌에 의존해 비즈니스를 진단하면 더 큰 오류에 빠질 수 있다.

〈그림 9〉를 이용해 어떻게 비즈니스의 맥을 되살리기 위한 진단을 할 수 있는지 살펴보자. 패스트패션 업계를 예로 들자. 베네통이 장악하던 의류업계에 지각변동이 일어났다. 베네통을 위협한 곳은 패스트패션이라는 새로운 비즈니스 모델로 무장한 기업들이었다. 우리 회사를 패스트패션 비즈니스를 하는 기업이라 가정

해보자. 우선은 패스트패션업에 대한 비즈니스 모델을 〈그림 9〉의 시각에서 조망해볼 필요가 있다. 그런 다음 이것을 현재의 비즈니스 모델과 비교해 문제가 어디 있는지, 그리고 어떻게 해결할지를 찾아내야 한다. 이것이 비즈니스의 맥을 되살리는 방법이다.

고객관계 모델 점검하기 ———▶

가장 먼저 점검할 것은 고객관계 모델이다. 패스트패션에 반응하는 고객이 누구이며 어떤 특징을 갖는지 충분히 관찰하고 이해하는 것이 비즈니스 모델 점검의 첫 순서다. 이는 고객에 대한 정의로부터 시작한다. 패스트패션에 관심이 높은 고객들은 20~30대 젊은 층이다. 이들은 다음 몇 가지 특징이 있다.

- 패션 취향이 매우 빠르게 변한다. 그만큼 패션업계의 골칫거리인 재고를 많이 남기게 만드는 층이기도 하다.
- 주머니 사정이 넉넉하지 않다. 젊은 사람들은 고가의 옷을 구입할 만큼 지갑이 두둑하지 못하다. 가격에 매우 민감하다.
- 매우 까다롭게 품질을 따지기 때문에 가격이 싸다고 무조건 구입하지 않는다. 자신들이 원하는 품질수준이 아니면

구입하지 않는 특징이 있다.

- 아이쇼핑eye shopping을 좋아하고 입소문에 매우 빠르게 반응한다.

위의 네 가지를 패스트패션에 반응하는 소비자들의 특징이라고 해보자. 이것이 패스트패션 비즈니스에서 고객정의가 된다. 다음으로는 이를 가치제안으로 전환해야 한다. 이들 고객이 무엇을 원하는지 생각해보고 이를 어떻게 제공할지 고민해보는 것이다. 위의 정보를 이용할 경우 고객가치는 다음처럼 가상적으로 계산해볼 수 있다.

$$\text{패스트패션을 이용하는 젊은 층의 고객가치} = \frac{\text{즐거움(트렌디하고 다양한 디자인)}}{\text{고통(지불할 가격, 낮은 품질로 인한 스트레스)}}$$

이 식을 가치제안으로 표현하면 다음과 같이 할 수 있다.

- 스피디한 패션 업데이트(빠른 디자인 업데이트와 다양한 디자인 제공)
- 비교적 낮은 가격
- 비교적 높은 품질(제품품질, 유통품질)

다음으로 해야 할 일은 고객과의 관계형태와 가치전달 방법을 생각하는 것이다. 지배적 거래관계를 유지할 것인가, 아니면 종속적 거래관계를 유지할 것인가? 지배적 거래관계를 유지할 경우 명품 업체처럼 통일된 중앙집권적 통제를 추구할 필요가 있다. 가능하면 할인판매를 줄여 제품의 품위를 지키는 전략을 사용하는 것이다. 종속적 거래관계는 고객에게 최대한의 서비스로 접근하는 것을 말한다. 필요에 따라 바겐세일 등 고객을 유인하기 위한 전략을 적극 구사하는 것이다.

패스트패션은 트렌디한 디자인과 디자인 다양성을 통해 고객에게 밀착해야 하지만 매장운영이나 마케팅에서는 중앙집권적 통제방식을 유지하는 것이 일반적이다. 따라서 패스트패션 업체들은 주로 자신들의 유통매장을 통해 제품을 판매한다. 효과적인 매장관리와 의사소통을 위해 이들은 라이선스 같은 판매방식을 사용하지 않는다. 직원도 정직원만 채용한다. 매장이 기업의 얼굴이고 곧 홍보장이기 때문에 접객 직원들의 몰입도를 높이기 위해서다. 이 것이 패스트패션의 가치전달 방식이다.

정리하면 패스트패션업은 종속적 거래관계를 유지하되 일부 지배적 거래관계에서 나타나는 중앙집권적 통제방식을 병행하는 것이 효과적이다.

가치생성 모델
점검하기 ⬛➤

이렇게 제안된 가치를 고객에게 효과적으로 전달하려면 이에 알맞은 가치생성 모델이 구축되어야 한다. 핵심역량은 무엇으로 할지, 프로세스는 어떻게 설계할지, 누구와 어떻게 협력할지 그리고 성찰과 기회탐색 방식은 어떻게 할지를 결정해야 한다.

패스트패션에서 핵심역량은 '스피디한 패션 업데이트' 능력이다. 패션 취향이 매우 빨리 변하는 젊은 층에 다가가려면 매장은 항상 새로운 제품으로 가득 차 있어야 한다. 그래야 호기심 많은 젊은이들을 매장으로 불러들일 수 있다.

핵심역량 구현을 위해서는 그에 적합한 프로세스 설계가 우선이다. 디자인 주기를 짧게 하는 프로세스 구축이 그 핵심이다. 기존의 의류업체들은 계절에 입각해 디자인을 기획했다. 하지만 패스트패션에서는 이보다 훨씬 앞선 디자인 기획이 필요하다.

전 세계에서 가장 빠른 디자인 기획을 하는 곳은 호주를 장악하고 있는 패스트패션 업체 '밸리걸Valleygirl'이다. 젊은 여성들을 겨냥한 비즈니스로 큰 성공을 거두었다. 놀랍게도 4주를 한 시즌으로 디자인 기획을 한다. 1년에 13번 시즌이 있는 셈이다. 또 다른 핵심요소는 다양한 디자인을 확보하는 것이다. 젊은 층의 취향에 다가서기 위한 것이기도 하지만 다양한 디자인을 시장에서 테스트해 팔리는 디자인을 빨리 알아내려는 목적도 숨어 있다.

여기에 신속한 물류체계도 뒷받침되어야 한다. 패스트패션은 디자인만 빨리 내놓는다고 끝나는 것이 아니다. 디자인 → 생산 → 공급, 이 모두가 빨라야 한다. 이 중에서도 제품을 매장으로 재빨리 공급하는 게 생명이다. 공급망관리가 중요한 이유다.

파트너십을 어떻게 구축할지도 고민해야 한다. 자체 공장을 운영할지, 아니면 협력업체에 의존할지 결정해야 한다. 여기에 영향을 미치는 요인은 품질이 뒷받침된 가격이다. 패스트패션은 가장 까다로운 고객을 상대로 하는 비즈니스이므로 특히 품질에 주의를 기울여야 한다. 바느질 하나하나에 꼼꼼한 정성을 기울여야 하고, 가격도 적정해야 한다. 젊은 사람들을 고객으로 설정했다면 결코 높은 가격을 매길 수 없다. 이러한 조건을 모두 맞출 수 있는 협력업체를 확보하는 것이 관건이다. 이들을 구할 수 있다면 협력업체를 중심으로 한 패스트패션 비즈니스가 가능하다. 그렇지 못하면 자체 생산공장을 운영해야 한다.

패스트패션에서 특히 중요한 것이 성찰과 기회탐색이다. 이는 관찰과 데이터 분석력에 기초한다. 패스트패션은 패션쇼로 신제품을 런칭하는 비즈니스가 아니다. 따라서 거리의 젊은이들이 어떤 옷을 입는지, 어떤 패션에 관심이 있는지 등 그들의 차림새를 관찰해 흐름을 읽어낼 수 있어야 한다. 이렇게 소비자들의 변화를 관찰하는 것을 고객기회탐색이라고 한다.

또한 분석력이 좋아야 한다. 패스트패션은 트렌드를 재빨리 읽어내면서 제품을 다양하게 출시해야 하기 때문에 시장에서 실패하는 제품도 많다. 그러므로 기획주기마다 판매결과를 분석하는 일이 중요하다. 시장에서 반응이 좋은 제품은 무엇이며 그 까닭은 무엇인지, 팔리지 않는 제품은 무엇이고 왜 안 팔렸는지 분석해야 한다. 이런 분석이 가능하려면 매장에서 실시간으로 각종 고객 정보와 데이터가 올라와야 하고, 매장 분위기를 잘 알고 있어야 한다. 이것을 성찰이라고 한다.

비용 모델 점검하기 ⟶

패스트패션은 디자인 주기가 짧고 다양한 디자인으로 승부해야 하므로 비용이 늘어날 소지가 있다. 그래서 비용을 줄일 방법을 찾는 것이 패스트패션 비즈니스의 관건이 된다. 패션업에서 가장 큰 비용이 들어가는 부분은 마케팅이다. 마케팅 비용이 많아질수록 옷값도 비싸진다. 이 비용을 줄이기 위해 패스트패션에서는 미디어 광고를 최소화하는 대신 매장을 광고와 마케팅의 장으로 활용한다. 다양한 디자인의 옷이 짧은 주기로 쏟아져 나오기 때문에 호기심 많은 젊은이들은 매장을 둘러보는 것을 재미로 삼는다. 이런 관심을 이용하는 것이 패스트패션의 마케팅 방법이다.

재고를 최소화하는 것도 매우 중요하다. 의류업계의 경우 기획된 상품이 출시되어 신상품으로 팔리는 양은 보통 생산된 양의 30%에 불과하다. 나머지는 재고다. 이를 줄이기 위한 노력이 필요하다. 패스트패션에서는 두 가지 방식을 사용한다. 스테디 디자인과 트렌디 디자인을 섞어서 판매하는 방법이다.

트렌디 디자인은 일단 적은 양을 만들어 시장에서 테스트해보고 팔리겠다는 판단이 되면 생산량을 늘리는 품목이다. 이렇게 검증된 품목은 다음 시즌의 스테디 디자인으로 편입된다. 그렇지 않은 디자인은 변경한다. 그리고 스테디 디자인 가운데 팔리지 않는 것은 리스트에서 바로 제외한다. 이런 전략이 가능하려면 기업의 데이터 분석 역량이 매우 중요하다. 앞에서 살펴본 성찰 프로세스가 원활해야 하는 것이다.

수익 모델
점검하기 ⟶

다음으로는 어떻게 수익을 낼 것인지 고민해야 한다. 젊은 층을 대상으로 옷을 팔고자 한다면 한 벌당 가격을 높게 책정할 수 없다. 의류 한 장당 수익단가가 낮다는 이야기다. 수익을 내려면 박리다매 방식이어야 한다. 더불어 회전도 빨라야 한다. 많은 사람들에게 저렴하게 팔되 이들이 빈번히 방문하도록 하는 것이다.

줄 서서 음식을 사 먹는 식당의 수익 모델과 유사하다. 이런 식당의 특징은 손님이 많이 몰리면서도 회전율이 높다는 것이다. 이는 '박리다매에 의한 대규모 소비×높은 회전력=대규모 할증소비'라는 식으로 나타낼 수 있다. 패스트패션 매장 역시 이와 유사한 전략을 구사해야 한다. 패스트패션 매장에서 회전력이란 소비자의 빈번한 방문을 뜻한다. 이것이 가능하도록 신상품의 출하주기를 짧게 하는 것이다. 당연히 소비자들이 입소문을 내주는 것도 중요하다.

지금까지의 이야기를 정리하면 〈그림 10〉과 같다. 패스트패션 사업이 성공하려면 〈그림 10〉의 10개 블록이 완벽하게 구축되어 상호조화를 이루어야 한다. 이렇게 분석된 것을 회사의 실태와 비교해자. 여기서 발견되는 갭이 바로 회사의 문제점이다. 고객에 대한 정의는 제대로 되었는지, 젊은 고객들에게 전달할 가치를 완

그림 10 패스트패션 사업의 비즈니스 모델

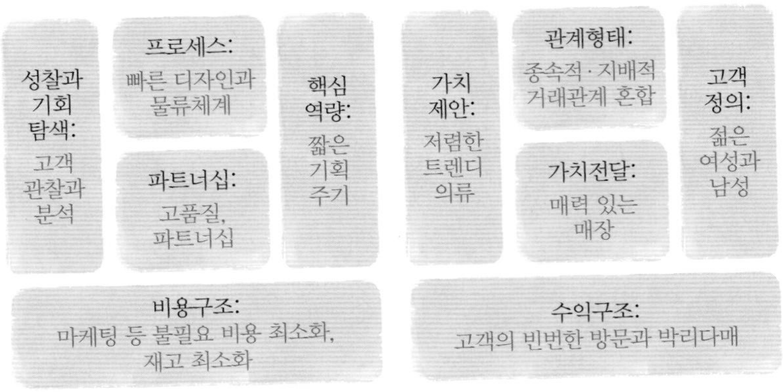

성찰과 기회 탐색:
고객 관찰과 분석

프로세스:
빠른 디자인과 물류체계

파트너십:
고품질, 파트너십

핵심 역량:
짧은 기획 주기

가치 제안:
저렴한 트렌디 의류

관계형태:
종속적·지배적 거래관계 혼합

가치전달:
매력 있는 매장

고객 정의:
젊은 여성과 남성

비용구조:
마케팅 등 불필요 비용 최소화, 재고 최소화

수익구조:
고객의 빈번한 방문과 박리다매

벽하게 생성할 수 있는 시스템은 갖추었는지, 비용구조는 적절한지, 수익은 낼 수 있는지를 살펴보면서 문제를 찾아야 한다. 이 과정에서 파악된 갭과 이것을 해결하려는 전략이 바로 비즈니스의 맥을 되찾는 방법이다.

중국에서 비즈니스의 맥을 되찾은 이랜드 이야기

패스트패션 사업에서 많은 시행착오를 겪다가 마침내 새로운 비즈니스의 맥을 발견해 성공한 기업이 있다. 이랜드Eland다. 이랜드는 준비 없이 중국의 의류시장에 진출했다가 엄청난 수업료를 지불한 경험이 있다. 1994년 진출 이래 2000년까지 7년 연속 적자를 기록하며 존폐의 기로에 섰다. 하지만 그 후 놀라운 반전을 일구어냈다. 연평균 성장률이 50%에 이르는, 중국에서 흔치 않게 성공한 한국 기업으로 변모한 것이다. 이런 일이 어떻게 가능했을까? 실패에 대한 7년에 걸친 깊은 성찰과 반성이 그 밑거름이 됐다. 실패의 원인은 한국에서 중저가 의류를 팔던 방식을 중국에서도 그대로 재현하려던 데 있었다. 이를 바로잡으면서 새로운 비즈니스 모델을 정립한 것이 회생의 원동력이었다.

　　이랜드는 우선 고객관계 모델을 재정립했다. 중국의 소비자들을 다시 보기로 한 것이다(고객정의). 중국은 늘어나는 인구만큼 중산층 인구의 증가 속도도 전 세계에서 가장 빠른 나라다. 보스턴 컨설팅그룹BCG에 따르면 중국은 향후 2020년 중산층과 부유층 인구가 약 4억 명 이상으로 증가할 것이라고 한다. 도시인구의 가처분소득도 증가해 2020년이 되면 현재의 상하이만 한 구매력을 갖는 도시가 330개 이상 새로 만들어질 것이라고 한다.

하지만 아무리 소비자가 많아도 이들을 고객으로 만들지 않으면 소용이 없다. 이랜드는 이 작업부터 다시 했다. 자신들이 상대해야 할 중국의 소비자부터 다시 제대로 살펴보는 게 급선무였다. 피상적 자료가 아니라 피부로 느낄 수 있는 현장정보가 필요했다. 그래서 중국 전역 193개 도시를 발로 뛰며 샅샅이 뒤졌다. 젊은 사람들이 많이 모이는 광장에 가면 예외 없이 사진을 찍었다. 그랬더니 점차 중국인들이 선호하는 의류의 패턴과 특징이 눈에 들어왔다. 우선 남방계 사람과 북방계 사람은 체형부터 차이가 났다. 좋아하는 스타일도 완전히 달랐다. 중국에서도 도시 젊은이들을 중심으로 패션을 추구하는 멋쟁이들이 급속히 증가하고 있었다. 고급화도 이루어지고 있었다.

이런 관찰 결과를 기초로 이랜드는 고객정의를 다시 했다. 중국에 처음 진출했을 때 주 타깃은 '중저가 브랜드를 살 수 있는 남성'이었다. 이랜드는 이를 '도시에 사는 20~30대의 부유층 젊은 여성'으로 바꾸었다. 이것이 이랜드의 중국 비즈니스를 반전시키는 계기가 되었다.

고객이 정의되자 이들에게 제공할 가치는 비교적 수월하게 찾을 수 있었다(가치제안). 가장 중요한 것은 고급화였다. 중국의 젊은 여성들은 유행에 뒤떨어지기 싫어했고 자신을 돋보이게 할 만한 옷에 관심이 많았다. 프리미엄에 의한 차별화 전략이 필요한 대목이었다. 이렇게 하기 위해서는 중국 젊은 여성들의 취향을 빠르게 좇아가는 트렌드 비즈니스가 필요했다. 중국 역시 전 세계 패션의 흐름에 영향을 받는다. 당연히 하루가 다르게 패션양식이 바뀌었다. 어떤 패션흐름에 영향받는지를 재빠르게 찾아내 이들의 욕구를 채워주는 것이 중요했다.

중국의 젊은 여성들에게 차별적으로 다가가기 위해서는 이미지 반전도 필요했다(관계형태와 가치전달). 이를 위해 브랜드명을 '이랜드차이나'에서 '옷을 사랑한다'라는 의미를 지닌 '이롄衣戀'으로 바꿨다. 그리고 철저히 중앙집권적 통제방식으로 매장 운영방침을 정했다.

이롄은 중국에 있는 5,300개 매장 모두를 직영으로 운영한다. 중간유통업자를 통하면 더 빠른 유통을 전개할 수 있다는 장점이 있지만, 프리미엄 가치를 전달하기는 어렵다. 재고관리도 어렵다. 또 이롄은 모든 매장을 중국의 A급 백화점이나 쇼핑몰 안에만 두기로 했다. 매장 인테리어도 최고급으로 유지했다. 매장에 근무하는 2만 8,000명에 이르는 판매사원도 이롄이 모두 책임진다. 프리미엄 가치를 지속적으로 유지하고 전달하기 위해서다. 이런 방법을 통해 이렌은 기본적으로는 고객과 밀착하는 관계를 유지하되 (종속적 거래관계), 매장운영에서는 지배적 거래관계를 수립했다.

　새롭게 정의된 고객들에게 새로운 가치를 전달하기 위해서는 이에 걸맞은 가치생성 모델을 내부적으로 재구축해야 했다. 이렌이 갖추어야 할 핵심역량, 그중 킬러역량은 중국 젊은 여성들의 트렌드를 매우 빠르게 반영하는 것이었다. 이랜드가 중국 진출 초기에 실패한 이유는 한국에서 썼던 디자인을 그대로 가져다 썼기 때문이다. 이를 탈피해 중국의 젊은 고객들의 트렌드를 빠르게 파악하고 선도할 수 있는 새로운 노력이 필요했다.

　이것을 뒷받침하는 프로세스가 재구축되었다. 중국 현지에서 얻은 고객정보는 '현지 트렌드 리포트'로 정리되었고, 이는 한국 이랜드 본사의 중국 담당 디자인실로 넘겨졌다. 이 정보를 기반으로 디자인실에서 샘플 디자인을 완성해 중국으로 보냈다. 중국의 고객정보와 한국 디자인실 간의 유기적 연계고리가 만들어진 것이다. 마지막 단계는 이렌의 영업·판매·기획 조직이 중국 현지에서 팔릴 수 있는 디자인을 최종 결정하는 것이다. 이런 노력으로 이렌의 디자인은 한국 본사의 디자인과 차별성을 가지기 시작했다. 그 결과 현재 중국 이렌 매장에서는 한국에서 팔리는 동일한 제품과 디자인의 비중이 30%도 안 된다.

　이렌의 성공을 이야기하면서 이들의 성찰과 고객기회탐색에 대한 노력을 빼놓을 수 없다. 이렌의 성공, 그 밑바닥에는 남다른 고객성찰을 통해 비즈니스 기회를 포착해내는 프로세스가 공고히 자리 잡고 있다. 특히 중국의 젊은 여성들이 선호하는 취향을 찾아내고 분석하는 능력이 탁월하다.

이를 위해 이렌은 인구 100만 명 이상이 사는 도시 젊은이들을 대상으로 사진을 찍었다. 평일은 물론 주말을 포함해 매주 3회 거리로 나섰다. 상하이에서만 매주 800~1,000명의 사진을 찍었다. 길거리에서 얻은 사진들은 곧바로 이렌의 패션연구소로 전달되어 분석되었다.

연구소에서 주목한 것은 패션을 선도하는 멋쟁이들이 어떤 옷차림을 하고 있는가였다. 그들이 입는 옷의 색상, 길이, 소재 등이 분석대상이 되었다. 이런 분석을 통해 네 가지 유형의 트렌드를 찾아냈다. 현재 유행하고 있는 메가트렌드, 한물가기 시작한 하향 트렌드, 기본적이고 필수적인 구색 아이템, 새롭게 뜰 가능성이 엿보이는 새싹 아이템이 이렌의 트렌드 구분법이었다. 이렇게 트렌드를 분석함으로써 향후 2~3개월 이내에 유행할 만한 아이템을 찾아냈다. 트렌드 분석 결과, 밀리터리룩을 착용한 젊은 여성들의 수가 이전보다 많아졌다면 수개월 이내에 이 스타일이 유행을 탈 가능성이 높아지리라 예측했다. 이런 식으로 '티핑 포인트(폭발적으로 유행이 번지는 순간)'를 찾아냈던 것이다.[19]

이랜드는 한국에서 오랫동안 의류업을 경영해온 기업이다. 그만큼 다양한 협력업체와 공고한 파트너십을 유지해왔다. 하지만 중국에서 패션 비즈니스를 성공시키려면 중국 내의 백화점이나 유통업체 그리고 무엇보다 지방정부와의 파트너십이 좋아야 했다. 이렌은 이들과 장기적 견지에서 협력관계를 맺었다. 좀 둘러 가는 한이 있더라도 승부를 빨리 내고자 무리한 방법을 쓰지 않았다.

이렌은 중국에서 술 접대나 금품 제공으로 사업을 하지 않는 것으로 유명하다. 입점을 위해 백화점 경영진을 만날 때조차 향응은 배제되었다. 오로지 사업발전 방안과 이를 통해 얻을 수 있는 양측의 상호이익에 초점을 맞추었다. 지방정부 공무원들과의 관계에서도 이러한 원칙이 적용되었다. 향응을 제공하는 대신 초청 강의를 요청했다. 한번 만난 공무원들은 정감 있는 편지로 관계를 유지했다.

이렌이 상하이 민항구 내에 13만 제곱미터의 토지를 분양받을 때도 그랬다. 이 일을 위해 2년 6개월간 정부 당국자들을 만났다. 그 횟수가 무려 220회에 이르렀다. 면담을 하러 갈 때는 최신 한국 드라마 DVD나 K-Pop CD를 들고 가는 것이 고작이었다. 그리고 매출액이나 영업이익 등 경영실적을 분기별로 투명하게 공개했다. 세금은 내라는 대로 다 냈다.

이런 파트너십 정책이 점차 결실을 맺었다. 이렌은 2012년 초 상하이 시 정부로부터 원하던 규모의 핵심 상권 부지를 시가의 70% 가격에 분양받았다. 지금까지 없었던 파격적 조치였다. 이유는 세금을 정직하게 너무 많이 냈기 때문이란다. 그러면서 "절대 다른 곳으로 가지 말고 민항구에 계속 있어달라"는 부탁도 받았다. 1억 위안약 180억 원의 세금도 환급받았다.[20]

현지 중국인들도 이렌을 파트너로 인식했다. 중국인들은 민족적 자부심이 대단하다. 작은 감정 하나가 비즈니스를 어렵게 만들 수 있다. 이렌은 이 점을 잘 알았다. 이렌 직원들은 나환자 병원 등에서 봉사활동을 한다. 2000년부터 매월 셋째 주 목요일마다 봉사활동을 펼치고 있다. 직원은 물론이고 임원도 전부 참여한다. 빈곤층 학생들도 돕는다. 산시성山西省이나 장시성江西省 등 중국 5개 지역 학생들에게 장학금을 전달하고 있다. 돈만 주고 끝나지 않는다. 이들을 일일이 찾아다니며 격려한다. 2002년부터는 장애인 의족 사업도 실시했다. 2004년부터는 매년 2회 헌혈을 하고 있다. 2005년에는 백혈병 치료비 지원 사업을 개시했다. 기업 이익의 10% 사회 환원정책에 따라 전액 회사가 비용을 대는 사업들이다. 이런 이렌을 어떤 중국인이 싫어하겠는가?[21]

비즈니스를 지속적으로
업그레이드하는 법

Q | 비즈니스를 지속적으로 업그레이드하기 위해서는 무엇을 해야 하는가?

A | 피드백과 피드포워드를 알아야 한다. 피드백은 목표달성을 어렵게 한 원인을 찾아 교정하는 것을 말하고, 피드포워드는 환경 변화를 감지해 선제적으로 대응하는 것을 말한다. 피드백과 피드포워드는 동시에 활용될 때 큰 힘을 발휘한다.

비즈니스 업그레이드를 위한 두 가지 활동: 피드백과 피드포워드 ⟶

아무리 굳건한 토대를 갖는 비즈니스라고 해도 이를 지속적으로 업그레이드하지 않으면 경쟁에서 뒤처진다. 이러한 정체를 방지하기 위해서는 두 가지 활동이 끊임없이 전개되어야 한다. 피드백과 피드포워드다. 사실 이들은 가치생성 모델의 하위 모듈인 성찰과 기회탐색의 핵심 활동들이다. 성찰이란 목표달성에 실패했을 때 그 원인을 분석하고 대응하는 행위를 말한다. 이때 일어나는 일을 피드백이라 한다. 피드백의 목표는 과거의 실수를 반복하지 않는 것이다. 기회탐색은 고객이나 기술 환경의 변화를 미리 감지하고 대응하는 것을 말한다. 그 핵심에 피드포워드가 있다. 피드포워드는 과거가 아닌 미래에 대응하는 것이 목적이다.

피드백과 피드포워드에 대한 생각은 제어이론_{control theory}에서 온 것이다. 제어이론이란 공학 및 수학이 복합된 학문의 한 분야로, 동적 시스템상의 통제를 다루는 이론이다.

〈그림 11〉이 제어의 기본개념을 보여준다. 제어가 필요한 이유는 시스템에 영향을 주는 변화 때문이다. 변화는 두 가지에서 기인한다. 하나는 시스템 자체가 갖는 문제로 인한 것(목표 미달)이며, 다른 하나는 시스템 자체와는 상관없이 외부의 환경 변화에 의한 것이다. 이 중에서 시스템 내부의 원인으로 나타난 성과차질을 교정하는 것을 피드백이라 하고, 외부 환경의 변화를 감지해 시스템

그림 11 **제어이론에서 피드백과 피드포워드**

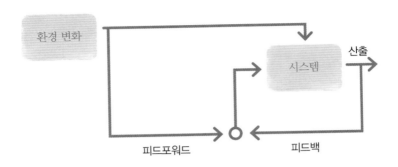

의 불안정성을 최소화하는 것을 피드포워드라고 한다.

피드백과 피드포워드의 개념을 보다 잘 이해하려면 양궁경기를 떠올리면 된다. 피드백은 앞서 쏜 화살이 목표한 과녁에 맞지 않을 경우에 하는 행위다. 선수는 다음 화살을 준비하는 동안 앞에서 쏜 결과를 고려해 자세나 조준경을 조정하게 되는데 이것이 피드백이다. 하지만 경기를 하다 보면 바람이 불거나 비가 오는 등 갑자기 선수들에게 불리한 환경이 되기도 한다. 이렇게 되면 선수가 아무리 잘하려 해도, 조준경을 아무리 잘 맞추어도 과녁에 적중시키기 어렵다. 이럴 경우 선수들은 오조준을 한다. 바람의 방향이나 내리는 비를 감안해 조준방향을 달리하는 것이다. 이런 행위를 피드포워드라 한다.

기업에서도 유사한 일이 벌어진다. 기업이라는 시스템이 불안정해 성과가 제대로 나지 않는 경우 재발을 막기 위해 기업 내부의 시스템을 정비하는 것이 피드백이다. 하지만 기업의 성과는 기업 자체의 시스템만이 아니라 환경의 급격한 변화에도 영향을 받는다. 마치 양궁경기에서 바람이 부는 것 같은 상황이 발생한다. 이때 필요한 것이 피드포워드다. 앞서 살펴본 노키아의 실패는 시스템의 실패가 아니다. 노키아는 휴대폰 시장에서 가장 효율적인 시스템을 구축하고 있었다. 문제는 바람이었다. 스티브 잡스가 만든 '아이폰'이라는 태풍을 감지하지 못했던 것이다. 다시 말해 노키아의 실패는 피드포워드의 문제에서 비롯되었다. 기업이 지속 성장을 하려면 피드백과 피드포워드 모두 강해야 한다. 이것을 작동시키는 비즈니스 모델의 하위 모듈이 앞서 설명한 성찰과 기회 탐색이다.

피드백을 활용해
비즈니스의 맥을 잡은 기업들 ————▶

한국의 키움증권은 피드백을 매우 잘 활용하고 있는 곳 중의 하나다. 키움증권은 오프라인 매장 없이 증권 비즈니스를 하는 곳으로, 온라인 증권거래에서는 국내 1위 업체다. 비결은 고객만족센터와 온라인 증권 프로그램인 홈트레이딩시스템HTS, Home Trading System에서 찾을 수 있다. 키움증권 고객만족센터에서는 150여 명의 직원이 일한다. 그런데 이들의 역할은 단순히 고객들의 불만을 접수해

질문에 답하는 데 그치지 않는다. 이곳에서 얻은 정보는 기획, 마케팅, 리테일 등 키움증권의 업무 전반에 영향을 미친다. 특히 HTS 프로그램 개선에 결정적 영향을 미친다.

'영웅문'이라 불리는 키움증권의 HTS는 온라인펀드, 채권중개, 주식연계증권 등 금융상품 가입과 실시간 국내외 주식거래를 가능케 하는 프로그램이다. 이 프로그램을 키움증권은 고객만족센터에서 들어오는 피드백 정보를 통해 개선한다.

센터를 통해 갖가지 정보가 들어오면 키움증권은 매주 CEO를 중심으로 한 '고객의 소리VOC, Voice of Customer 미팅'을 연다. 여기서 HTS의 개선과 업그레이드 방향이 검토되고 결정된다. HTS만 개선하는 것이 아니다. 다른 서비스와의 연계 서비스도 이런 방식으로 개선되거나 새로 만들어진다. 투자자문 서비스인 '키워드림', 투자정보 인터넷방송인 '채널K', 투자자 무료교육 사이트인 '하우투스톡How to stock' 등의 서비스도 이렇게 선보인 것들이다.[22]

삼성전자 갤럭시노트의 성공 뒤에도 피드백 메커니즘이 자리 잡고 있다. 이 제품은 다른 스마트폰과 달리 화면이 5인치로 대형이다. 하지만 이 크기는 델Dell이 먼저 출시했다. 델의 스마트폰 스트릿Streak이 바로 5인치다. 스마트폰과 태블릿 PC의 장점을 결합한 것이라고 선전했지만 이 제품은 시장에서 참패했다. 그런데 삼성전자가 갤럭시노트를 만들면서 델의 실패 모델인 '5인치 화면'을 들고 나온 것이다. 과거로 회귀한 느낌을 주는 전자펜까지 끼워 넣었다. 하지만 갤럭시노트는 시장에서 대성공을 거두었다. 왜일까?

그 배경에 피드백 장치가 숨어 있다. 이 제품을 개발하기 전 삼성전자는 스마트폰 소비자들이 어떤 니즈에 의해 어떤 방식으로 제품을 구매하는지 조사했다. 네 단계의 과정을 거치는 것이 확인되었다. 먼저, TV나 신문 그리고 인터넷 등에서 신제품에 대한 정보를 얻는다. 다음으로 블로그를 통해 신제품에 대한 상세 정보를 찾아본다. 그런 후 페이스북이나 트위터 같은 소셜미디어를 통해 다른 사람들의 제품평을 살펴본다. 이런 과정들이 끝나면 최종적으로 구매결정을 내린다.

소비자들의 구매과정에 착안해 삼성전자는 제품개발에 소비자의 목소리를 반영하기로 했다. 마케팅 부서에 소셜미디어팀을 신설해 페이스북, 트위터, 유튜브에 올라오는 반응들을 수집했다. 소비자들의 목소리를 들을 수 있는 피드백 장치를 마련한 것이다. 소비자들의 반응은 다양했다. "처음엔 너무 큰 것 같았는데 써보니 눈이 편해 좋다"는 칭찬부터 "갤럭시노트로 삼각형을 그리면 삐뚤빼뚤해서 보기 흉하다"는 불만까지 많은 의견이 올라왔다. 이런 목소리는 연구개발 부서와 영업팀 모두에게 전달되었다. 이런 수정과정을 거치면서 갤럭시노트는 실패할 가능성이 높다는 우려를 씻어낼 수 있었다.[23]

일본에는 치간칫솔 분야에서 앞서가는 중소기업이 있다. 덴탈프로Dentalpro라는 회사다. 칫솔모를 포함해 몸체까지 온통 검은 색인 블랙 칫솔로 유명세를 얻은 업체다. 기존의 치간칫솔 분야 강자들인 존슨앤존슨Johnson & Johnson, 가오花王, 라이온Lion 같은 기업들을 뒤로하고 시장점유율 1위로 올라선 기업이기도 하다.

덴탈프로는 일곱 가지 크기의 치간칫솔을 생산한다. 처음에는 한 가지만 출시했다. 그러다 여러 종류를 시장에 내놓게 된 것은 소비자들로부터의 피드백을 반영하면서였다. 덴탈프로가 치간칫솔을 처음 출시했을 때는 반품이 줄을 이었다. 불만의 목소리도 컸다. 치간칫솔의 두께 때문이었다. 사람마다 이와 이 사이의 간격과 잇몸상태가 다르다. 그런데 치간칫솔의 규격은 한 가지뿐이라 잇몸에 무리가 간다는 것이었다.

덴탈프로는 고객불만을 접수한 후 곧바로 제품을 개선했다. 사람들의 이, 잇몸 등 좀 더 상세한 구강정보를 바탕으로 칫솔을 다양화했다. 잇몸이 민감한 사람들을 위해 철심이 아닌 실리콘 칫솔도 만들었다. 그런 다음 무료 교환행사를 벌였다. 또 치간칫솔을 처음 사용하는 사람들을 배려해 일단 사용해보고 맞지 않으면 교환해주는 프로그램도 도입했다. 이렇게 하자 고객들의 충성도가 올라가기 시작했다.[24]

피드백에 의해 발견된 문제를 해결하는 데는 상당한 역량이 필요하다. 국내 기업들의 경우 이런 역량을 확보하기가 비교적 수월하다. 하지만 해외 현지공장에서 이런 역량을 갖추기란 쉽지 않다. 이럴 경우 한국의 본사 직원들을 파견해 문제를 해결하는 것이 일반적인 방법이다. 그런데 LG디스플레이는 이보다 진일보한 방법을 사용하고 있다.

이 회사는 중국 광저우에 LCD모듈을 만드는 최대 규모의 공장을 가지고 있다. 이곳의 문제해결 방법은 독특하다. 원격토의 방식이다. 광저우 공장의 요소요소에는 CCTV 카메라가 설치되어 있다. 문제가 생기면 한국의 엔지니어들과 화상대화로 해결한다. CCTV가 없었을 때는 제품 불량이 생기면 그 원인을 파악하는 데 일주일 이상 걸렸지만, 원격토의를 한 후부터는 하루 이틀이면 문제를 해결할 수 있게 되었다. 완성품과 완성품 간의 시간 간격인 택트타임을 줄이는 데도 이 방법이 주효했다. 광저우 공장의 택트타임은 12초로, 가히 세계 최고 수준이다.[25]

피드포워드를 강화해
비즈니스의 맥을 잡은 기업들 _____➤

최근에는 피드포워드를 강화하는 기업이 늘고 있다. 레고Lego는 블록 맞추기 게임으로 어린아이들에게 큰 인기를 누리던 기업이다. 하지만 1990년 후반으로 접어들면서 사정이 바뀌었다. 다양한 컴퓨터게임이 등장하면서 사정이 변한 것이다. 이를 극복하기 위해 두 개의 신제품이 출시되었다. '레고 스타워즈Lego Star Wars'와 일종의 로봇인 '레고 마인드스톰Lego Mindstorms'이다.

이 중 마인드스톰과 관련된 사건 하나가 레고로 하여금 피드포워드에 눈 뜨게 만들었다. 1998년 이 레고로봇이 출시되자 인터넷에서는 프로그램이 해킹되어 변형된 레고로봇 솔루션이 마구 쏟아져 나왔다. 처음에 레고는 소송을 제기하려 했다. 하지만 생각을 바꾸었다. 오히려 이들을 활용하는 게 좋겠다는 생각에서 소스 프로그램을 개방하고 사람들이 마음대로 프로그램을 수정할 수 있도록 해주었다. 뜻밖에도 시장반응이 폭발적이었다.

이후 레고는 이런 방식을 제품개발의 핵심 프로세스로 정착시켰다. 이제는 전 제품에 걸쳐 유사한 피드포워드 방식이 사용되고 있다. 레고는 정기적으로 팬 축제를 개최한다. 사람들은 자신들이 직접 변형한 레고제품을 경연대회에서 선보이기도 하며 또 경매에 참여해 구입하기도 한다. 레고는 이곳에서 얻은 정보와 아이디어를 신상품 개발에 적극 활용한다.

BMW도 2010년부터 '협력창조 실험실Co-creation Lab'이라는 온라인 사이트를 운영해오고 있다. 자동차 마니아 혹은 자동차에 관심이 많은 사람들의 창의적 아이디어를 발굴하기 위한 장場이다. 일종의 피드포워드 장치다. 여기 참여하는 사람들은 BMW가 내놓은 디자인을 평하거나 회사가 개최하는 각종 경연대회에 자신들의 아이디어를 출품할 수 있다. 협력창조 실험실의 수상자들은 본사의 기획회의에도 참여할 수 있다.

피드백과 피드포워드에 모두 능한 기업들

피드백과 피드포워드는 함께 활용하면 더 큰 힘을 발휘한다. 일본의 유통기업 이토요카도伊藤羊華堂가 1997년 말 중국 청두成都 시에 백화점을 열었다. 하지만 초기 3년 동안은 실패를 거듭했다. 피드백 결과를 분석해보니 백화점 운영을 일본식으로 한 것이 문제였다. 원인을 찾아낸 이토요카도는 비즈니스를 처음부터 다시 하기로 마음먹었다. 곧바로 중국 소비자에 대한 재조사에 들어갔다. 피드포워드 프로세스를 가동한 것이다. 먼저, 청두 시민들의 가정을 일일이 방문해 이들이 어떤 생필품을 사용하고 있는지, 냉장고에는 어떤 물건이 있고 어떤 물건이 없는지 모니터링을 했다. 심지어 쓰레기통까지 뒤지며 중국 소비자들의 성향을 알고자 노력했다.

그런 다음, 상권 파악에 들어갔다. 이를 통해 이토요카도는 같은 청두 시내라고 해도 구역마다 구매패턴이 다름을 알게 되었다. 이를 기초로 시내에 있는 5개 매장의 상품구성을 모두 다르게 했다. 이토요카도의 이런 시도가 적중했다. 2001년부터 매출이 급상승해 청두 시 쑤앙난雙楠 매장은 일본과 중국의 매장 192개를 통틀어 최대 이익을 내는 곳으로 변모했다.[26]

슈퍼잼Superjam이라는 회사 역시 피드백과 피드포워드, 두 메커니즘을 동시에 잘 활용해 성공한 경우다. 이 회사를 만든 사람은 당시 불과 22세였던 프레이저 도허티Fraser Doherty다. 2003년 할머니의 잼 제조 기법을 기초로 잼을 만들어 파는 사업을 시작해 연매출 120억 원이 넘는 기업으로 성장시켰다. 도허티는 잼을 생산하기 전 사람들의 의견을 들어보며 피드포워드 전략을 구사했다. 그 결과 잼에 대한 사람들의 인식이 매우 나빠졌음을 알게 되었다. 사람들은 잼에 설탕이 많아 건강에 좋지 않다는 생각을 가지고 있었고, 또 잼 하면 할머니나 할아버지 또는 교회 바자회를 떠올렸다.

그래서 그는 기존의 잼과는 성격이 전혀 다른 잼을 만들기로 했다. 그렇게 해서 나온 것이 과일과 과일주스만으로 만든 잼이다. 이름도 '슈퍼잼'으로 붙여 할머니나 할아버지, 교회 바자회의 이미지를 지웠다.

초창기 슈퍼잼은 동네 배달을 주로 했는데, 이때 도허티는 기발한 생각을 해냈다. 잼병의 뒷면에 자신의 휴대폰 번호를 적어놓은 것이다. 잼을 먹어본 사람들의 의견을 직접 듣고 싶어서였다. 일종의 피드백 장치를 만들어놓은 셈이다. 도허티는 이들의 불만이나 지적을 메모해두었다가 제품개발에 반영했다.

고객 확보를 위한
비즈니스의 맥 찾기

Q | **고객을 확보하기 위해서는 어떻게 해야 하는가?**

A | 세 가지가 있다. '다가가기'와 '끌어들이기' 그리고 '찾아 나서기'다. 다가가기에서 핵심은 프라이머리 그룹을 활용하는 것이다. 프라이머리 그룹이란 최종적인 타깃고객을 설득하기 위한 최초의 그룹을 말한다. 고객을 끌어들일 때는 비즈니스의 중력 법칙을 활용해야 한다. 찾아 나서기는 다가가기와 끌어들이기가 한계에 부딪혔을 때 사용한다. 다른 지역, 특히 해외시장과 제품 및 서비스의 다른 용도에 주목해 새 고객을 발굴하는 것을 말한다.

기술과 품질이 아무리 우수한 제품과 서비스를 갖고 있어도 고객이 없으면 비즈니스는 성립하지 않는다. 두말할 나위 없이 비즈니스에서 가장 중요한 일은 고객 확보다. 고객을 확보하는 데는 세 가지 맥이 있다. 첫 번째는 '고객에게 다가가기'다. 두 번째는 '고객 끌어들이기'다. 세 번째는 '고객 찾아 나서기'다.

고객에게
다가가기 ⟶

먼저 '고객에게 다가가기'에 대해 설명해보자. 핵심은 프라이머리 primary 그룹을 이해하는 것이다. 프라이머리 그룹이란 최종적 고객에게 영향을 미칠 수 있는 최초의 그룹을 의미한다. 프라이머리 그룹은 고객에게 직접적 영향을 미치는 사람들일 수도 있고 고객을 공략하기 위한 필수 조력자들일 수도 있다. 이들을 찾아내고 도움을 얻는 것이 첫 번째 맥이다.

　1985년 마이크로소프트는 '윈도우Window'라는 새로운 컴퓨터 운영체제를 세상에 소개했다. IBM의 '도스DOS, Disk Operating System'가 시장을 지배하던 때였다. 윈도우는 도스에 비해 멀티태스킹과 마우스 작업, 세밀한 그래픽 작업이 가능하다는 장점이 있었다. 그렇다고는 해도 윈도우가 세상에 나오자마자 곧바로 성공한 건 아니다. IBM의 방어도 만만찮았기 때문이다.

마이크로소프트가 고객 확보에 눈뜬 것은 프라이머리 그룹에 주목하면서였다. 그중 눈에 들어온 것이 프로그램 개발자였다. 아무리 운영체제가 우수해도 사용할 응용 프로그램이 없으면 시장에서 승부를 벌이기가 어렵다는 생각에서 이들을 집중 공략했다.

하지만 이들은 쉽게 움직이지 않았다. 새로운 제품이나 서비스가 시장에서 성공할지 여부를 알기 어려웠기 때문이다. 이럴 경우 이들을 공략할 방법을 찾아야 한다. 여기에도 원칙이 있다. 이들을 움직일 만한 가치를 찾아 제공하는 것이다. 이들의 즐거움과 고통이 무엇인지를 아는 것이 급선무였다.

당시의 프로그램 개발자들은 대부분 영세한 규모를 벗어나지 못하고 있었다. 프로그램만 잘 개발해놓으면 사주겠다는 약속은 의미가 없었다. 이들이 스스로 개발에 나서게 할 유인책이 필요했다. 그래서 윈도우용 응용 프로그램을 개발하는 조건으로 개발 보조금을 파격적으로 지급하는 방법을 썼다. 개발에 필요한 각종 도구도 무상으로 제공해주었다.

마이크로소프트가 프로그램 개발에 파상적인 인센티브 공세를 퍼붓자 다양한 응용 프로그램들이 쏟아져 나왔다. 자연스럽게 최종 소비자들도 관심을 보이기 시작했다. 도스 체제에서는 도저히 상상할 수 없었던 프로그램을 만난 PC 사용자들이 도스를 버리고 윈도우로 넘어왔다. 그렇다고 컴퓨터를 다시 살 필요는 없었다. 자신들이 사용하는 IBM 컴퓨터에서 운영체제만 바꾸면 되었다.

마이크로소프트가 프로그램 개발자가 아닌 소비자에게 바로 접근했다면 어땠을까? 아마도 오늘날과 같은 성공은 불가능했을 것이다. 아무리 가격을 낮추고 혜택을 많이 주어도 소비자는 전혀 반응을 보이지 않았을 것이다. 전환비용 때문이다. 자기 손에 익숙한 것을 버리고 새로운 것을 받아들이기란 모든 이에게 쉽지 않은 일이다. 사람들은 새로운 학습을 싫어한다. 이것은 고통에 가깝다. 그럼에도 이것을 넘어서게 하려면 기존 제품이 보여주지 못하는 전혀 새로운 세계를 맛보게 해주어야 한다. 이것이 가능하려면 우선 프로그램 개발자를 움직여야 한다는 게 마이크로소프트의 생각이었다.

소니도 유사한 전략을 채택한 적이 있다. 이 회사가 '플레이스테이션'이라는 게임기를 개발할 당시는 닌텐도 게임기가 세상을 뒤덮고 있을 때였다. 게임기라고는 한 번도 개발해보지 않은 소니가 이 막강한 기업과 싸워 이기려면 우군友軍이 필요했다. 소니는 자신들의 우군으로 게임 개발자를 떠올렸다. 하지만 이들은 소니에게 선뜻 손을 내밀지 않았다. 팔릴 수 있을지 장담할 수 없는 상황에서 비용을 들여 게임을 개발해주는 건 위험하다고 판단해서다.

이들을 공략하기 위한 방법이 필요했다. 이때 소니는 음반업계의 관행을 게임업계에 도입하는 아이디어를 들고 나왔다. 기본개념은 음반업계의 A&RArtist and Repertoire 시스템이었다. 예비 가수를 발굴, 육성한 후 시장에 내놓는 방법을 게임 개발자들에게도 적용해보자는 것이었다. 게임 개발자들을 예비 가수로 보고 이들을 키우는 방식이었다.

핵심은 게임 개발자들의 이름을 세상에 알려주는 것이었다. 당시 게임 개발자들은 무명의 존재로 그저 하청 프로그래머일 뿐이라는 서러움을 안고 살았다. 그런데 소니는 게임 개발자들에게 마치 신인 가수처럼 데뷔할 수 있는 기회를 주었다. 그러자 경쟁력 있는 게임 개발자들이 소니에 협력하기 시작했다.

시장에서 통할 만한 콘텐츠를 확보한 소니는 고객 공략에 들어갔다. 공략 무기는 저렴한 CD였다. 닌텐도는 카트리지 형태로 게임을 판매하고 있었다. 카트리지 형태의 게임 가격은 개당 1만 엔이 넘었다. CD로 하면 이보다 훨씬 싼 가격이 가능했다. CD형 게임은 5,000~6,000엔에 팔 수 있었다. 이 게임들이 맛보기로 전파되면서 플레이스테이션은 닌텐도를 제치고 게임업계의 새로운 강자로 떠올랐다.

프라이머리 그룹이 반드시 조력자여야 할 필요는 없다. 최종 고객에게 영향을 미치는 사람들이나 집단도 프라이머리 그룹이 될 수 있다. 최근 '바이럴 마케팅viral marketing'이라는 방법이 많이 사용되고 있다. 영어의 '바이러스'와 '오럴'을 합성한 단어로 구전에 의해 마치 바이러스가 퍼져가듯 마케팅이 이루어지는 방법을 말한다. 주로 인터넷상에서 파워블로거를 시작점으로 하는 마케팅이다. 이 경우 파워블로거가 프라이머리 그룹이 된다.

고객에게 다가갈 때
주의할 점 ⟶

고객에게 다가갈 때는 두 가지에 유의해야 한다. 하나는 타깃이 되는 고객들의 생활습관이다. 사람들의 생활습관이 구매와 어떻게 연관되는지 보여주는 좋은 예가 있다.

맥도날드가 밀크셰이크를 시장에 내놓았을 때의 이야기다. 처음에 이것은 어린아이들을 위한 신상품이었다. 그런데 이상한 일이 벌어졌다. 이 제품이 어른들에게, 그것도 이른 아침에 많이 팔렸던 것이다. 출근을 위해 허둥지둥 집을 나서는 직장인들이 아침식사 대용으로 먹었기 때문이다. 감자튀김 같은 다른 대용식도 있었지만 밀크셰이크를 더 선호했다. 감자튀김은 손을 계속 사용해야 해서 운전에 방해가 되었고, 때로는 먹다가 떨어뜨려 옷을 더럽히기도 했던 것이다. 밀크셰이크가 엉뚱하게도 어른들에게 많이 팔린 것은 이들의 생활습관과 밀크셰이크가 잘 맞아떨어졌기 때문이다.

미국의 대형마트인 타깃Target은 사람들의 생활습관을 파악하는 능력이 탁월하다. 고객들이 어떤 아이템을 구매하는지를 항상 면밀히 관찰한 결과다. 예를 들어 자녀를 동반한 주부가 주로 어떤 품목을 사는지 살펴보는 식이다. 더불어 아버지가 자녀를 동반할 때는 어떤 것들을 사는지도 관찰했다.

이렇게 수집된 정보는 상품구색 변경이나 각 가정에 쿠폰을 보낼 때 사용된다. 엄마와 장을 보러 오는 어린아이들의 숫자가 많은 곳과 그렇지 않은 곳의 상품구성은 다르다. 마찬가지로 아버지와 함께 마트에 오는 비율이 높은 지역의 상품구성도 다르다. 당연히 쿠폰을 보낼 때도 이런 것에 맞추어 보낸다.

이런 것들을 제대로 하기 위해서는 꾸준한 데이터 수집과 분석이 관건이다. 대형마트들은 보통 POSPoint Of Sales 자료나 고객카드를 바탕으로 데이터 수집을 한다. 아마존은 책을 사는 모든 고객들의 정보를 수집하고 분석한다. 그리고 고객들에게 같은 책을 산 다른 고객들이 이 책 외에 또 어떤 책을 선택했는지 등의 정보를 알려준다.

이런 방식으로 얻는 자료를 빅데이터Big Data라고 한다. 그렇지 않은 경우, 직접관찰을 통해서라도 정보를 얻어야 한다. 패션 업종이라면 길거리에서 감각이 뛰어난 사람들을 관찰함으로써 이런 정보를 얻을 수 있다. 해외여행과 관련된 업종에서는 공항에서 사람들이 어떤 차림을 하고 어떤 행동을 하는지 면밀히 관찰해야 한다. 이도 저도 없으면 케이블의 관련 채널을 유심히 살펴보는 것도 도움이 된다.

고객에게 다가갈 때 유의해야 할 또 한 가지는 새로운 제품이나 서비스를 노출시키는 올바른 경로를 찾는 것이다. 어떤 방식이든 사람들이 모이고 주목하는 곳에 접근하는 게 중요하다. 온라인이든 오프라인이든 제품이나 서비스에 관심을 갖거나 가질 만한 사람들이 모이는 곳이 꼭 있다. 이런 곳은 절대 놓치면 안 된다.

이런 곳을 공략해 성공한 예로 전통소주 브랜드 '화요'를 들 수 있다. 화요는 도자기를 만들던 광주요가 고급소주를 표방하며 개발한 술이다. 이 회사가 자신들의 제품을 시장에 내놓을 때 쓴 독특한 방법이 있다. 골프장 내 식당에 제품을 노출한 것이다. 골프장은 많은 사람이 모이는 곳이다. 그런데 골프장 안의 식당들은 일반소주를 팔지 않는다. 객단가가 맞지 않을 뿐 아니라, 일반소주는 고급스럽지 않다는 이미지가 있기 때문이다. 그 틈새시장을 '화요'가 노렸다. 그 덕분에 화요는 고급소주로서 입지를 굳힐 수 있었다.

각종 전시회나 경영대회도 절대 빠뜨려선 안 된다. 이런 대회에 나가서 상을 받을 수 있다면 그보다 좋은 일은 없다. 칠레의 비냐 에라주리즈Vina Errazuriz가 그런 경험으로 성공한 경우다. 이 회사는 무명의 포도주 회사였지만, 지금은 세계 최고의 포도주 업체로 우뚝 섰다. 독일 베를린에서 개최된 와인 블라인드 테스트에서 프랑스의 최고 와인을 제치고 이 회사 제품이 1, 2위를 차지한 덕분이다.

최근에는 인터넷 사이트가 사람들을 모으는 주요한 장으로 떠오르고 있다. 동호회 사이트, 게임 사이트나 포털 사이트 그리고 온라인 마켓이 바로 그런 곳들이다. 이렇게 사람들이 모이는 곳은 비용이 들더라도 일차적으로 관심을 가져야 한다.

그렇다고 무작정 공략하는 것은 어리석다. 노출하려는 제품이나 서비스와 노출 장소 간의 궁합이 잘 맞는 게 중요하다. 이 궁합을 알려면 모이는 사람들이 어떤 이유로 거기 모이는지, 그들의 핵심 관심사항은 무엇인지 조사해야 한다. 그리고 우리 제품과 서비스가 그 고객들에게 어떤 즐거움을 주고 어떤 고통을 줄여줄 수 있는지도 명확하게 파악해야 한다.

이런 방식으로 큰 성공을 거둔 기업이 있다. 한국후지필름이다. 이곳은 인스탁스Instax라는 즉석카메라를 판다. 처음에는 카메라 매장에서 팔았다. 카메라를 사려는 사람들은 카메라 매장으로 갈 것이라는 단순한 생각에서였다. 하지만 매장에 온 사람들은 이 제품을 거들떠보지 않았다. 디지털카메라 시대가 열리면서 즉석카메라는 상품으로서 매력을 잃은 것이다. 그런데 이 제품이 생각지도 않은 곳에서 대성공을 거두었다. 새로운 유통망을 찾아낸 것이다. 초기 매출이 신통치 않자, 입사 4년차인 한 여성 대리에게 즉석카메라의 판매 임무가 주어졌다. 인스탁스의 주 고객인 20대에 해당하는 사원이 이 여성 대리밖에 없어서였단다. 하지만 이 20대 대리 역시 아무리 고민을 해봐도 뾰족한 방안을 찾을 수 없었다.

그러던 어느 날 문구류를 사려고 대형서점에 갔다가 20대 여성들이 캐릭터 상품을 즐겁게 고르는 모습이 눈에 들어왔다. 이때 아이디어가 떠올랐다. 인스탁스와 필름을 하나의 상품으로 묶어 캐릭터 상품처럼 서점에서 판매해보자는 것이었다. 실제로 그렇게 하자 예상 밖의 반응이 나타났다. 가능성을 본 한국후지필름은 인스탁스를 아예 팬시제품에 가깝게 개발하기로 했다. 헬로키티 같은 캐릭터로 외관을 디자인하고 전용가방에 미키마우스 모양의 접사렌즈 그리고 컬러를 입힌 필름세트를 출시했다. 놀라운 일이 벌어졌다. 아무리 많이 팔려도 한 해에 50만 대를 넘지 못하던 인스탁스가 그해에 120만 대를 넘기는 기록을 세운 것이다.[27]

인스탁스가 새로운 유통망을 개척한 것은 우연이었다. 하지만 이 과정을 들여다보면 '인스탁스=카메라'라는 제품특성 중심 사고에서 벗어나 '인스탁스=20대가 사용하는 물건'이라는 고객 중심 사고로의 전환이 있었음을 알 수 있다. 주 고객인 20대가 어디에 모이고 어떤 것에서 즐거움을 얻는지를 찾아낸 것이 성공의 핵심이었다.

최근에는 수요자가 새로운 정보나 거래처를 찾기 위해 끊임없이 오프라인과 온라인 공간을 찾아다니는 경향이 늘고 있다. 이런 경향은 B2C뿐만 아니라 B2B 시장에서도 비일비재하다. 경영환경이 빠르게 변하면서 새로운 파트너를 찾으려는 노력이 늘고 있기 때문이다. 이런 사람들에게 상품을 노출시키기 위한 장치도 마련할 필요가 있다.

온라인의 경우 이들과 만나기 위한 첫 번째 장치는 홈페이지다. 단순히 홈페이지를 만드는 데 그쳐서는 안 된다. 주의해야 할 사항이 있다. 먼저, 자신의 제품이나 서비스에 대한 정확한 이해가 필요하다. 그것도 철저히 고객 관점에서 이해하는 것이어야 한다. 이들이 우리의 제품이나 서비스를 구매한다면 그 이유가 뭔지를 알아야 한다. 이들이 느끼는 즐거움과 고통이 무엇인지를 알아야 한다.

다음으로 고객들이 가려워하는 곳을 긁어줄 수 있음을 간결하게 표현할 수 있어야 한다. 장황한 설명이나 기술에 대한 이야기보다는 시각적으로 방문자들의 관심을 붙드는 것이 중요하다. 텍스트 정보는 더 많이 알고 싶어하는 사람들에게 별도로 제공하고, 우선 눈으로 쉽게 이해할 수 있도록 해주는 것이 중요하다. 이런 감각을 익히려면 TV홈쇼핑이 어떻게 짧은 시간에 사람들을 설득하는지를 관찰하는 것도 좋은 방법이다.

고객 끌어들이기

고객을 확보하는 데는, 고객에게 다가가는 방법도 있지만 고객을 끌어들이는 방법도 있다. 이른바 중력의 법칙을 활용하는 것이다. 비즈니스에서의 만유인력의 법칙을 말한다. 질량이 큰 물질이 작은 물질을 잡아당기는 뉴턴의 법칙을 비즈니스에 적용하는 것이다.

백화점의 성패는 고객의 시선을 사로잡는 명품 브랜드를 얼마나 많이 입점시키느냐에 달렸다. 한국의 백화점들은 이런 명품 브랜드를 입점시키는 데 비즈니스의 사활을 걸고 있다. 루이뷔통, 구찌, 프라다 같은 명품 브랜드가 입점하면 사람들이 백화점으로 몰려들기 때문이다. 사람들은 이런 브랜드가 없는 백화점을 이류라고 인식한다. 명품이 고객을 끌어들이는 중력이 되는 셈이다.

유명인사를 활용하는 것도 같은 맥락이다. 유럽 명품의 출발은 대체로 유명인사가 관련되어 있다. 영국왕실이 사용했다거나 유명인사가 구매했다거나 하는 일화가 숨겨져 있다. 카페베네가 사세를 확장할 때도 이런 식의 중력 법칙을 활용했다. 인기 연예인들이 카페베네에 투자했다는 소문이 퍼지면서 뜨거운 이슈를 일으켰다. LG전자가 스마트폰을 출시할 때 이른바 '회장님 폰옵티머스G'을 들고 나온 것 역시 중력의 법칙을 응용한 예다.

중력은 트래픽traffic 아이템에 의해서도 만들어진다. 대형 할인마트나 양판점 같은 곳에서는 가격파괴 제품을 대규모 물량으로 내놓고 팔기도 한다. 예를 들면 LED TV를 기존 가격의 절반쯤으로 대량 내놓는 것이다. 또 전어나 낙지 같은 계절상품을 대량으로 싸게 팔기도 한다. 이렇게 되면 이것을 사려는 사람들이 몰려든다. 이런 물품을 트래픽 아이템이라고 한다. 마치 단풍놀이 철이 되면 고속도로에 엄청난 차량이 몰리게 되는 것과 같은 이치다. 단풍이 트래픽 아이템이 되는 셈이다.

이벤트는 중력을 만들어내는 가장 고전적인 방법이다. 최근에는 SNS를 이용한 이벤트들이 등장하고 있다. 이케아는 신규 매장을 낼 때마다 매니저들이 페이스북에 매장 프로필 페이지를 만들어 제품 사진을 올려놓는다. 그리고 이렇게 올린 사진에 가장 먼저 태깅하는 사람에게 해당 제품을 공짜로 주는 이벤트를 한다. 침대를 주기도 하고 소파를 주기도 한다.

이때 꼭 자신의 SNS 페이지에 제품 소개를 열심히 할 필요는 없다. 페이스북 페이지에 링크만 걸어도 된다. 그 후 매니저는 태깅을 해놓은 사람들과 SNS 대화를 나눈다. 이런 방식으로 이케아에 호감이 있는 지역 친구들을 만들고 이들을 통해 이케아 제품에 대한 정보가 점진적으로 퍼져나가도록 한다. 이때 중요한 점은 이케아의 페이스북에 들어오는 사람들을 절대로 괴롭히지 않는 것이다. 주소를 요구하지 않으며 다른 사람들에게 소개하라는 미션을 주지도 않는다. 단지 페이스북에서 태깅만 하도록 한다.

중력의 법칙 중에는 고객이 고객을 끌어들이도록 하는 방법도 있다. 중국 유아용품 업체 하이즈왕孩子王이 이 방법을 썼다. 중국은 산아제한정책으로 인해 한 자녀 가정이 많다. 그러다 보니 자식을 위한 투자가 지나치다 싶을 정도다. 소득이 늘어나면서 유아용품 시장의 팽창속도도 빨라졌다. 이런 상황을 하이즈왕의 경영자 쉬웨이훙徐伟宏이 포착했다. 회사명 '하이즈왕'도 '아이들이 왕'이라는 뜻이다.

하지만 중국에는 이미 수많은 유아용품 매장이 있었다. 대부분은 중소형 매장으로 산부인과와 소아과 근처에 자리하면서 병원을 찾는 고객들을 끌어들이고 있었다. 하지만 사업이 잘되지는 않았다. 아이템의 수가 적었고, 소비자들은 이런 가게를 단지 아이쇼핑의 용도로만 활용했다. 실제 구매는 저렴한 조건을 제시하는 인터넷에서 했다.

쉬웨이홍은 이런 상황을 돌파할 방법으로 온라인과 오프라인이 결합된 멀티플렉스 방식에 주목했다. 하지만 이 기업의 성장 이유는 정작 다른 데 있었다. 고객이 고객을 끌어들이는 방법을 활용한 것이 주효했다.

일차적으로는 홈페이지를 창구로 활용했다. 이곳에서 엄마들이 필요로 하는 각종 정보를 얻고 교류할 수 있도록 했다. 매장 역시 물건 파는 장소로만 꾸미지 않았다. 여기서도 필요한 정보를 제공하고 엄마들 간에 교류가 일어나도록 했다. 핵심장치는 매장에서 이뤄지는 다양한 강의였다. 임신한 엄마들을 위한 영양학 강의나 산후조리에 필요한 강의가 이루어졌다. 그러자 홈페이지와 매장의 강의실에서 자연스럽게 고객들 간의 친목모임이 생겨났다. 고객들이 친구들을 데려와 커뮤니티를 만들면서다. 이 사람들이 자연스럽게 하이즈왕의 물건을 구매했다.

고객이 고객을 보다 효과적으로 불러들이도록 하기 위해 직원들에 대한 관리지표도 바꾸었다. 매출액, 영업이익률, 상품 회전율 같은 기존의 지표는 과감히 버렸다. 대신에 회원이 얼마나 빨리 늘어나고 있는지, 기존 회원이 새 회원을 얼마나 끌어들이는지, 그리고 새 회원이 물건을 얼마나 사는지를 지표화했다.

그러자 직원들의 영업방식이 달라졌다. 단순한 호객행위에서 그치지 않고 고객들의 커뮤니티를 관리하는 방식으로 바뀌었다. 직원들이 나서서 고객들에게 좀 더 유익한 정보를 주려고 노력했고, 고객이 자신의 친구를 새로운 고객으로 소개하면 해당 고객에게 상품 할인을 해주는 등 인센티브 전략도 활용했다. 하이즈왕은 광고를 전혀 하지 않는다. 그럼에도 고객들이 다른 고객들을 끌어들이고 이들이 퍼뜨리는 입소문 덕분에 이 회사는 폭발적으로 성장할 수 있었다.[28]

고객 찾아 나서기

다가갈 고객과 끌어들일 고객이 한정되어 있거나 점차 그 수가 줄고 있다면 어떻게 해야 할까? 두말할 필요도 없이 다른 곳에서 고객을 찾아 나서야 한다. 지금의 시장이 아닌 다른 시장, 특히 해외 시장을 찾거나, 우리가 제공하는 제품 및 서비스의 다른 용도에 주목해 그에 맞는 새로운 고객을 찾아내야 한다. 아기 기저귀와 여성 생리용품 등을 제조하는 일본의 유니참Unicharm이 좋은 예다.

일본은 한국보다도 훨씬 먼저 심각한 저출산 문제를 겪은 나라다. 저출산의 재앙은 한국은 물론이고 일본과 전 세계의 유아용품 및 위생용품 시장에 어두운 그림자를 드리우고 있다. 저출산은 이 기업에도 고통스러운 일로 다가왔다. 주력 상품인 기저귀 판매가 줄어들었던 것이다. 그럼에도 불구하고 유니참은 지속적으로 성장을 유지하고 있다. 새로운 소비자를 찾아 나섰기 때문이다.

그렇게 찾은 시장이 바로 중국과 동남아시아 등 해외시장과 노인용 기저귀와 애완용 기저귀 시장이다. 유니참은 특히 해외시장을 개척할 때 심혈을 기울여 사내의 베스트 인력을 해외시장에 파견했다. 해외 공장의 책임자를 선발할 때는 국내 공장 책임자 중에서도 최우수 인력을 내보냈다. 현지에 가면 아무리 우수한 직원도 자신의 능력을 십분 발휘하기가 어렵다. 100의 능력을 갖춘 사람을 보내도 능력이 80으로 줄어든다. 그래서 초 베스트인 120의 능력을 지닌 인재를 보내야 100을 채울 수 있다고 생각했다.[29]

해외시장에 진출할 때는 꼭 유념해야 할 사항이 있다. 기존의 방식을 현지에서 그대로 재현해선 안 된다는 것이다. 우월의식을 갖는 것은 더더욱 안 된다. 한국의 많은 기업들이 해외로 진출했지만 정작 성공한 기업은 그리 많지 않은 까닭이 여기에 있다. 다른 나라 사람들의 생활패턴과 이들이 사용하는 의미체계가 전혀 달랐음에도 한국의 방식을 그대로 이식하려 했기 때문이다.

한국을 대표하는 유통업체 이마트가 중국에서는 의외로 고전을 면치 못했다. 왜일까? 중국 소비자들이 한국 소비자들과 다르게 행동한다는 것을 알지 못했기 때문이다. 한국의 소비자들은 고기를 살 때 눈으로 살펴 선도를 확인하지만 중국 소비자들은 포장된 랩을 찢어서 직접 만져보며 고기를 사는 습성이 있었다. 이 때문에 판매원과 고객이 부딪치는 일이 잦았다. 이런 사소한 일이 겹치면서 중국 소비자와 이마트는 멀어졌다.

1996년 현대자동차는 인도 첸나이에 공장을 지었다. 인도시장을 공략하기 위해서다. 공장이 완공된 지 4년 만에 놀랍게도 이 회사는 흑자로 전환했다. GM, 포드, 피아트, 도요타 등은 적자를 면치 못할 때였다. 시장점유율도 현지업체인 마루티 스즈키Maruti Suzuki에 이어 2위로 올라섰다.

이런 배경에는 인도인에 대한 현대자동차의 탁월한 이해력이 있었다. 인도의 자동차 시장은 생각보다 까다롭다. 인도는 도로사정이 정말 좋지 않다. 도로포장에도 문제가 있지만, 차와 사람 그리고 소형 엔진을 장착한 삼륜차인 오토릭샤auto-rickshaw와 우마차가 복잡하게 뒤엉키기 일쑤다. 그러다 보니 브레이크 사용이 잦다. 경적도 요란하게 누르게 된다. 그뿐이 아니다. 인도는 날씨가 건조해 엔진에 모래나 먼지가 섞여 들어갈 가능성이 높다. 우기雨期에 들어서면 차가 물에 잠기기도 한다. 덥고 뜨거운 날씨 탓에 강력한 에어컨은 필수다.

인도인들 고유의 전통적 특성도 고려해야 한다. 터번을 쓰는 인도인들이 많아 운전석에 앉으면 앉은키가 커져 천장이 낮은 차에선 불편함을 느낀다. 차안에 많은 사람들이 한꺼번에 타는 습성도 있다. 아무리 작은 차에도 규정된 인원수 이상의 사람들이 타는 경우가 비일비재하다.

그런데 놀랍게도 현대자동차는 이 어려운 조건들을 모두 충족시켰다. 우선 브레이크를 튼튼하게 만들었다. 경적소리는 대형 트럭에 맞먹는 수준으로 장착했다. 엔진에 이물질이 끼지 않도록 필터 품질을 높였으며, 차가 물에 잠기지 않고 울퉁불퉁한 도로에서도 잘 다닐 수 있도록 바닥의 높이도 조정했다. 에어컨은 인도에서 팔리는 자동차 중 최상급이다. 자동차에 타서도 터번이 벗겨지지 않도록 차체를 높였다. 차에 사람이 많이 타서 차체에 무리가 가지 않도록 서스펜션도 보강했다. 이런 노력이 입소문을 타면서 현대자동차는 강력한 경쟁자들을 제치고 인도시장에서 가장 빨리 성공을 거두게 된 것이다.

해외시장에 진출할 때는 삶에서의 의미체계도 신중히 고려해야 한다. 비슷한 손짓이나 동작처럼 보여도 나라마다 그 의미는 매우 다르다. 일반적으로 엄지손가락을 치켜세우는 것은 상대를 인정하고 힘을 북돋아주는 행동이지만, 방글라데시에서는 성적 모욕을 뜻하므로 주의해야 한다. 한국에서는 새끼손가락이 약속을 나타내는 친근한 표현으로 쓰이지만 인도에서는 화장실에 가고 싶다는 의사표현이다. 또 중국에서는 별 볼일 없다는 뜻으로 사용된다. 엄지와 검지를 구부려 만든 동그라미는 OK라는 의사표현이거나 돈을 의미하지만, 러시아나 브라질 또는 이집트에서는 심한 욕이라고 한다. 다른 나라의 생활패턴이나 의미체계를 이해하지 못하면 자칫 해외 비즈니스가 엉망이 될 수 있다.[30]

고객과 밀착하기 위한
비즈니스의 맥 찾기

Q | **고객이 떠나지 않도록 하려면 어떻게 해야 하는가?**

A | 두 가지 방법이 있다. 하나는 '고객 가두기'이다. 고객이 다른 곳으로 가는 전환비용을 높여 고객을 강제로 붙드는 방법이다. 하지만 이 방법은 고객이 만약 자신이 갇혔다는 것을 알게 되면 역효과가 날 수 있다. 다른 하나는 '고객과 밀착하기'이다. 고객과 소통하고 협력하면서 정서적 유대를 높이는 방법이다. 이 방법은 고객을 파트너로 인식하고 유대를 유지해 나가는 방법으로 기업의 지속적 성장을 돕는다.

고객은 비즈니스의 시작일 뿐 아니라 기업의 생명력을 계속해서 유지시키는 존재다. 경영환경 중 가장 현란하게 바뀌는 것이 고객 환경이다. 기업은 당연히 변화하는 고객들에 대응하기 위해 혼신의 노력을 기울여야 한다. 그 방법이 바로 앞서 설명한 고객에게 '다가가기'이자, 고객을 '끌어들이기'이며, 또 '찾아 나서기'이다.

하지만 이 방법들은 엄청난 비용이 든다는 단점이 있다. 변화하는 고객에 맞춰 새로운 고객을 만들어내는 일은 상당한 부담이다. 비즈니스를 항상 그렇게만 할 필요는 없다. 일본에는 창립한 지 천년이 넘은 기업들이 많다. 어떻게 이것이 가능했을까? 고객을 붙들어두는 방법을 대를 이어 전수했기 때문이다. 그 핵심은 '고객과 밀착하기customer lock-on'이다.

고객 가두기와 주의할 점 ____▶

'고객과 밀착하기'와 언뜻 유사해 보이는 방법이 있다. 고객이 우리 회사로부터 이탈하지 못하게 하는 방법이다. 이를 '고객 가두기customer lock-in'라고 한다. 이 전략의 핵심은 고객의 '전환비용switching cost'을 높이는 것이다. 전환비용이 높아지면 소비자들은 다른 제품이나 서비스로 옮겨 가기가 쉽지 않다. 그만큼의 비용을 지불해야 하기 때문이다.[31]

소비자에게 전환비용이 생기는 이유는 세 가지다. 첫 번째는, 전환하는 데 복잡한 절차와 염려가 따르고 새로운 학습이 필요해서다. 이것을 '절차적 전환비용procedural switching cost'이라고 한다.

우선, 다른 제품이나 서비스로 갈아타려면 그만큼 비용과 시간이 든다. '탐색비용'이라는 것이다. 그뿐 아니라 새로운 제품이나 서비스의 불확실성도 소비자 입장에선 지불해야 하는 비용이다. 기존의 제품이나 서비스보다 오히려 품질이 떨어질지도 모른다는 염려를 하게 되는 것이다. '구관이 명관'이라는 생각을 할 수 있다는 것이다. 새로운 제품과 서비스를 찾았다 해도 그에 익숙해지는 데는 또 시간이 필요하다. 새로운 스마트폰을 사면 적어도 2~3일은 만지작거려야 사용법을 터득할 수 있다. 이렇게 지불하는 비용을 '학습비용'이라 한다. 탐색비용과 염려 그리고 학습비용까지, 새로운 제품이나 서비스를 사용하는 데는 그만큼의 절차적 비용이 발생한다.

두 번째는 '재무적 전환비용financial switching cost'이다. 다른 제품이나 서비스를 이용하면 손실을 입게 만드는 것이다. 니콘 카메라의 렌즈와 캐논 카메라의 렌즈는 서로 호환되지 않는다. 고급 카메라의 전형이 된 DSLR 카메라의 경우 보통 2~3개 이상의 렌즈를 구매해야 한다. 그리고 니콘 카메라를 구입한 사람은 반드시 니콘사의 렌즈만 사야 한다. 특정 회사의 카메라를 일단 샀다면 신제품에서도 그 회사의 제품을 살 가능성이 약 60% 이상이다. 다른 회사의 제품을 사면 이미 구매한 수십만 원짜리 렌즈가 무용지물이 되어버리기 때문이다. 이것을 '매몰비용sunk cost'이라고 한다.

재무적 전환비용을 높임으로써 고객의 이탈을 막는 방법은 서비스업에서도 활용된다. 값을 미리 깎아준 다음 고객이 다른 업체로 가게 되면 비용을 물리는 식이다. 현대카드가 'M카드'를 선보이면서 이 방법을 썼다. 현대카드로 현대기아차의 자동차를 사면 20만~50만 원쯤 깎아준다. 하지만 결코 공짜가 아니다. 이런 서비스를 받은 소비자는 현대카드를 최대 3년 이상 사용해야 하기 때문이다. 이 기간 동안 소비자는 현대카드의 충실한 고객이 될 수밖에 없다. 동일한 방법을 이동통신사들도 쓴다. 휴대폰 기기값을 파격적으로 할인해주는 대신에 일정 기간 동안 다른 통신사로 이동할 수 없게 한다. 꼭 이동하고 싶은 고객은 위약금을 물어야 한다.

소비자에게 전환비용이 발생하는 세 번째 이유는 '관계적 전환비용relational switching cost' 때문이다. 이 비용은 제품이나 서비스를 제공하는 공급자와의 관계를 끊기 어려울 때 발생한다. 기존 거래처와 인간관계가 깊어 이를 끊는 것이 부담스러울 때 나타난다.

또 다른 의미의 관계적 전환비용도 있다. 다른 소비자와의 관계 때문에 일어나는 일이다. 개인이 아무리 독립적으로 소비한다고 해도 주위 사람들로부터 영향을 받지 않을 수 없다. 다른 사람들과 관계를 맺으려면 특정 기업의 제품이나 서비스를 살 수밖에 없는 경우가 있다. 애플이 만든 PC는 사양이나 성능 면에서 막강하다. 그래도 애플 PC를 쓰는 사람들은 그리 많지 않다. 왜일까? 바로 운영체제 때문이다. 애플은 자신만의 운영체제인 맥OS를 사용한다. 다른 PC에서는 이 운영체제를 사용할 수 없다. 이에 비해 윈도우는 모든 PC에서 사용할 수 있다. 대다수의 사람은 윈도우 체제를 사용한다. 그래야 다른 사람들과의 교류가 가능하기 때문이다.

하지만 '고객을 가두기만' 하는 방식은 부작용이 있을 수 있다. 고객을 강제로 잡아두고 필요한 즐거움을 제공하지 못하면 고객은 자신이 볼모로 잡혔다는 사실을 깨닫게 된다. 이렇게 되면 고객의 고통이 증가하면서 부작용이 나타난다.

멤버십 서비스가 그런 부작용 중 하나를 보여준다. 피트니스 센터 같은 데서는 한두 달이 아닌 1년 정도의 장기 회원이 되면 가격 할인 등의 혜택을 준다. 그래서 장기 회원이 되는 사람들이 많다. 하지만 그 순간부터 고객 입장에서는 매몰비용이 발생한다. 문제는 피치 못할 사정으로 계약을 중도에 포기해야 하는 경우다. 이때 고객에게 적절히 대처하지 못하면 고객과 분쟁이 생길 수 있고, 이것이 결과적으로는 기업 이미지에 악영향을 미칠 수 있다.

고객밀착의 위력

고객을 가두어두는 방법보다는 고객에게 밀착하는 것이 관계를 오래 지속시키는 방법이다. 매달 1,000만 원 이상 화장품 매출을 올리는 사람이 있다. 아모레퍼시픽에 근무하는 김정해 씨로, 평범한 전업주부다. 입사 초기에는 주로 지인들에게 화장품을 팔았다. 하지만 이런 방법은 오래가지 못했다. 방법을 바꾸기로 했다. 고객이 생기면 이들에게 물건을 파는 것이 아니라 친구가 되기로 했다. 그녀는 고객과 함께 목욕탕에도 가고 미용실에도 간다. 한밤중에라도 고객에게 연락이 오면 같이 여행도 떠난다. 이렇게 고객을 친구로 사귀다 보니 화장품을 사달라고 애원하지 않아도 화장품이 팔렸다. 그리고 그들이 새로운 고객을 소개해주었다. 김정해 씨가 쓴 방법이 '고객과 밀착하기'다.[32]

아프간 전쟁에서 반군들이 미군을 격퇴할 수 있었던 것은 그들이 막강한 화력을 가졌기 때문이 아니다. 세 가지 전략이 미군을 무력화시켰다. 하나는 약 올리기다. 화가 머리끝까지 솟을 만큼 약을 올려 미군이 무리한 작전을 쓰게 만드는 전략이다. 또 하나는 겁주기다. 겁을 먹게 해서 미군의 사기를 꺾는 방법이다. 마지막 방법은 주민들의 이반을 부추긴 것이다. 이 세 가지 중 가장 주효했던 방법은 주민들을 이반시킨 것이었다. 결국 미국에 대한 들끓는 성토가 이어지면서 미군은 아프간에서 철수하게 된다. 비즈니스도 마찬가지다. 고객과 이반해 생존하는 기업은 절대 없다.

P&G,
감동으로 고객과 밀착하다 ────────▶

고객과 밀착을 정말 잘하는 회사로 P&G가 있다. 이 회사는 시장
점유율 세계 1위의 생활용품 기업이다. 칫솔, 치약, 면도기, 세제,
샴푸, 로션, 과자, 기저귀, 생리대 등 일상생활에 필요한 것이라면
무엇이든지 만드는 회사다. 다루는 제품만도 300종류 이상이다.
P&G는 새로운 제품을 내놓는 능력이 정말 뛰어나다. 하지만 더
뛰어난 것은 고객과 밀착하는 능력이다. P&G는 "우리 제품 좀 사
주세요"라는 메시지를 보내는 법이 없다. 그보다는 "우리는 세상과
소통하며 협력하고 있어요"라는 메시지에 집중한다.

　이 기업의 주력제품 중 하나는 팸퍼스 기저귀다. P&G는 나
이지리아에서 엄마들과 휴대전화로 1:1 마케팅을 하고 있다. 육아
정보가 많지 않은 아프리카 고객들을 위한 서비스다. 아기 잘 재
우는 법, 아기와 잘 놀아주는 법 같은 정보를 문자메시지로 보내준
다. 이런 방식으로 고객들과의 정서적 유대를 높이고 있다.

　P&G가 고객밀착의 백미를 보여준 것은 2010년 밴쿠버 동계
올림픽 때다. 이른바 엄마 마케팅이다. 올림픽 영웅들을 만들어낸
엄마들을 집중 조명하는 마케팅으로 큰 반향을 일으킨 것이다. 곧

하게 자는 딸 옆에서 아이의 피겨스케이트를 닦아주는 엄마, 눈 쌓인 새벽길에 아이스하키 선수 아들을 연습장으로 데려다주는 엄마, 그리고 이 아이들이 성장해 올림픽에 나가서 최선을 다하는 모습을 보며 눈물을 흘리는 엄마…… 이런 이미지를 보여주며 "엄마 고마워요"라는 자막과 함께 P&G가 후원하는 사람들이 이들 자랑스러운 엄마임을 나타내는 글귀가 화면을 채우는 광고다.

이 광고와 함께 P&G는 미국 대표선수 엄마들에게 벤쿠버행 비행기표를 보내고 숙소도 제공해주었다. 가난한 엄마들이 아들딸의 경기를 현장에서 볼 수 있도록 배려한 것이었다. 올림픽 기간 중 현지에서 생일을 맞은 엄마들이나, 자녀들이 메달을 딴 엄마들에게는 파티도 열어주었다. 이 이야기는 언론을 통해 미국 전역에 소개되었다.[33]

슈퍼잼, 이들만의 고객밀착 방법

슈퍼잼의 고객밀착 방법도 눈여겨볼 필요가 있다. 이들의 고객밀착력은 온라인 커뮤니티 운영능력에서 나온다. 회원 수가 1만여 명에 이르는 이 커뮤니티 사이트에 들어가면 '슈퍼잼 입점 제안하기'라는 코너가 있다. 자신들이 사는 동네에서 슈퍼잼을 사고 싶은 고객들이 제안서를 써 내면 해당 소매점에 이 내용을 엽서로 알린다. 그렇게 해서 입점이 성사되면 제안 고객에게는 슈퍼잼을 한 병씩 선물한다.

오프라인 활동도 재미있다. '슈퍼잼 파티'라는 것을 열고 있다. 지역 노인들을 초청해 빵과 슈퍼잼을 제공하는 파티다. 영국 전역에서 해마다 100여 차례 이런 파티가 열린다. 어떤 경우에는 회사가 나서지 않아도 고객이 자발적으로 슈퍼잼 파티를 열기도 한다.

이뿐만이 아니다. 슈퍼잼은 자신들의 커뮤니티에 글을 많이 남기고 동네 슈퍼잼 파티 때 자원봉사를 열심히 해준 사람들 중에서 판매사원을 뽑기도 한다. 이들의 열정이 회사를 빛낸다는 취지에서다.[34] 아주 간단한 아이디어 같아도 고객과 밀착하고자 하는 슈퍼잼의 전략이 돋보인다.

A·Z마트, 고객과 완벽하게 밀착하다

일본의 지방도시 아쿠네阿久根 외곽에는 'A·Z'라는 이름의 초대형마트가 있다. 매장 면적이 도쿄돔의 3.6배에 이를 정도다. 당연히 없는 게 없다. 식료품, 생활잡화, 서적, 가전제품은 물론이고 의료 관련 제품, 농기구, 낚시도구, 불교용품, 심지어 자동차까지 판다. 상품 가짓수만 35만 점이 넘는다. 마트 이름 'A·Z'는 "A부터 Z까지 모든 것이 다 있다"라는 뜻이다. 연중무휴로 24시간 영업을 한다.

그런데 A·Z 마트가 있는 아쿠네 시는 인구가 2만 5,000명 정도인 조그만 어촌 도시에 불과하다. 65세 이상 고연령층이 지역 주민의 3분의 1이 넘는다. 이런 곳에 초대형마트를 세운 것이다. 이 정도 규모의 마트가 들어서려면 거주인구가 30만 명은 되어야 한다는 게 정설이다. 문제는 이것만이 아니다. 1인당 주민소득이 연간 176만 엔에 불과하다. 아쿠네 시가 속한 가고시마 현의 평균 1인당 소득은 221만 엔이다. 일본 전체 평균은 282만 엔이다. 이런 지역에 A·Z가 문을 연 것이다.

다들 곧 망할 것이라 예상했다. 하지만 A·Z는 개장 이래 승승장구하고 있다. 비결이 뭘까? 바로 '고객과 밀착하는 힘'이다. 이 초대형마트를 창업한 사람은 마키오 에이지牧尾英二로, 70세 고령이다. 그는 여기서 어떤 희망을 본 것일까? 그는 지역민들과 밀착할 수만 있다면 비즈니스는 얼마든지 가능하다고 생각했다.

마트를 열기 전 마키오 사장은 아쿠네 시에서 다른 지역으로 빠져나가는 쇼핑액에 대한 통계를 본 적이 있었다. 무려 연간 50억 엔이었다. 시골이라는 이유로 대형 점포들이 이곳을 기피하자 주민들이 외지로 나가 쇼핑한 결과였다. 그는 지역주민들을 누구보다 잘 이해했다. 주민의 상당수는 노인이었다. 외지로 나가 쇼핑을 한다는 것은 이들에게 그야말로 고역이었다. 자신이 노인인 마키오 사장은 이런 사정을 잘 이해할 수 있었다. 연간 50억 엔이 지역

바깥으로 빠져나가는 곳, 그리고 노인들이 주 고객인 곳에서 어떻게 하면 고객과 밀착할 수 있을까? 마키오 사장의 고민이었다.

이 고민에 대한 첫 번째 해답은 없는 게 없을 정도로 엄청난 아이템을 구비한 대형마트를 세우는 것이었다. 쇼핑을 하다 보면 희귀한 물건도 필요할 때가 있다. 일반적으로 시골 마트들은 이런 물건은 가져다 놓지 않는다. 팔리지 않을 테니 당연한 처사다. 마키오 사장은 그것이 잘못된 판단이라 여겼다. 시골 마트에 사람들을 오게 하려면 오히려 그들이 절대 다른 곳으로 갈 필요가 없도록 해야 한다고 생각했다. 하나라도 없으면 결국은 외지로 나가야 하고 그렇게 되면 자신의 마트로 오지 않게 되리라는 것이었다. 그가 35만 점 넘는 물품을 취급하는 이유다.

그래서 자동차도 팔기 시작했다. 처음부터 자동차를 판 것은 아니었다. 한 고객이 자동차도 가져다 놓으라고 권해서 팔기 시작했다. 하지만 신차는 팔지 않는다. 대신 신차에 가까운 중고차나 구형 모델을 판매한다. 영업사원도 없고 가격흥정도 없다. 가격표의 비용을 계산대에서 지급하면 차에 기름을 가득 채워 차를 건네준다. 연간 매출의 20%가 자동차 판매와 검사 그리고 정비에서 나오고 있다.

마키오 사장은 노인들이 많은 시골에는 노인 관련 제품만 가져다 놓아야 한다는 고정관념을 거부했다. 고령화 사회가 되었으니 노인에게 친숙한 매장환경을 만들어야 한다는 것은 일견 옳은 생각처럼 보인다. 이렇게 되면 노인만 오는 매장이 된다. 하지만 노인들은 젊은 사람들을 대동해서 오는 경우가 적지 않다. 이 사람들에게 노인친화적 매장은 고통일 수 있다. 그렇게 되면 노인들과 어울려 마트에 오려 하지 않게 된다. 이 역시 노인들에게는 또 다른 고통이다. 그래서 그는 비용이 들어도 나이에 상관없이 모든 물건을 살 수 있는 마트를 만들기로 했다. A·Z를 그 지역의 사회적 인프라와 같이 구축해 지역주민들과 철저히 밀착하는 전략을 채택한 것이다.[35]

마키오 사장이 A·Z를 고객에 밀착시키기 위해 행한 두 번째 조치는 24시간 365일 영업이었다. 인구가 자꾸 감소하는 시골 지역은 사람들도 일찍 잠자리에 들 것이라고 일반적으로 짐작한다. 하지만 이는 잘못된 인식이었다. A·Z마트 매출액의 40%는 저녁 7시부터 아침 8시 사이에 발생했다. 1인당 구매액도 낮보다 밤에 더 높게 나타났다. 일본은 고가상품 구매 결정을 보통 아버지가 한다. 아버지들은 일을 마치고 귀가해서 가족들과 함께 쇼핑에 나서는데, 이때 고가상품을 많이 구입한다. 새벽에도 고객이 많다. 바로 일하러 나가기 전에 매장에서 필요한 물건을 사기 때문이다.

세 번째 조치는 파격적인 가격과 인센티브다. 일반 소매점에 비해 8~10% 값이 저렴하다. 일반적으로 소매업의 경상이익은 2~3% 수준이라고 한다. 가격을 10% 낮추면 이익은 없는 셈이다. 그럼에도 마키오 사장은 이 전략을 밀어붙였다. 여기에다 60세 이상 노인과 장애인에게는 구매액의 5%를 적립해주는 A·Z카드를 발급했다. 때로는 이 노인 전용 카드로 자녀들까지 할인을 받지만 모른 체한다.

그렇다면 A·Z는 도대체 어떻게 돈을 벌까? 가격을 낮춰주고 노인들에게 인센티브를 주자 재미있는 일이 벌어졌다. 일주일에 한 번씩 오던 손님들이 서너 번씩 방문하는 것이었다. 1회 쇼핑시 구매하는 아이템 수도 늘어났다. 일본의 경우 일반 마트의 평균 구매단가는 500엔 정도이고, 구매상품 수는 5점 정도다. A·Z에서는 파격적인 가격으로 인해 평균 구매단가는 300엔으로 떨어졌지만 구매상품 수가 15점으로 늘었다. 그 결과 한 번 방문할 때의 평균매출이 4,500엔이 되었다. 1인 기준으로 볼 때 일반 마트 매출인 2,500엔을 훨씬 뛰어넘었다.

하지만 아무리 그래도 이런 척박한 영업환경에서 정말 손익을 맞출 수 있을까? A·Z에서는 저렴한 가격을 만회하기 위해 철저히 저비용구조를 유지하고 있다. 먼저 직원 1인이 관리하는 판매 면적을 일반 마트의 2배 이상으로 하고 있다. A·Z는 120명 정도의 직원이 매장 전체를 맡고 있는데, 1인당 관리 면적이 100~165제곱미터에 이른다. 백화점이 20~30제곱미터, 슈퍼마켓이 30~50제곱미터, 마트가 40~60제곱미터 수준인 것을 감안하면 매우 넓은 면적이다. 밤에는 고작 12명이 매장을 관리한다. 1인당 담당 면적으로 환산하면 1,485제곱미터나 된다.

A·Z의 비용줄이기 전략은 여기서 그치지 않는다. 관리비용도 대폭 줄였다. 이것을 위해 상부의 관리구조를 없앴다. 직원들은 각자 상점주인 역할을 한다. 각자 알아서 장사를 한다. 점장에게 특별히 지시받지 않는다. 그래서 A·Z엔 전무나 상무 같은 관리직이 없다. 전체 32개 분야의 담당자만 있다.

이들이 관리도 하고 의사결정도 한다. 지켜야 할 업무 매뉴얼도 따로 없다. 사내교육도, 경영회의도, 영업회의도 없다. 매장 직원들이 다 알아서 한다. 그러니 관리직 인건비가 나가지 않는다. 매장 내 조명도 낮추었다. 편의점 조명은 보통 2,000럭스 수준이다. 그런데 이곳의 밝기는 700럭스 정도다. 밤에는 시간에 따라 5단계로 밝기를 조정한다. 난방시설도 없다. 개점 당시 아쿠네 지역의 10년치 기상 데이터를 보았더니 난방이 필요한 날이 1년 중 2주 정도에 불과했다. 그래서 아예 난방설비를 갖추지 않았다.[36]

모스버거,
고객밀착으로 회귀하다 _____▶

비즈니스를 하다 보면 자신의 비즈니스가 어디로 가고 있는지 잘 모를 때가 있다. 당장의 수익 때문에 비즈니스 모델이 틀어지는 줄도 모른 채 엉뚱한 길로 접어들어 낭패를 보기도 한다. 그런 위기를 넘기고 자신만의 비즈니스 모델을 지켜간 기업이 있다. 도쿄 외곽에서 조그마한 햄버거 가게로 출발해 일약 '아시아의 햄버거'로 떠오른 모스버거Mos Burger라는 회사다.

일본에만 1,400여 개의 매장이 있다. 맥도날드 다음으로 매장이 많다. 이 회사는 현재 홍콩, 싱가포르, 대만, 중국 등지에 진출해 있다. 대표상품은 '데리야키버거'다. '라이스버거'를 최초로 개발하기도 했다. 일본에서도 젊은 사람들이 밥을 잘 먹지 않는 풍조가 생겨 쌀이 남아도는 것에서 힌트를 얻었다. 빵 대신 밥을 쓰고 닭고기를 다져 넣은 '라이스버거'는 그렇게 만들어졌다. '우엉라이스버거'도 인기다.

모스버거가 마냥 잘나가기만 한 것은 아니다. 이곳도 한때 위기를 겪었다. 맥도날드가 일본에 상륙하면서 햄버거 가격전쟁이 벌어진 탓이다. 500엔이 넘던 햄버거 세트가 390엔으로 내려갔다. 일본의 롯데리아도 380엔짜리 세트를 내놓았다. 이 전쟁으로 햄버거 업계는 만신창이가 되었다. 그런데 모스버거는 이 전쟁에 참여하지 않았다. 모스버거는 400엔이 넘는 세트 가격을 그대로 유지했다. 어떻게 그게 가능했을까? 지역밀착력이 힘을 발휘해서다.

모스버거는 한때 지역주민과 멀어진 적이 있었다. 햄버거와 더불어 차와 커피도 팔면서다. 그런데 메뉴가 바뀌자 고객층도 바뀌었다. 가족 단위 손님은 줄고 주변의 회사원들과 젊은 여성들이 매장을 채운 것이다. 모스버거는 고민을 시작했다. 새로운 고객층을 받아들일 것인가, 아니면 가족 중심의 기존 고객을 유지할 것인가? 젊은 고객층이 새로 생겨난 것은 다행스러운 일이었다. 그러나 이들은 유행에 민감했다. 언제든지 떠날 준비가 되어 있는 사람들이었다. 하지만 가족은 그렇지 않다.

이런 판단이 서자 모스버거는 지역주민들에게 다시 다가가기로 했다. 커피와 차를 과감히 포기하고 햄버거 전문점으로 되돌아간 것이다. 그리고 고객을 가족처럼 여기며 정성껏 대했다. 모스버거에는 손님 개개인의 취향에 맞춘 친근한 메뉴들이 많다. '스즈키 상의 모스버거', '다나카 상의 데리야키버거' 식이다. 지역과 밀착하려는 노력으로 태어난 메뉴들이다. 이런 노력을 쏟아 붓자 다시금 어린아이들과 가족고객이 모스버거 매장으로 돌아왔다.

모스버거에서는 각종 재료를 철저히 주변지역 농가에서 구입해 쓴다. 고객들에게 고장에 대한 자부심을 제공하고 가족고객을 안심시키기 위한 조치다. 이런 일련의 노력이 모스버거를 위기에서 구해냈다. 모스버거 맞은편에 맥도날드가 들어서면서 작은 가게 모스버거도 위기를 맞았다. 그러나 우려할 만한 사태는 벌어지지 않았다. 지역주민들과 쌓아놓은 밀착력이 모스버거를 살려냈다. 주민들은 맥도날드에 가는 친구들을 붙잡아 모스버거로 데려왔다.[37]

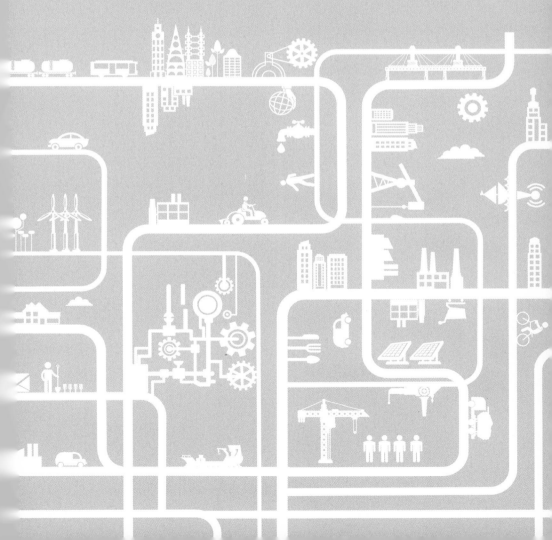

PART 4

새로운 비즈니스를
찾아내는 맥은
무엇인가?

새로운 비즈니스를
찾기 위한 단서

Q | 새로운 비즈니스는 어떻게 찾는가?

A | '아웃사이드 인' 방식과 '인사이드 아웃' 방식이 있다. 아웃사이드 인은 고객을 출발점으로 해서 비즈니스를 찾는 방법을 말하고, 인사이드 아웃은 기업의 기존 역량을 활용해 비즈니스를 만드는 방법을 말한다. 비즈니스 모델 관점에서 보면 고객관계 모델과 수익 모델에서 비즈니스의 단서를 찾는 것이 아웃사이드 인 방식이고, 가치생성 모델과 비용 모델을 중심으로 새로운 비즈니스의 단서를 찾는 것이 인사이드 아웃 방식이다.

새로운 비즈니스에 대한 단서는 어떻게 찾을까? 두 가지 방법이 있다. 하나는 '아웃사이드 인outside in' 방식이고, 다른 하나는 '인사이드 아웃inside out' 방식이다. 아웃사이드 인이란 말 그대로 바깥에서 안을 보는 것을 말한다. 소비자나 고객의 생각과 행동을 중심에 놓고 그들이 무엇을 필요로 하는지 살펴 이들에게 다가갈 비즈니스를 만들어내는 방법이다. 고객의 잠재욕구나 니즈 같은 말이 쓰이는 경우 그것은 아웃사이드 인 방식을 염두에 둔 것이다. 비즈니스 모델을 기준으로 보자면, 고객관계 모델과 수익 모델을 중심으로 고객을 찾아내는 것이 바로 '아웃사이드 인' 방식이다.

비즈니스의 모든 단서를 고객으로부터 찾지는 않는다. 가치 생성 모델이나 비용 모델에서 비즈니스가 시작될 수도 있다. 이런 접근을 '인사이드 아웃' 방식이라고 한다. 인사이드 아웃 방식은 우리 회사가 지닌 기존의 기술이나 프로세스 또는 역량이나 파트너십을 활용해 새로운 비즈니스를 만들어내는 것을 말한다. 우리 회

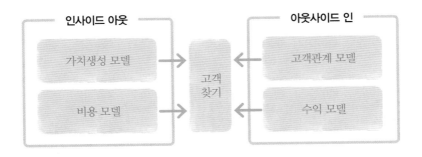

그림 12 **새로운 비즈니스 창출 방식: 아웃사이드 인과 인사이드 아웃**

인사이드 아웃   아웃사이드 인

가치생성 모델 → 고객 찾기 ← 고객관계 모델

비용 모델 → 고객 찾기 ← 수익 모델

사 특유의 비용통제 방식을 이용해 비즈니스를 시작하는 경우도 여기에 해당한다. 〈그림 12〉는 아웃사이드 인 방식과 인사이드 아 웃 방식의 차이를 보여준다.

고객관계 모델에서 단서 찾기

아웃사이드 인 방식으로 비즈니스 단서를 발견하는 첫 번째 방법 은 숨어 있는 고객니즈를 찾아내는 일이다. 이를 찾을 수만 있다면 비즈니스는 이미 절반은 성공한 것이나 다름없다.

고객니즈를 찾을 때는 요령이 있다. 앞에서 살펴본 고객가치 정의를 활용하는 것이다. 고객가치는 즐거움을 고통으로 나눈 것 이라고 했다. 이 식에는 사람들의 니즈가 숨어 있다. 사람들의 니 즈는 생각보다 단순하다. 즐거움을 취하고 싶고 고통을 피하고 싶 어하는 것이 바로 니즈다. 어디서 사람들이 고통스러워하거나 즐 거워하는지 알아낸다면 새로운 비즈니스도 찾아낼 수 있다.

오스트리아에는 노인 전용 휴대폰을 만드는 기업이 있다. 엠 포리아Emporia라는 곳이다. 이 회사는 60세 이상 노인들을 타깃고 객으로 한 제품을 만든다. 과거에는 유선전화 사업을 했지만, 무 선전화기 보급으로 사세가 기울면서 새로운 활로를 모색하다가 찾 은 아이템이다.

이 회사가 노인용 휴대폰 사업을 하게 된 배경에는 창업자 알 베르트 펠너Albert Pelner 회장의 개인적 사연이 숨어 있다. 펠너는 어느 날 자신의 어머니에게 휴대폰을 사드렸지만, 곧 그것이 어머니에게 아무런 쓸모가 없다는 것을 깨달았다. 기능이 너무나 복잡해서 이해할 수 없었고 정작 노인에게 필요한 기능은 전혀 없었던 것이다.

2년여의 연구 끝에 노인들에게 필수적인 기능이 있으며 사용법이 간단한 휴대폰을 시장에 내놓았다. 화면의 글자판을 크게 만들었고 비상버튼 하나만 누르면 가족들에게 연락이 닿는 안전기능도 들어 있었다.

이 휴대폰이 처음 출시되었을 때 주위 사람들과 통신사들은 냉소적인 반응이었다. 하지만 시장이 반응을 보였다. 이 사업으로 이 조그만 중소기업은 약 100만 대의 휴대폰을 판매했고, 30개국 45개의 이동통신사업자와 협력해 해외에서도 연간 50만 대 이상을 판매했다.

엠포리아처럼 고객이 될 만한 사람들이 겪는 문제를 찾아 해결하면서 비즈니스의 실마리를 푸는 것이 바로 '고객을 단서로 삼아 비즈니스를 찾아내는' 아웃사이드 인 방식이다. 이 회사는 지금도 이런 방식으로 새로운 비즈니스를 찾아내고 있다. 엠포리아의 연구원들은 매달 고객을 찾아 나선다. 고객들과 함께 산책하거나 식사를 하면서 새로운 제품이나 기존 제품에 대한 니즈를 찾아내는 것이 이들의 임무다. 비상버튼이 달린 신모델도 이렇게 찾은 것이다. 휴대폰 뒤쪽에 빨간 버튼이 있어 이것을 누르면 저장해놓은 다섯 명의 가족에게 차례로 전화를 걸 수 있다. 노인들이 위급한 상황에서 유용하게 사용할 수 있는 기능으로 시장에서 큰 호응을 얻었다.[38]

인텔은 CPU시장에서 큰 성공을 거둔 거대기업이다. 인텔 역시 새로운 비즈니스를 발굴할 때 고객의 문제를 해결해주는 아웃사이드 인 전략을 종종 사용한다.

인텔이 개발한 PCI Peripheral Component Interconnect 기술이 좋은 예다. PCI는 CPU와 주변기기 사이의 연결을 매끄럽게 해서 PC의 속도를 높여주는 기술이다. 사실 PC 업계에는 해결되지 않는 고민이 하나 있었다. 성능 좋은 CPU가 개발되어도 PC의 주변 성능이 따라가지 못해 PC의 전체 성능이 제자리걸음이었던 것이다. CPU의 성능은 시간이 갈수록 좋아졌고 처리속도도 빨라졌지만 정작 소비자들은 그것을 체감할 수 없었다. 이 문제를 해결하기 위해 인텔이 팔을 걷어붙였다. 그렇게 개발된 것이 바로 PCI이다. PCI가 개발되자 정보통로가 기존의 국도에서 고속도로로 바뀌었다. 부품업체와 PC업체들은 환호했다. 자신들의 고질적인 문제를 해결할 수 있었기 때문이다.

나사 하나로 세계를 제패한 기업이 있다. 한국의 KTX, 일본의 신칸센, 독일과 중국의 고속철도, 그리고 초고층 건물에 반드시 들어가는 볼트와 너트를 만드는 곳이다. 창립 이후 단 한 해도 적자를 낸 적이 없는 회사로, 세계의 주목을 받는 기업이다. 일본의 100대 중소기업 목록에도 이름을 올린 하드록Hardlock 공업이다. 절대 풀리지 않는 볼트와 너트를 만드는 곳이라는 의미로 지은 이름이다.

이 회사의 CEO 와카바야시 가쓰히코若林克彦는 볼트와 너트를 사용하는 수요자들로부터 불평을 자주 들었다. 너트가 자꾸 풀려 문제가 생긴다는 것이었다. 실제로 너트가 풀려 대형사고로 이어진 경우가 있었다. 2002년 영국의 한 역으로 들어오던 열차가 선로를 이탈하면서 승강장에 충돌했다. 7명이 숨지고 80명이 다치는 참사가 일어났는데, 원인은 풀린 너트에 있었다.

주위에서 들려오는 불평과 영국의 열차 참사에서 고객니즈를 파악한 와카바야시 사장은 절대로 풀리지 않는 볼트와 너트를 개발하기로 했다. 볼트와 너트는 세계에서 가장 많이 소비되는 부품이다. 보잉 747기 한 대에만 무려 1,000만 개가 넘는 볼트와 너트가 필요하다. 이런 시장을 하드록 공업이 확보한 것이다.

다른 기업이 번거롭고 귀찮아하는 장비나 프로세스를 잘 갖추어도 새로운 비즈니스를 창출할 수 있다. 효성그룹의 음료사업이 이런 경우에 해당한다. 효성그룹은 섬유, 중공업, 화학, 건설, 정보통신 등을 주요 업으로 하는 그룹이다. 그런데 이런 기업이 음료사업도 하고 있다. 충북 진천 광혜원 공장에 옥수수수염차광동제약,

조지아커피코카콜라, 아카페라빙그레, 하늘보리웅진식품, 아이스티동서식품, 프렌치카페남양유업 등을 생산하는 설비를 갖춰놓은 것이다.

효성이 이 사업에 뛰어든 것은 음료 업체들이 음료 충전 때문에 골치를 앓고 있음을 알게 되었기 때문이다. 특히 페트병에 담기는 혼합차나 곡물음료가 늘어나면서 부패를 막아줄 충전설비를 구축하는 것이 이들 업체들에는 만만한 일이 아니었다. 음료 업계의 이런 애로사항을 발견한 효성은 사업 가능성을 보고 무균충전 설비 시스템과 다층 페트병 생산설비를 갖추었다. 한국의 음료 제조업체들이 음료 충전을 의뢰하기 시작했다. 이들 기업이 고가의 음료 충전 장비 없이도 비즈니스를 할 수 있도록 효성이 기회를 제공한 셈이다.[39]

고통이라는 단어에서 꼭 '짜증스럽고 힘든 일'의 이미지만 떠올릴 필요는 없다. 일의 절차를 간소화해주는 것도 고통을 줄여주는 것이다. 그런 아이디어를 상품 개발에 적용한 예가 있다. 거품치약이다. 3분쯤 가글을 하고 뱉으면 칫솔질 효과를 내는 제품이다. 칫솔질은 사실 꽤 번거로운 일이다. 다만 사람들이 워낙 익숙하게 하는 일이라 그게 얼마나 번거로운지 잊고 살 뿐이다. 거품치약이 기존 치약을 대체할 정도로 시장이 커질는지는 모르겠으나, 입원 환자 같은 이들에게는 매우 유용하다. 이들은 칫솔질조차 할 수 없을 정도로 몸이 불편한 경우가 많다. 거품치약은 이들의 문제를 해결해주는 요긴한 제품이 될 수 있다.

'절차 줄여주기'는 B2B시장에서 특히 중요하다. 다시 하드록 공업의 이야기로 돌아가보자. 이 회사가 처음부터 볼트와 너트를 만든 것은 아니었다. 창업 초기에는 프라이팬을 만들어 팔았다. 물론 단순한 프라이팬은 아니었다. 일반 프라이팬보다 5배 더 빨리 계란말이를 만들 수 있는 프라이팬이었다.

일본 사람들은 계란말이를 즐겨 먹는다. 그 속에 명란젓이나 치즈 또는 다양한 재료를 넣는 것이 특징이다. 음식점들은 이것을 부지런히 만들어 반찬이나 술안주 등으로 내놓는다. 그런데 손님이 몰리면 주방이 정신없이 바빠진다. 계란말이는 생각보다 만드는 절차가 복잡하다. 여러 번 뒤집고 말아야 하기에 계란말이 만드는 속도가 여간해선 붙지 않는다. 음식점 주인이나 주방 입장에서 보면 곤란한 일이다. 이런 복잡성을 대폭 줄여준 제품을 와카바야시 사장이 개발했다. 복잡하게 계란말이를 만들어야 했던 음식점 주인과 주방장에게 단비와도 같은 제품이었다. 이 회사는 2년 동안 매일 이 제품을 5,000개씩 팔았다.

고객의 고통을 줄여주는 것만큼이나 고객의 즐거움을 찾아내는 것도 중요하다. 고객이 무엇에 즐거워하는지 알아내면 새로운 비즈니스의 맥을 찾을 수 있다. 빙그레의 바나나맛 우유가 그런 예다. 이 우유는 가공우유 시장에서는 누구도 넘볼 수 없는 1등 브랜드다. 바나나맛 우유는 1970년대 정부의 우유 소비 장려책에 힘입어 탄생했다. 한국인은 체질상 흰 우유를 잘 소화시키지 못한다.

그러다 보니 우유소비가 늘지 않았다. 그래서 개발된 것이 초코맛과 딸기맛 우유다. 그런데 시장이 별 반응을 보이지 않았다.

그러던 차에 빙그레 내부에서 바나나맛 우유를 만들자는 아이디어가 나왔다. 당시만 해도 바나나는 우리 국민들이 가장 먹고 싶어하는 비싸고 귀한 과일이었다. 우유 용기도 항아리 모양으로 만들어 넉넉함을 강조했다. 이렇게 출시된 바나나맛 우유는 큰 인기를 끌었다. 어떻게 이런 성공이 가능했을까? 한국인이 즐거워하는 것을 찾아 제공했기 때문이다.

삼양라면에서 출시한 '쇠고기면'도 비슷한 경우다. 삼양라면은 1963년 한국 최초의 라면을 출시했는데 이때는 닭고기 국물맛을 내는 스프를 사용했다. 그러다 1970년에 나온 제품이 쇠고기면이었다. 이 라면으로 삼양은 라면 업계에서 독보적 위치를 점하게 된다. 이유는 '쇠고기'에 있었다. 당시 쇠고기는 한국인들에게 최상의 음식이었다. "쇠고기를 먹는 날은 생일날"이라는 우스갯소리가 있을 정도였다. 바로 이런 즐거움을 반영한 제품이 쇠고기면이었다.

수익 모델에서
단서 찾기 ▶

아웃사이드 인 방식으로 비즈니스 단서를 찾는 두 번째 방법은 수익을 통해 찾는 것이다. 경기도 김포시에는 유산균 제품 생산 기업 쎌바이오텍Cellbiotech이 자리 잡고 있다. 유산균 제품 생산에서 세계 5위 업체이며, 유산균 강국인 덴마크에서는 시장점유율 1위인 기업이다. 이 회사가 만드는 유산균은 '프로바이오틱스Probiotics'라는 것이다. 보통의 유산균은 위에서 위산과 담즙의 공격을 받아 다 죽는다. 하지만 프로바이오틱스는 위에서 살아남아 장까지 가는 것은 물론이고, 살아 있는 균이 1억 마리가 넘는다.

쎌바이오텍의 놀라운 성장은 정명준 대표의 이력과 관련이 있다. 그는 대학에서 생물학을 전공했고 대학원에서는 미생물학을 공부했다. 그런데 비즈니스는 전혀 엉뚱한 계기로 시작되었다. 그는 대학원을 마치고 한 식품업체에 취직해 10년을 재직했다. 그러다가 회사에서 그를 덴마크로 유학을 보내주었다.

덴마크에 간 그는 큰 충격을 받았다. 세계적 유산균 기업인 크리스찬 한센Christian Hansen과 3개월 동안 공동연구를 했는데 본사가 대단하더란다. 건물의 화려함은 둘째 치더라도, 2층에 뷔페식당이 있어 사람들이 와인을 마시며 식사를 하고 있었다. 자신이 다니는 회사에서는 3교대로 죽어라 일해도 남는 이윤이 없는데 이 회사는 도대체 무엇을 팔기에 이렇게 돈을 많이 버는지 호기심이 생겼다. 비밀은 유산균에 있었다.

자신이 다니는 회사가 만드는 제품은 1킬로그램에 1달러 남짓 이윤을 낸다. 그런데 이 회사의 유산균은 1킬로그램에 400달러 이윤을 냈다. 여기서 충격을 받은 그는 유산균 사업을 하기로 마음 먹는다.[40] 쎌바이오텍 같은 회사가 바로 수익 모델에서 단서를 잡아 비즈니스를 시작한 경우다.

반도체, 디스플레이, 스마트폰, 2차전지 등의 가공에 필요한 각종 화학소재를 만드는 솔브레인Soulbrain이라는 기업도 비슷하다. 매출이 5,000억 원을 훌쩍 넘는 중견기업이다. 이 회사의 대표는 화학공학을 전공한 후 잠시 직장생활을 하다가 무역업체를 차려 독립했다. 일본 기업의 반도체 가공용 화학소재를 주로 수입하는 업체였는데, 여기서 남는 이윤이 원가의 수십 배가 넘는 것을 보고 큰 자극을 받았다. 그때부터 무역업을 접고 화학소재를 생산하는 비즈니스를 시작했다.

경쟁자에 의해 이미 검증된 사업에 도전하는 것도 수익 모델에 기초한 비즈니스 단서 찾기의 한 방식이다. 최근 한국의 기업들도 바이오시밀러biosimilar 사업에 눈을 뜨고 있다. 바이오시밀러는 전통적 제약업에서의 복제약 사업과 유사하지만 화학적 제법이 아닌 생물학적 제법을 활용한다는 점이 다르다. 한국에서 바이오시밀러 사업의 대표주자는 셀트리온Celltrion이다.

사실 이 사업이 가능한 것은 전 세계적으로 주요 바이오시밀러 제품의 특허권이 만료된 덕분이다. 유방암에 효과가 좋은 허셉틴Herceptin이라는 약과 대장암에 사용되는 얼비툭스Erbitux라는 약은 매년 1조 원 이상 팔리는 의약품이다. 이런 제품들의 특허가 만료를 눈앞에 두고 있으며, 이 시장에 진입하기 위해 전 세계 기업들이 각축을 벌이고 있다. 이미 검증된 수익을 보고 뛰어드는 것이다.

수요가 왕성한 곳은 수익이 보장될 가능성 또한 높다. 따라서 이런 곳을 항상 주목할 필요가 있다. 해삼을 가장 많이 소비하는 국가는 중국이다. 한 해 보통 120만 톤을 소비하는 것으로 알려져 있다. 대량소비가 일어나는 이런 분야는 반드시 눈여겨보아야 한다. 대량소비가 이루어지기 때문에 한두 곳의 업체가 수요를 장악할 수 없다. 고객이 요구하는 품질과 물량을 맞출 수만 있으면 승산이 있는 것이다.

가치생성 모델에서 단서 찾기

인사이드 아웃 방식 역시 비즈니스 단서를 찾는 데 매우 유용하다. 이 방식을 사용하려면 우선 자신의 가치생성 모델을 잘 살펴야 한다. 자사가 확보한 기술이나 프로세스 또는 핵심역량이나 파트너십을 활용하면 새로운 비즈니스를 개척할 수 있다.

세계적 필름업체 코닥이 파산보호를 신청하면서 전 세계를 경악시켰다. 그런데 같은 필름업계의 후지필름은 살아남아 오히려 과거 못지않은 전성기를 누리고 있다. 후지필름의 전체 매출에서 필름이 차지하는 비중은 채 1%도 되지 않는다. 완전히 새로운 비즈니스가 후지필름의 매출액을 새롭게 구성하고 있다.

사업 다각화의 단서는 필름 관련 기술에 있었다. 필름 개발에 필요한 20만 점의 화학물질을 이용해 후지필름은 제약 및 화장품 사업에 진출했다. 필름의 핵심재료인 콜라겐을 활용해 화장품 사업에 진출했고, 사진 변색을 막기 위해 개발된 항산화 물질은 피부 노화방지제로 바뀌었다. 필름은 투명성과 얇은 두께 그리고 균일한 표면을 유지해야 하는 기술이 필요한데, 이를 활용해 LCD패널 소재를 개발하는 데 성공했다. 또한 필름기술과 디지털 광학 기술을 접목해 의료진단기기 사업에도 진출했다.

그렇다고 해서 후지필름이 이들 사업에 쉽게 진출했던 것은 아니다. 수십 년간 카메라 필름 시장에만 머물러 있던 임원들은 디지털카메라로 새로운 승부수를 던져야 한다고 주장했다. 하지만 CEO 고모리 시게타카古森重隆는 그런 제안에 침묵했다. 이미 이 시장은 소니, 니콘, 캐논, 미놀타 등 글로벌 일본 기업들이 장악하고 있었기 때문이다.

판단이 서지 않자 고모리 회장은 엔지니어들을 만나기 시작했다. 이들의 생각은 달랐다. 후지필름의 고유 기술을 활용하면 새로운 가능성이 열릴 수 있다는 제안이었다. 이들에게서 아이디어를 얻으면서 차세대 투자와 시장 가능성에 대한 연구가 동시에 진행되었다. 이렇게 해서 2005년 후지필름은 평판 디스플레이, 의료장비, 제약, 화장품 등에 대한 투자를 결행하게 된다. 이들 사업은 모두 자신들이 강점을 지닌 카메라 필름 제조기술을 바탕으로 하고 있었다.

후지필름은 구조조정도 단행했다. 이런 노력이 결실을 보여, 저물어가던 후지필름의 경영성과가 흑자로 돌아섰다. 이 과정에서 공격적 인수합병도 있었다. 필름 기술을 화장품과 의료장비 기술에 응용하기 위해 핵심기술을 보유한 기업들을 사들였다. 일본의 유수 제약회사 도야마富山 화학을 인수했고, 세계 2위 제약사인 독일 머크Merck의 자회사 두 곳도 사들였다. 미국의 초음파 진단장비 제조업체인 소노사이트SonoSite와도 합병했다.[41]

3M은 일찍부터 후지필름이 보여준 방식으로 새로운 비즈니스를 열어온 기업이다. 자신들이 가진 역량을 최대한 활용해 새로운 비즈니스를 여는 데 가히 세계 최고 수준이다. 이런 전략을 구사할 수 있는 것은 과거의 경험 덕분이다. 3M은 설립 초기에 실패한 경험이 있다. 3M은 광산에서 강옥을 채취하는 것으로 비즈니스를 시작했다. 붉은색 강옥을 루비라 하고 다른 색이 나는 것을 사파이어라 한다. 이 강옥을 채취하는 광산업에 매진하다 도산한 것이었다. 그러다 3M은 연마재로 다시 일어섰다.

이 과정에서 3M은 비즈니스 원리 하나를 깨달았다. 절대 한 가지 사업에 목을 매서는 안 된다는 점이었다. 그때부터 3M은 시장이 원하면 어떤 제품도 개발해내는 혁신기업으로 변모했다. 그렇다고 이것저것 아무것이나 개발한다는 의미는 아니다. 자신들이 가장 잘 아는 분야에서 승부했다. 이것이 지금까지 이어진 3M의 전통이다.

이 회사에서는 부침이란 것을 찾아볼 수 없다. 너무나도 많은 제품이 돈을 벌고 또 매년 새로운 비즈니스 거리가 만들어지고 있기 때문이다. 그래서 이 회사의 진짜 정체가 무엇인지 아는 사람은 많지 않다. 이들이 관여하고 있는 비즈니스 분야만 60여 개가 넘는다. 소비재뿐만 아니라 산업재, 그리고 우주, 병원, 자동차, 보안, 군수 등 다루지 않는 분야가 없다. 무엇이 주력이라 말하기가 어려울 정도다. 이들 중 어떤 것들은 경기에 민감하지만 어떤 것들은 둔감하다. 이런 조화가 있으니 망할 수가 없다. 어떤 의미에서 보면 완벽한 비즈니스 포트폴리오를 지닌 회사다.

이 기업이 자랑하는 핵심 가치생성 모델은 구성원들의 창의성을 자극하는 시스템이다. 이를 만들기 위해 이 회사는 구성원들에게 각자의 재량을 마음껏 발휘할 기회를 제공하고 있다. 15% 룰이 그것이다. 업무시간의 15%는 기존 업무에서 벗어나 자유롭게 생각해보라는 취지의 제도다. 그렇다고 이것을 강요하지는 않는다. 이 룰을 지키는 사람도 있고 지키지 않는 사람도 있다. 이 제도가 갖는 의미는 개인의 자유와 재량이다. 아이디어가 있으면 무엇이든 시도해보라는 메시지다.

3M이 이것만큼 중요하게 생각하는 것이 또 있다. 다른 사람들과의 연결을 맺어주는 사내 시스템이다. 아이디어란 무작정 짜

낸다고 나오는 게 아니다. 업무적으로 전혀 관계가 없는 사람들과의 이야기를 통해서 별안간 새로운 생각이 떠오를 수도 있다. 3M은 이것을 자극할 줄 안다.

3M이 60년을 한결같이 운영해온 '기술포럼'이 이런 이유로 마련되었다. 약 1만여 명에 해당하는 3M의 연구개발 인력들은 매년 9월 미국 본사에 모여 자신들이 진행 중인 연구와 개발 중인 제품을 발표한다. 평균 3,000여 명이 참석한다. 이런 행사가 중요한 이유는 이 자리를 통해 다양한 기술과 제품이 융합되기 때문이다. 기술포럼은 또 다른 효과도 있다. 누가 어떤 기술을 가지고 있는지 알게 해준다. 연구를 하다 보면 필요한 기술이 막혀 진도를 나가지 못하는 경우가 있다. 이럴 때 누가 어떤 기술을 가지고 있는지 아는 것이 매우 중요하다. 이런 정보를 공유하자는 것이 이 포럼의 또 다른 목표다.

그런데 3M이 이런 방식을 잠시 접은 적이 있었다. GE 출신 제임스 맥너니James McNerney가 CEO로 영입되었을 때다. 그는 GE에서 배운 '식스 시그마' 기법을 전사적으로 도입했다. 그 결과 영업이익이 연평균 22%씩 올라갔다. 하지만 이런 조치로 3M의 도전정신은 약해지기 시작했다. 후임으로 새로운 CEO 조지 버클리George Buckley가 부임했다. 그는 3M의 정신은 낭비를 줄이는 효율적 기업을 만드는 것이 아니라 지속적으로 혁신하면서 진화하는 기업을 만드는 것에 있다고 생각했다. 이런 판단이 서자 그는 과거의

3M으로 회귀했다.

후지필름이나 3M의 방식을 플랫폼 비즈니스platform business 전략이라고도 한다. 플랫폼 비즈니스란 한곳에서 여러 갈래의 비즈니스가 파생되는 것을 말한다. 전국 곳곳으로 가는 기차가 서울역에서 갈라지는 것처럼 말이다. 이 경우 서울역이 플랫폼이 된다. 플랫폼 비즈니스는 인터넷 사업에서 잘 드러난다. 페이스북이 대표적인 플랫폼이다. 이곳을 중심으로 다양한 비즈니스, 예컨대 게임 및 전자상거래 비즈니스가 만들어진다. 3M은 사업 초기부터 플랫폼 비즈니스를 시작한 곳이고, 후지필름은 필름 사업이 어려워지면서 플랫폼 비즈니스로 전환한 경우다.

비용 모델에서 단서 찾기

비용 모델에서 단서를 찾아 비즈니스를 시작하는 것도 인사이드 아웃 방식의 또 다른 모습이다. 저렴하게 무언가를 조달할 수 있거나 만들 수 있다면 이것은 강력한 비즈니스 기회가 된다. 최근 중국과 일본의 기업들은 외화대출 시장의 큰손으로 두각을 나타내고 있다. 한국의 은행들은 외화대출을 리보금리에 80~90bp(1bp=0.01%p)를 더해 자금을 빌려주지만 일본계나 중국계는 이보다 낮은 65~70bp만 더한 금리를 제안하고 있다. 가산금리가 한국의 은행들에 비해

15~20bp 낮을 뿐 아니라 한 번에 빌려주는 자금도 수백만 달러에서 수천만 달러에 이른다. 이들이 이렇게 할 수 있는 것은 상대적으로 저렴한 외화자금을 조달할 수 있기 때문이다.

의류 아웃렛 사업 역시 비용 모델에 기초한 비즈니스라 할 수 있다. 의류 분야는 재고가 매우 많은 업종이다. 시장을 예측하기가 쉽지 않을 뿐 아니라 소비자들 취향도 빠르게 바뀐다. 이런 이유로 생기는 재고를 처리하는 비즈니스 중의 하나가 아웃렛 사업이다. 미국에는 이런 재고의류만 전담 처리하는 업체가 따로 있다. 의류 및 생활잡화를 판매하는 대형할인점 티제이맥스TJ Maxx가 그런 곳이다. 이곳은 다양한 브랜드의 제품을 판매하는데, 명품도 포함되어 있다. 모든 상품을 원래 정가의 50%로 판다. 잘만 하면 최고 명품 의류를 50% 가격에 살 수 있다는 이야기다.

고급 의류가 첫선을 보이는 곳은 백화점이다. 이곳에서 정가로 팔리다가 세일을 하면 20~30% 정도 싸진다. 여기서도 소진되지 못한 옷은 아웃렛으로 넘어간다. 1차 아웃렛으로 넘어가면 보통 정가의 30~50%에 팔리고, 2차 아웃렛으로 넘어가면 50~80%에 팔리며, 3차 아웃렛까지 가면 정가의 80~90% 수준으로 값이 떨어진다. 아웃렛 비즈니스가 성립하는 방식이다. 비용 모델에 기초하는 대표적 비즈니스다.

일본 치간칫솔 업계의 최강자인 덴탈프로는 가격을 대폭 낮추는 방법으로 이 시장을 개척할 수 있었다. 이 기업이 진입 당시

이 시장에는 존슨앤존슨이나 가오 같은 막강한 기업이 자리를 잡고 있었다. 이들을 따라잡기가 결코 쉽지 않았다. 그래서 생각한 것이 가격이었다. 그러나 가격을 무작정 내릴 수는 없었다. 가격파괴의 단서를 공정 개선에서 찾아냈다. 당시 치간칫솔은 대부분 사람 손에 의한 수작업으로 만들어졌다. 그러다 보니 제품의 균일도가 떨어졌고 비용도 많이 들었다. 이런 문제를 해결하기 위해 자동화를 시도했다. 그렇게 가격을 기존의 3분의 1 수준으로 대폭 낮출 수 있었다. 이를 무기로 치과의사들을 공략하면서 성공적인 시장진입을 할 수 있었다.

매우 저렴한 원자재나 재료를 취득할 수 있다면 그것도 비즈니스 기회를 준다. 아미팜Amipharm이라는 회사가 재미있는 제품을 개발했다. 버려지던 돼지털을 활용해 농업용 고품질 아미노산 영양제를 만들었다. 이 제품을 몽골에 수출하고 있다.

새로운 비즈니스를 찾을 때 주의할 점

Q | 아웃사이드 인 방식과 인사이드 아웃 방식으로 새로운 비즈니스를 찾을 때 어떤 점을 주의해야 하는가?

A | 이 두 가지는 성격이 매우 다른 접근방식이다. 그만큼 단점과 장점도 상이하다. 아웃사이드 인 방식은 수요를 확인한 후 새로운 비즈니스를 시도하는 방법이다. 그렇기 때문에 수요 부족으로 인한 실패 확률이 낮다. 하지만 새로운 제품이나 서비스를 제공하기 위한 가치생성 역량을 처음부터 구축해야 한다는 단점이 있다. 인사이드 아웃은 그 반대다. 가치생성 역량을 새롭게 만들 필요가 없이 기존의 것을 활용할 수 있다는 측면에서 수월하다. 그러나 자칫 고객이 없는 비즈니스를 만들어낼 소지가 있다. 이 두 방법을 결합하는 것이 매우 중요하다.

'아웃사이드 인'과
'인사이드 아웃' 전략의 장단점

비즈니스를 시작할 경우 인사이드 아웃 전략과 아웃사이드 인 전략의 장단점을 정확히 알고 있어야 한다. 아웃사이드 인과 인사이드 아웃, 둘 중 어느 쪽이 더 유리할까? 둘 다 장단점이 있다. 아웃사이드 인은 고객을 정확하게 알고 시작하거나 이들을 확보하고 시작한다는 점에서 매우 유리하다. 판로 가능성이 높은 비즈니스를 시작할 수 있다는 장점이 있다. 하지만 결정적 단점이 있다. 새로운 서비스나 제품 생산을 위해 필요한 기술이나 생산역량과 같은 비즈니스의 가치생성 모델을 확보하기가 만만치 않다.

소니가 어려움을 겪은 이유는 여러 가지이지만 그 중의 하나가 사업이 될 만한 분야에서 가치생성 모델을 조기에 확보하지 못했기 때문이다. 소니에 새로운 CEO 이데이 노부유키가 취임했다. 그는 취임하면서 인터넷과 소니의 다양한 전자기술을 연계하는 디지털 드림 키츠Digital Dream Kits 전략을 제시했다. 인터넷 열풍이 불고 있던 흐름을 비교적 정확히 반영한 전략이었다. 문제는 소니가 이것을 실행할 역량이 없었다는 점이다. 소니는 전자기술에는 밝았지만 인터넷 기반 기술에는 취약했다. 이것을 단기간에 따라잡기가 쉽지 않았다. 결국 내부에서 커다란 반발이 일어났고 이 과정에서 이데이는 물러나야 했다. 아웃사이드 인 전략은 이런 난제가 있다.

인사이드 아웃의 장점은 아웃사이드 인의 반대다. 회사가 익히 아는 기술을 활용하다 보니 별도의 노력을 통해 기술을 개발해야 하는 필요성이 줄어든다. 그만큼 수월하다. 하지만 단점도 있다. 고객에 대해 무심할 수 있다.

머큐리Mercury는 미국에서 산업용 온도계의 선두 기업이다. 이 기업이 성장정체 국면을 맞았다. 타개책으로 인접 분야인 가정용 온도계 시장에 진출하기로 했다. 까다로운 산업용 온도계를 만드는 능력이 있으니 가정용 온도계 정도는 쉬워 보였기 때문이다.

하지만 이 사업은 3년 동안 적자만 냈고, 결국 머큐리는 시장에서 철수하고 말았다. 고객을 몰랐기 때문이다. 가정용 온도계를 그저 산업용의 아류정도로 본 것이 패인이었다. 산업용 온도계를 만들기 위해서는 높은 수준의 연구개발력이 있어야 한다. 1,000도를 넘는 온도를 견디거나 100분의 1도까지도 측정할 수 있는 정밀도가 필요하기 때문이다. 하지만 가정용은 이런 것을 필요로 하지 않았다. 소비자에게 어필할 디자인과 손쉽게 손이 갈 정도의 저렴한 가격이 더 중요했다. 가정용 온도계는 산업용처럼 가정에서 반드시 구비해야 하는 제품이 아니다. 그럼에도 선택받기 위해서는 고객에게 매력적으로 다가갈 필요가 있었다. 안타깝게도 이 기업은 이런 마인드를 갖추지 못했다.

인사이드 아웃 방식에는 약점이 하나 더 있다. 수요가 없는 불필요한 기술을 개발할 가능성이다. 일반적으로 연구개발자들은 연구실 바깥의 세상과 단절되어 있다. 특히 고객과의 연계가 취약하다. 그러다 보니 연구를 위한 연구로 불필요한 기술을 개발하는 경우가 많다.

세계 최대의 제약회사 중 하나인 화이자Pfizer에는 7,000~8,000명의 연구인력이 포진해 있다. 그렇다고 이 기업이 언제나 혁신적 제품만 내놓는 것은 아니다. 오히려 이런 대규모 연구인력은 'NIHNot Invented Here 증후군'을 종종 겪게 된다. 연구매너리즘에 빠져 시장에서 통할 수 있는 신제품을 개발하지 못하는 현상이다. 미국 식약청FDA에 따르면 제약업계에서 승인된 신약의 60%가 중소 규모 벤처기업에서 개발되었다고 한다. 이것을 다른 의미로 해석해보면 대규모 연구인력을 가진 기업들이 생각보다 시장친화적 연구를 못한다는 말이다. 연구력이 떨어져서가 아니라 쓸모없는 연구를 많이 해서 그렇다.

일본에는 세계 최고 수준의 시스템 반도체 기업이 있다. 르네사스Renesas Technology다. 이 회사는 한국의 반도체 기업들과의 진검승부를 위해 NEC와 히타치제작소日立製作所 그리고 미쓰비시전기三菱電機 등 일본의 주요 반도체 업체가 힘을 합쳐 비메모리 부문만 따로 떼어내 설립한 곳이다. 일본이 한국을 따라잡기 위해 만든 회심의 작품인 셈이다.

그런데 이 회사가 고전을 면치 못하고 있다. 설립 이후 한 번도 흑자를 내본 적이 없을 정도다. 그 원인 중 하나로 너무 높은 품질이 지적된다. 비메모리반도체는 다양한 용도로 사용되지만 그 수명주기가 매우 짧다. 길어야 3~4년이 고작인데, 이는 PC나 스마트폰의 수명주기가 그만큼 짧아서다. 하지만 이 회사는 적어도 10년 동안은 품질에 아무 문제가 없는 고품질의 반도체를 만들어냈다. 당연히 제조원가가 높아졌다. B2B 시장에서는 품질이 아무리 좋아도 가격이 올라가면 문제가 생긴다. 거래처들이 이를 반기지 않는다. 그렇게 르네사스는 침몰해갔다.[42]

또 다른 위험은 그저 연구만 하고 활용할 생각은 못하는 것이다. 제록스는 연구개발 성과 측면에서 전 세계를 통틀어 가장 앞서나가는 회사다. 이곳의 팔로알토연구소는 최고의 연구자와 엔지니어 그리고 프로그래머가 모여 기술을 완성하는 곳이다. 마우스로 조작하는 PC도 이곳에서 처음으로 선보였다. 오늘날 마이크로소프트를 먹여살리는 PC 운영체제인 윈도우도 이곳 작품이다. 스티브 잡스가 매킨토시를 만들 수 있게 된 것도 이곳 팔로알토연구소를 방문해 얻은 수많은 아이디어들 덕분이었다.

그런데 제록스는 이런 높은 기술력을 가지고서도 시장을 주도하지 못했다. 개발된 기술을 비즈니스와 연계하는 능력이 없었기 때문이다. 제록스는 그저 복사기에만 신경을 썼다. 아무도 팔로알토연구소에서 세상을 바꾸는 기술이 탄생하고 있음을 알지 못했고 또 관심도 없었다.

한국과 일본의 차이 ⟶

재미 삼아 이런 질문을 던져보자. 비즈니스 관점에서 한국과 일본의 차이는 무엇일까? 다양한 시각에서 답을 찾아볼 수 있지만 나는 일본은 인사이드 아웃 전략에 능하고 한국은 아웃사이드 인 전략에 능하다고 생각한다. 물론 상대적인 이야기다.

인사이드 아웃 전략에 강해지려면 먼저 기본이 튼튼해야 한다. 치밀한 계획도 핵심이다. 중간에 어떤 변화가 있어도 꿋꿋이 밀고 나가는 추진력도 필요하다. 이런 점에서 일본은 엄청난 역량이 있다. 교육 분야만 들여다봐도 그렇다. 일본의 교육은 기본에 충실하다. 일본식 교육은 대충 빨리빨리 하고 넘어가는 게 없다. 기초가 다져지지 않은 채 이루어지는 선행학습이란 것도 없다. 수영을 가르칠 때도 그렇다. 이 사람들은 6개월 동안 물에 뜨는 연습만 시킨다. 피아노를 배워도 기초인 바이엘만 2년을 가르친다. 아마 한국에서 이런 일이 벌어지면 학부모들이 난리를 칠 것이다. 일본 사람들은 무슨 일이든 치밀하게 계획해서 추진하기를 좋아한다.

일본 드라마의 대부분이 사전 제작되는 이유가 여기에 있다. 일단 대본이 나오면 그것을 끝까지 고수한다. 그래서 수미완결성이 매우 높다. 일본인들은 한번 정한 틀에서 절대 벗어나지 않는 특징을 가지고 있기 때문이다. 일본과 일본 사람들을 보고 있으면 마치 규칙 속에서 일사불란하게 움직이는 오케스트라와 그 연주단원처럼 보인다. 지진이 발생해서 정부가 속 터지게 일처리를 해도 꾹 참는다. 규칙은 지켜야 한다고 생각하고 이를 넘어서는 요구는 절대 하지 않기 때문이다.

바로 이런 속성이 일본인으로 하여금 인사이드 아웃 전략에 능하도록 만들었다. 자신들이 논의하고 결정한 것은 어떤 상황이 되어도 끝까지 밀고 나가는 정신을 갖게 된 것이다. 이런 힘이 기술의 일본을 낳았다. 이것이 모노즈쿠리 정신이다. 이 정신에 철두철미한 일본 기업들은 아무리 작은 기술도 허투루 다루지 않는다. 도의 경지에 이를 때까지 다듬고 또 다듬는다. 이런 자세를 바탕으로 일본의 중소기업은 세계 최강이 될 수 있었다. 직원이 5~6명뿐이고 이들의 학력이 초·중·고교 졸업 정도인데도 세상이 이 기업들을 함부로 대하지 못한다. 이곳의 부품이나 기술이 없으면 제품 생산이 불가능해지기 때문이다.

반면 한국은 아웃사이드 인 전략에 능하다. 아웃사이드 인 전략의 핵심은 세상이 바뀌면 자신도 따라서 바뀌는 능력이다. 한국의 문화적 속성으로 흔히 알려진 '빨리빨리'도 따지고 보면 이런 전략의 일환이다. 한국의 교육현장은 끊임없는 변화의 소용돌이 속에 있다. 1954년부터 시작된 제1차 교육과정 개편이 1997년에 이르러 7차 교육과정 개편으로 이어졌다. 그리고 2007년에 또다시 개편되었다. 53년 동안 무려 여덟 차례 대대적 개편이 있었으니,

7년도 안 되는 주기로 교육방침이 계속 변경된 셈이다. 세계에서 가장 빠른 변화다.

학원을 고를 때도 우리는 기초를 단단히 다지는 곳보다는 '속성반'을 좋아한다. 빨리빨리 앞으로 나아가야 직성이 풀린다. 드라마를 만들어도 우리는 대본이 수시로 바뀐다. 시청자들이 아우성을 치면 그에 따라 또 시나리오가 바뀐다. 종영이 예정된 드라마도 시청자가 더 해달라고 하면 연장된다. 물론 반대로 조기에 종영되기도 한다. 그러다 보니 쪽대본으로 촬영하는 게 일반적이다. 한국인은 질서정연하게 움직이는 오케스트라식 구조를 별로 좋아하지 않는다. 그보다는 재즈 성향이 강하다. 한국의 사물놀이나 창은 모두 관중과 함께하는 재즈형 구조다. 규칙이 없지는 않지만 규칙에 얽매이지 않는 특징을 띤다.

이런 특성은 한국 기업들로 하여금 아웃사이드 인 전략에 능하게 만들어주었다. 한국 기업에서는 이미 완성되어 실용화를 앞둔 기술도 상황이 바뀌면 포기하고 시장에서 떠오르는 신기술로 옮겨 타는 일이 잦다. 삼성전자는 엄청난 돈을 들여 '바다'라는 스마트폰 운영체제를 개발했다. 그런데 이것을 순식간에 버리고 안드로이드로 갈아탔다. 바다라는 운영체제로는 세계 스마트폰 시장에 진입하기 어렵다고 판단한 것이다.

아웃사이드 인과 인사이드 아웃, 둘 중 어느 쪽이 더 유리하다고 한마디로 말하기는 어렵다. 아웃사이드 인은 고객지향적 특성이 강하고 인사이드 아웃은 기술지향적 특성이 강하다. 일본은 대체로 B2B 시장인 소재나 부품 산업에서 강하다. 이곳에서는 소비자들의 니즈 변화가 심하지 않기 때문이다. 비교적 안정적으로 긴 호흡을 가지고 비즈니스를 할 수 있다. 일본인들의 장점인 계획과 끈기가 작동가능한 분야다.

최종 소비자를 맞닥뜨리는 산업이나 제품 수명주기가 짧은 곳에서는 아웃사이드 인 전략이 더 유리하다. 최근 한국의 대기업들이 일본의 기업들을 제치기 시작한 이유가 바로 여기에 있다. 한국의 기업들은 시장 변화에 적응하는 생존능력이 빠르다. 상대적으로 일본 기업들은 이 점에서 느리다. 한국의 반도체 회사를 타도하겠다고 만든 일본의 시스템 반도체 회사인 르네사스가 어려워진 이유도 아웃사이드 인 전략이 효과적인 산업에서 인사이드 아웃 전략을 고수했기 때문이다. 비메모리 시장은 B2B의 특성을 지녔지만 최종제품의 수명주기가 워낙 짧아 B2C와 같은 산업특성이 두드러진 곳이었다.

인사이드 아웃과
아웃사이드 인 결합하기

인사이드 아웃과 아웃사이드 인 전략을 결합하면 실수를 최소화하면서 새로운 비즈니스를 열 수 있다. 독일의 헤라이우스Heraeus가 그렇게 한 회사다. 귀금속 제조에서 중개와 거래까지, 귀금속 시장의 트렌드를 이끌어 나가는 회사다. 1851년 설립 이래 160여 년 동안 귀금속 시장을 이끌어왔다.

이 회사는 새로운 비즈니스를 잘 개척한다. 척박한 귀금속 시장에서 살아남기 위해서다. 귀금속 시장은 겉으로 드러나는 화려함과 달리, 돈만 있으면 누구나 들어갈 수 있다. 진입장벽이 낮다는 말이다. 그리고 수익을 내는 핵심은 고가격이 아니라 대량으로 사고파는 박리다매에서 온다. 별로 마진이 없는 비즈니스다. 투기성이 강해 순식간에 엄청난 손실을 볼 위험도 도사리고 있다. 이러한 사업에서 살아남기 위해서는 귀금속만 도소매해서는 어렵다는 사실을 헤라이우스는 잘 알고 있었다.

어떻게 해야 안전하게 새로운 비즈니스를 만들어낼 수 있을까? 이 고민을 헤라이우스는 인사이드 아웃 전략과 아웃사이드 인 전략의 조합으로 해결했다. 이들은 새로운 시장으로 진입할 때 자신이 가지고 있지 않은 기술이나 역량을 쫓아가려 하지 않는다. 철저히 자신이 가장 잘하는 것에만 집중한다. 인사이드 아웃 전략에 철저하다. 그렇다고 자신들이 잘하는 것을 무조건 응용해 새로운 것을 만들어내지는 않는다. 자신들의 역량을 필요로 하는 다른 분야를 섬세하게 관찰하고 이들이 무엇을 필요로 하는지를 찾아낸다. 수요가 확실한 기술만 개발한다는 말이다. 아웃사이드 인 전략이다.

이 두 전략을 동시에 복합적으로 실행하기 위해 헤라이우스는 스스로를 '금과 은을 가장 잘 다루는 기업'으로 정의했다. 그리고 자신을 금과 은을 세계에서 가장 잘 다루는 '기술종합기업테크놀로지 콘체른'으로 변모시켰다. 이곳의 연구개발 모토는 고객이 필요로하는 핵심기술의 개발이다. 연구를 위한 연구는 절대 하지 않는다. 모든 연구개발 활동은 수익에 기여해야 한다.

헤라이우스가 자랑하는 기술이 있다. 은합성물을 만들어내는 기술이다. 은합성물은 귀금속 업자라면 누구나 만들 수 있다. 하지만 헤라이우스는 일반기술에 만족하지 않고, 수요가 많아지는 첨단기술에 관심을 돌렸다. 태양열 집열판에 특화된 은합성물을 개발한 것이다. 이런 식으로 이곳은 공업용 특수귀금속, 치과용 금제품, 의료용 귀금속 제품, 특수유리, 귀금속을 이용한 특수 광센서 개발 같은 분야에서 성과를 내고 있다. 머리카락 지름 5분의 1 정도의 마이크로칩용 황금전선도 개발했다. 휴대폰, 자동차, 인공위성, 입자가속기에 들어가는 부품도 만든다. 모두 수요가 있음을 확인하고 뛰어든 사업 분야다.

헤라이우스의 또 다른 특징은 연구개발비를 낭비하지 않는다는 점이다. 이곳의 연구개발비는 경쟁사의 절반도 안 된다. 매출액 대비 연구개발비가 2.4% 정도에 불과하다. 경쟁사인 벨기에 우미코어의 6.9%나 영국 존슨매티의 4.9%와 비교하면 매우 낮은 수준이다. 물론 특허 숫자도 그들보다 적다. 하지만 연구개발 성과가 낮아서라기보다는 자신이 강한 곳에서 그리고 수요자가 꼭 필요로 하는 기술만을 개발하기 때문이다. 그래서 이곳의 기술투자 대비 성과는 매우 좋다. 기업 매출의 20% 정도가 3년 이내에 출원한 특허에서 나오고 있다.[43]

인사이드 아웃과 아웃사이드 인을 결합하는 다른 방법이 있다. 경쟁사나 기존 제품의 약점을 공략하는 것이다. 경쟁자들은 다양한 기술로 새로운 제품이나 서비스를 내놓는다. 하지만 새로운 제품이나 서비스일수록 시장에서 성공하기는 쉽지 않다. 시장을 충분히 설득할 만큼 완벽한 제품이나 서비스 특성을 구현하지 못하는 경우가 많기 때문이다. 반면 이를 잘 공략하면 새로운 비즈니스가 열린다. 경쟁사의 신기술을 확인하고 진입한다는 측면에서 인사이드 아웃 전략 같은 효과를 낼 수 있다. 이 방식은 경쟁사에 의해 기술구현 가능성이 열린 만큼 개발에 따른 위험이 줄어든다는 장점도 있다.

그렇다고 경쟁사의 기술을 그대로 쫓아가면 위험하다. 아웃사이드 인 전략이 반드시 동반되어야 한다. 경쟁사 제품이 시장에서 어려움을 겪는 이유를 아는 것이 핵심이다. 소비자가 새로운 기술에 반응하지 않는 이유를 찾아내야 한다는 이야기다. 이런 방식으로 성공한 예를 아마존의 전자책 단말기 '킨들Kindle'에서 찾을 수 있다.

많은 사람들이 아마존이 세계에서 가장 먼저 전자책 단말기를 개발했을 것이라고 생각하지만 실제로는 그렇지 않다. 아마존 보다 소니가 먼저 개발했다. 소니는 이잉크E-ink라는 기술을 이용 해 세계 최초의 전자책 '리브리에Librie'를 출시했다. 6인치 스크린 에 500권을 담을 수 있고 무게는 300그램인 제품이었다. 소니는 이것이 자신들의 미래를 바꿔줄 혁신적 제품이라며 흥분했다. 하 지만 결과는 참담했다.

아마존이 유사한 제품인 킨들을 내놓은 것은 그로부터 3년이 지난 후였다. 아마존은 소니의 전자책 단말기인 리브리에를 철저 히 연구했다. 왜 이 제품이 실패했는지 꼼꼼히 분석했다. 그 결과 물이 바로 킨들이다. 이들은 소니의 약점인 콘텐츠 부족을 파고들 었다. 그리고 어떤 책이든 무선 인터넷으로 다운받을 수 있게 만들 었다. 가격도 권당 10달러 정도로 낮추어 경쟁력을 확보했다. 결과 는 대성공이었다. 이제 전자책 시장은 아마존이 선도하고 있다.

소비자의 니즈 변화, 어떻게 알 수 있나?

Q │ 소비자의 니즈와 니즈 변화는 어떻게 알 수 있는가?

A │ 사람들의 생활패턴을 이해하고 그 변화를 읽어내면 가능하다. 사람들은 고유한 생활패턴 속에서 살아간다. 따라서 이들이 자신들의 생활패턴에서 어떤 즐거움과 고통을 느끼며 살아가는지를 파악하면 이들의 니즈를 찾아낼 수 있다. 니즈 변화는 사람들의 생활패턴 변화와 밀접한 관련이 있다. 삶의 모습이 변하면 사람들의 즐거움과 고통의 패턴도 달라지기 때문이다. 이런 변화에 가장 큰 영향을 미치는 것이 인구통계 변화와 경기의 흐름이다. 사회적 변화를 읽기 위한 자신만의 노하우를 가지면 사람들의 니즈 변화를 감지할 수 있다.

사람들의 '삶'을 알아야
'비즈니스'가 보인다 ⟶

새로운 비즈니스의 맥을 찾아내려면 아웃사이드 인 또는 인사이드 아웃 전략을 사용해야 한다. 그런데 어느 경우라 하더라도 비즈니스의 기본은 고객에 있음을 잊지 말아야 한다. 모든 비즈니스는 사람들의 삶 속에서 성립한다. 사람들의 일상과 삶의 현장을 떠나서는 어떤 비즈니스도 할 수 없다. B2B 사업도 궁극적으로는 최종소비자들의 생활과 관련이 있다. 생활은 사람들의 즐거움과 고통을 담고 있는 그릇이다. 이를 읽을 수 있고 그 변화를 알아낼 수만 있다면 비즈니스의 단초는 이미 잡은 것이나 마찬가지다. 내가 이 책에서 사람들이 느끼는 즐거움과 고통을 일관되게 강조하는 이유다.

중국에서 새로운 비즈니스를 하려 할 때 비교적 가벼운 마음으로 건너가는 사람들이 많다. 중국도 우리와 대체로 비슷할 것이라는 막연한 생각을 지닌 사람들이다. 하지만 오산이다. 중국 소비자들의 생활패턴은 우리와 판이하게 다르다. 또한 지역적으로도 큰 차이가 있다. 주로 농업에 종사하는 내륙 지역과 상하이나 베이징 같은 대도시 소비자들의 생활패턴은 전혀 다르다. 이런 것들을 충분히 알고 시장에 진출해야 성공 가능성을 높일 수 있다.

내륙에 거주하는 사람들은 중국 제품을 선호하는 경향이 있다. 소득이 적어 가격에 민감한 탓도 있지만 애프터서비스를 제대로 받고 싶다는 마음이 작용해서다. 해외 유명 제품들이 품질과 내구성은 좋지만, 고장이 나면 서비스센터를 찾아 대도시까지 가는 수고를 해야 한다. 그래서 품질은 떨어져도 애프터서비스 망이 잘 갖춰진 중국산 제품을 선호한다.

언뜻 생각하면 중국 농촌 사람들은 쇼핑을 많이 하지 않을 것 같지만 알고 보면 씀씀이가 의외로 크다. 특히 원정소비가 많다. 혼자 하는 것이 아니라 마을 단위로 주민들이 함께 군을 이루어서 한다. 왜일까? 농촌 지역 상점에서는 다양한 종류의 물건을 만날 수 없기 때문이다. 그들은 다양한 물건이 비교적 잘 구비된 이웃의 지방도시로 원정 가기를 좋아한다.[44] 이 과정이 이들에게는 하나의 큰 즐거움이며 관광에 버금가는 여가활동이다. 즐거움이 바탕이 되는 소비는 그 규모가 클 수밖에 없다.

생활 속에서 경험하는 즐거움과 고통을 알아야 비즈니스가 열린다 ────▶

사람들이 생활하면서 경험하는 즐거움과 고통을 살펴보면 새로운 비즈니스의 영감을 얻을 수 있다. 제임스 다이슨James Dyson이라는 사람이 이런 점에서 탁월하다. 다이슨의 첫 작품은 진공청소기 안에 있는 먼지봉투를 없앤 것이었다. 이 생각을 사업으로 옮기기 위해 청소기 제조업체를 찾아다녔다. 하지만 아무도 다이슨의 말에

귀를 기울여주지 않았다. 먼지봉투를 없애는 것이 대수롭지 않다는 반응이었다.

그로부터 13년 뒤, 다이슨은 직접 청소기 회사를 세웠다. 회사명도 '다이슨'이다. 먼지봉투가 없는 '다이슨 청소기'는 출시 18개월 만에 영국 판매 1위를 차지했다. 다이슨이 내놓은 획기적인 제품이 또 있다. 127년간 전혀 디자인이 변하지 않았던 선풍기를 그가 바꾸었다. 바로 날개 없는 선풍기다.

그는 어떻게 이토록 놀라운 발상을 할 수 있었을까? 사람들의 삶 속에 내비치는 고통을 이해했기 때문이다. 사람들이 고통을 느낀다는 것은 이것을 해결해주는 제품이나 서비스를 살 의향이 있음을 의미한다.

먼지봉투가 없는 진공청소기를 만든 이유는 이렇다. 어느 날 진공청소기로 청소를 하는데 청소기 흡입력이 눈에 띄게 약해져 있었다. 특별히 고장 난 것도 아닌데 이런 일이 일어나자 이유가 궁금해졌다. 청소기를 분해해보니 먼지가 먼지봉투의 흡입구멍을 막고 있었다. 이것을 손으로 일일이 제거해주자 그제서야 청소기는 제대로 작동했다. 먼지봉투가 있는 한 매번 반복될 일이었다. 한참을 창고에 앉아 고민하다 먼지봉투가 없어도 되겠다는 생각에 이르렀다. 그렇게 해서 먼지봉투 없이 빠른 속도로 먼지를 회전시켜 걸러내는 장치를 개발했다.

그런데 이 제품이 팔린 진짜 이유는 따로 있었다. 겉으로 드러내지는 않았지만 주부들은 먼지봉투를 쓰는 청소기를 귀찮게 여기고 있었다. 청소를 한 다음 먼지봉투를 바꿔 끼우는 것은 주부들에게 고통이었다. 먼지가 풀풀 날리는 봉투를 꺼내 숨을 참아가며 갈아야 했다. 또 봉투가 떨어졌을 때 가게에 가서 사와야 하는 번거로움과 난감함도 큰 고통이었다. 다이슨의 진공청소기는 이런 고통을 말끔히 해결해주었다.

날개 없는 선풍기 역시 사람들의 삶을 세심히 관찰한 덕분에 탄생할 수 있었다. 사람들은 선풍기를 사면 선풍기 머리에 망을 씌운다. 아이들이 선풍기 안으로 손을 집어넣다가 다치는 것을 방지하기 위해서다. 그렇다고 모든 문제가 해결되지는 않는다. 아무리 망을 씌워놓아도 어린아이가 선풍기로 접근하면 부모는 극도로 신경을 쓴다. 사람들이 선풍기로 인해 고통받고 있다는 증거다. 다이슨은 이런 고통에 주목했다. 선풍기의 날개를 없애주면 해결할 수 있을 것 같았다. 그런 연구 끝에 나온 것이 다이슨 선풍기다. 다이슨 진공청소기나 선풍기 사업은 자신이든 남이든 사람들이 느끼는 고통을 찾아내 해결해주는 데서 출발한 비즈니스였다.

서비스업에 숨겨진
소비자들의 즐거움과 고통 ⟶

소비자들이 삶에서 느끼는 즐거움과 고통 이해하기는 비단 유통업이나 제조업에서만 중요한 문제가 아니다. 서비스업에서도 매우 중요하다. 보험업에서는 특히 그렇다. 소비자의 고통을 이해할 줄 알아야 보험 비즈니스가 가능하다.

　　일본 보험업계에서는 이런 마인드로 새로운 틈새시장을 끊임없이 만들어내고 있다. 스마트폰용 앱 개발자를 위한 보험상품과 만능줄기세포 기술을 위한 보험상품도 나왔다. 이들 상품이 나온 이유는 이렇다. 스마트폰이 본격적으로 보급되면서 스마트폰용 앱도 폭발적으로 늘기 시작했다. 문제는 앱으로 인한 사고에 개발자들이 무방비로 노출되고 있다는 점이었다. 그중 지적재산권 침해로 인한 분규가 가장 많이 일어났다. 다른 개발자가 먼저 개발한 것을 알지 못한 상태에서 앱을 개발할 경우 손해배상소송을 당할 수 있다. 개인정보 유출에 따른 위험도 있다. 앱을 사용한 사람들의 개인정보가 새나갈 경우 집단소송의 위험성도 있다. 또 기업용 앱을 개발하는 사람들의 경우 기업의 전산시스템과 앱이 충돌해 기업에 손해를 끼치는 일이 발생할 수도 있다. 이 모든 가능성이 앱 개발자들에게는 큰 골칫거리였다. 여기에 착안한 비즈니스가 앱 보험이다.

　　줄기세포를 개발하는 기업도 이와 유사한 위험성이 있다. 이런 기술들은 궁극적으로 사람을 대상으로 한 임상실험을 거쳐야 하는데, 결코 만만한 일이 아니다. 임상실험 도중 부작용이 발생하거나 심지어 사망하는 사고가 일어날 수도 있기 때문이다. 여기에

대비하자는 것이 바로 '만능줄기세포 기술 보험'이다.[45]

소비자들이 삶에서 느끼는 즐거움과 고통을 알면 의료 비즈니스에서도 큰 성공을 거둘 수 있다. 캐나다 온타리오 주에는 숄다이스Shouldice라는 병원이 있다. 탈장 수술만 전문으로 하는 병원이다. 이 병원의 병상 수는 100개 정도이고 전문의는 15명 정도에 불과하다. 그런데도 매년 8,000여 명의 환자가 전 세계에서 이곳으로 몰려든다. 병원 광고를 전혀 하지 않는데도 말이다. 환자들이 병원에서 느끼는 고통을 잘 알고 이것을 해결해주었기 때문이다.

북미 의료시장에서 환자들의 가장 큰 고통은 비용이다. 이 지역에서는 웬만한 수술 한 건에 엄청난 비용이 든다. 숄다이스는 바로 이 문제를 해결해주었다. 어떻게 그런 일이 가능했을까? 숄다이스에서는 한 의사가 수술 프로세스 전체를 맡지 않는다. 마치 공장의 컨베이어 시스템처럼, 의사들이 전문 분야별로 분업을 한다. 한 사람을 수술하는 데 여러 명의 의사가 번갈아가며 들어가는 방식이다. 덕분에 짧은 시간 동안 많은 사람을 수술하는 시스템이 가능해졌다. 수술시간이 대폭 줄어든 만큼 비용도 낮아졌다.

숄다이스의 비용 감축방안은 이것만이 아니다. 환자들이 수술실에 갈 때는 걸어서 들어간다. 바퀴 달린 침대에 눕혀 간호사 여러 명이 따라가는 데 드는 불필요한 비용을 줄이려는 의도다. 병원에서 느끼는 환자들의 또 다른 고통도 줄여주었다. 이 병원은 병원이라는 이미지에서 느껴지는 축 처진 분위기가 없다. 도처에서

풍기는 약냄새와 얼굴을 찡그린 환자들로 인해 병원 분위기는 대부분 무겁기 마련이다. 이것을 개선했다. 이 병원에서는 항상 즐거운 웃음소리가 터져 나온다. 레크리에이션 프로그램이 있어서다. 환자들은 병원식당에 모여 함께 식사를 한다. 공동 목욕탕이 있어 목욕도 함께한다. 이렇게 하자 퇴원한 환자들이 스스로 모임을 만들었다. 이 모임은 병원에 대한 입소문을 퍼뜨리는 창구 역할도 했다.

특히 게임 비즈니스에서는 게임을 하려는 사람들의 즐거움과 고통의 구조를 제대로 파악하는 것이 성공의 관건이다. 한국의 모바일 게임 '애니팡'이 성공한 비결도 이것이다. 애니팡은 동일한 동물 세 가지를 일렬 또는 수평으로 맞추면 점수가 올라가는 아주 단순한 게임이다. 이 게임이 폭발력을 갖는 이유 중 하나는 게임 속에 교묘하게 숨겨진 관계가 주는 즐거움이다. 이 게임을 하려면 하트가 필요하다. 그런데 처음에는 몇 개만 제공해준다. 게임을 더 하고 싶으면 하트를 구매하거나 일정 시간 기다려 하트를 다시 받아야 한다. 하지만 더 좋은 방법이 있다. 다른 사람들로부터 하트를 선물받는 것이다. 아는 사람들과의 교분이라는 즐거움을 이 게임이 제공한 것이다.

애니팡에 숨겨진 관계의 비밀은 또 있다. 카카오톡에 전화번호가 저장된 다른 사람들이 애니팡을 하면, 그 전체 순위가 나타나는 것이다. 게임이 종료되면 자신의 순위와 친구들의 순위를 알 수 있다. 경쟁심을 유발할 뿐 아니라, 아는 사람과 게임을 같이하고 있다는 즐거움도 주기 위한 장치다.

소비자를 단순히 개인에 한정 지을 필요는 없다. 국가도 소비자로서 고통을 느낀다. 페루 정부가 그런 고통을 겪고 있다. 가정마다 전자제품 소비가 늘어나면서 폐전자제품 처리가 골칫거리가 된 것이다. 얼마나 심각했으면 폐전자제품을 특정한 장소에만 버리도록 하는 법을 만들었을 정도다. 이뿐 아니다. 제조업체와 유통업자는 폐전자제품 처리계획을 제출해야 한다. 이런 일이 페루에서 벌어지는 이유는 폐전자제품으로 인한 사회문제 때문이다. 다른 시각에서 보면 폐기물 처리 및 재생과 관련한 분야에서 비즈니스 기회가 크다는 것을 의미한다.

비즈니스에 따른
소비자의 즐거움과 고통 이해하기 ⟶

사람들이 생활 속에서 어떤 즐거움과 고통을 느끼는지 제대로 이해하는 것이 비즈니스의 출발이다. 하지만 비즈니스의 성질에 따라 즐거움과 고통에 대한 반응이 조금씩 다르다. B2B 비즈니스는 고객의 즐거움보다 고통에 반응하는 속성이 있다. 이 고통은 앞에서도 살펴본 바와 같이 Q²CDAquantity, quality, cost, delivery, agility로 요약할 수 있다. 품질은 떨어지고, 비용은 높고, 적정량을 적기에 민첩하게 납품하지 못한다면 고객사는 고통에 시달리게 된다. 따라서 B2B 비즈니스에서는 이런 고통을 줄여주는 것이 핵심이다.

B2C 비즈니스는 B2B보다 조금 더 복잡한 상황에 놓여 있다. 저급한 품질과 높은 비용이 소비자의 고통을 만들어내는 것까지는 같다. 품질이 나쁘고 가격이 터무니없으면 소비자가 짜증을 내는 게 당연하다. 하지만 B2C 사업에서는 무조건 싸고 품질 좋은 제품만 파는 게 중요한 것이 아니다. 비록 가격이 비싸도 이것을 넘어서는 즐거움이 있다면 소비자들은 지갑을 연다. 명품이 그 예다. 명품이 주는 즐거움이 비싼 값으로 인한 고통을 참아낼 수 있게 하기 때문이다.

그러므로 사람들이 제품과 서비스별로 고통과 즐거움을 어떻게 다르게 느끼는지 아는 일은 매우 중요하다. 이를 보여주는 예시가 〈그림 13〉으로, 의류 비즈니스에서 고객들이 즐거움과 고통에 어떻게 반응하는지 살펴본 것이다.

의류 비즈니스에서 고객의 고통에 가장 민감하게 반응해야 하는 곳은 다른 업체에 납품해야 하는 OEM업체다. 이런 기업은 Q^2CDA로 요약되는 고객의 고통요소에 민감하게 반응할 줄 알아야 한다. 일반의류 제품은 가격과 품질이라는 고통요소에 민감할 필요가 있다. 무엇보다 가격이 저렴해야 한다. 이것이 전제되는 상태에서 품질이 일정 수준을 유지해야 한다. 물론 여기에 즐거움의 요소인 디자인이 추가되면 더욱 좋다. 하지만 품질과 디자인이 나

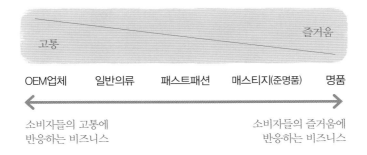

그림 13 의류 비즈니스 스펙트럼

고통   즐거움

OEM업체   일반의류   패스트패션   매스티지(준명품)   명품

소비자들의 고통에   소비자들의 즐거움에
반응하는 비즈니스   반응하는 비즈니스

아졌다는 이유로 가격이 오르면 소비자들로부터 외면받는다. 저개
발 국가나 온라인 쇼핑몰에서 의류업이 성공하기 위한 조건도 바
로 이런 것이다.

　패스트패션은 일반의류에 비해 즐거움의 요소가 더 크게 작
용한다. 자라나 H&M과 같은 패스트패션은 단순히 저렴하다는 이
유로 고객에게 선택받는 것이 아니다. 이런 제품을 살 때 사람들은
일반의류를 살 때와는 사뭇 다른 기분을 느낀다. 여기서 성공하려
면 우선 유행에 민감하거나 유행 자체를 선도하는 요소를 지녀야
한다. 패스트패션은 말 그대로 빠른 유행 때문에 존재하는 의류다.
따라서 소비자들이 매장을 더 자주 방문할 수 있도록 트렌드로 무
장한 즐거움을 줄 수 있어야 한다. 매장 인테리어도 백화점에 버
금가는 분위기로 연출할 필요가 있다. 그렇다고 가격이 너무 비싸
져 소비자의 고통을 유발할 정도가 되어선 안 된다. 일반의류보다

는 가격이 높을 수 있겠지만 그에 뒤지지 않는 가격경쟁력을 확보할수록 유리하다.

매스티지masstige, 준명품 의류는 소비자들이 고통보다는 즐거움에 반응하기 시작하는 지점이다. 명품보다는 저렴하지만 자신을 드러낼 정도의 비용은 감당할 수 있는 계층이 매스티지 의류의 주 소비자다. 따라서 명품에 버금가는 브랜드 명성과 디자인 품질이 뒷받침되어야 이 분야에서 성공할 수 있다. 이런 경우 가격은 패스트패션에 비해 상당히 높다. 하지만 가격이 브랜드가 주는 명성에 비해 너무 높다고 판단되면 소비자들은 돌아선다. 그만한 비용고통을 지불하고 살 만한 가치가 아니라고 생각하기 때문이다.

명품은 그야말로 소비자의 즐거움에 반응하는 비즈니스다. 명품은 소비자에 대해 강력한 지배적 거래관계를 유지하는 비즈니스다. 명품은 고객을 향해 고압적 태도를 유지하는 경우가 많다. 루이뷔통의 제품을 사기 위해 고객들은 가게 문밖에서 장시간 기다리는 수모를 당하곤 한다. 그것도 엄청난 가격을 지불하면서 말이다. 그럼에도 매달리는 이유는 이 제품을 사용하는 데 따른 즐거움이 더 크다고 생각하기 때문이다.

사람들의 즐거움과 고통은
항상 변한다 ━━━━▶

고객의 고통과 즐거움은 고정되어 있지 않다. 유기체처럼 끊임없이 변한다. 이런 변화가 극적으로 나타날 때도 있다. 새로운 경쟁자나 기술이 등장할 때다. 〈그림 13〉에서 패스트패션은 비교적 최근에 나타난 비즈니스 형태다. 이전에는 그 자리를 베네통이 차지하고 있었다. 하지만 베네통이 사계절 기획이라는 일반의류의 범주를 벗어나지 못할 때 자라와 H&M은 1~2개월 사이로 전개되는 빠른 트렌드를 무기로 패션업계의 일인자 베네통을 밀어냈다.

또한 새로운 기술이 등장해도 고객의 고통과 즐거움의 지도는 달라진다. 기술만으로 일반의류 시장을 흔든 기업이 있다. 바로 유니클로Uniqlo다. 유니클로의 제품은 비싸지 않다. 하지만 이곳은 자신만의 기술로 무장하고 있다. 히트텍Heat Tech 제품이 그런 예다. 얇은 옷이지만 입으면 겨울의 추위를 이겨낼 만큼 따뜻하다. 겨울이어도 맵시를 내기 위해서는 얇은 옷이 유리하다. 얇으면서도 따뜻하게 입을 수 있는 즐거움을 유니클로가 제공하면서 일약 유명 기업으로 발돋움할 수 있었다.

사회적 변화 속에서
새로운 비즈니스가 싹튼다 ➤

사람들의 즐거움과 고통은 사회적 분위기에 따라서도 달라진다. 이를 이해해야만 새로운 비즈니스에 대한 감각을 익힐 수 있다. 일본에는 HIS라는 관광레저그룹이 있다. 창립자는 사와다 히데오澤田秀雄로, 일본인의 존경을 한 몸에 받는 사람이다. 벤처기업의 3대 천왕이라는 별칭도 있다. 이 회사의 출발은 가격파괴형 항공권 판매사업이었다. 이 회사 덕분에 돈 없는 젊은이들의 반값 해외여행이 가능해졌다. 사와다 회장은 어떻게 이런 비즈니스를 시작할 수 있었을까?

그는 일본의 여행패턴이 변화하고 있음을 알았다. 일본은 아시아에서 가장 많은 국민을 해외로 내보내는 나라 중 하나다. 1960~1970년대에는 대부분의 여행이 이른바 '깃발여행'이었다. 노란 깃발을 든 안내자를 따라 유명 관광지를 찾아다니는 것이 기본적인 여행방식이었다.

그런데 일본의 젊은이들이 여행의 패턴을 바꾸기 시작했다. 이들은 깃발을 따라 다니는 것을 거부했다. 대신에 배낭을 메고 다니는 자유로운 여행을 좋아했다. 사와다 회장은 이런 변화에 주목했다. 문제는 젊은이들의 주머니가 얇다는 것이었다. 비싼 항공료가 걸림돌이었다. 이것을 해결해줄 수 있으면 비즈니스가 가능하다고 생각했다.

사와다 회장이 이런 관심을 가질 수 있었던 까닭은 서독에서 유학한 경험이 있어서다. 그때 그는 유명 맥줏집이나 관광지와 계약을 맺어 관광객들을 알선하고 수수료를 받는 아르바이트를 하고 있었다. 이때 항공료를 반값에 살 수 있는 기회가 있음을 알게 되었다. 경유지가 많아지면 항공료가 매우 저렴했다. 방콕을 경유해 인도로 가면 비행기표 값은 매우 싸진다. 이런 상품에 대한 정보를 밑천으로 그는 젊은 배낭여행객을 대상으로 하는 저가 해외항공권 판매업을 시작한 것이다.

사와다 회장과 같은 안목을 좀 더 쉽게 가질 수 있는 방법이 있다. 바로 인구통계의 변화를 아는 것이다. 사와다 회장은 일본의 젊은이들이 해외여행을 가고 싶은 욕구를 경험을 통해 알았지만, 만일 그가 젊은이들의 해외여행 통계를 살펴보았다면 더 쉽게 이런 변화를 파악할 수 있었을 것이다. 인구통계는 세상이 앞으로 어떤 즐거움과 고통에 반응하게 될지를 알려주는 가장 강력한 지표다. 인구구조 변화는 새로운 비즈니스를 예고한다.

한 예가 고령자 증가다. 이로 인한 사회적 문제가 날로 심각해지고 있다. 고령화 문제를 가장 크게 겪고 있는 나라 중 하나는 일본일 것이다. 노인들을 돌볼 인력이 부족하다는 것이 큰 문제다. 특히 치매환자의 증가가 엄청난 사회적 이슈다. 치매환자는 본인만 고통스러운 게 아니다. 그 가족이 감당해야 할 고통도 상상을 초월한다.

하지만 이런 사회적 문제는 새로운 비즈니스를 만들어내는 원천이기도 하다. 일본 정부는 이 문제를 간병로봇을 통해 해결하려 하고 있다. 간병로봇에 공적 보험을 적용하는 조치를 취했다. 무슨 의미일까? 고령자 사회가 될수록 이들을 돌볼 로봇 산업이 크게 성장할 가능성이 높음을 말한다.

치매와 관련해 일본 정부가 내놓은 또 다른 대책으로 '오렌지 플랜'이 있다. 치매 환자를 조기에 발견할 수 있도록 전문의료기관을 크게 늘리고 집중치료팀을 신설한다는 것이 주 내용이다. 그런데 눈여겨봐야 할 것이 있다. 이 플랜의 핵심이 치매치료를 병원입원형에서 재택형으로 전환하는 데 있다는 점이다. 입원치료 방식이 환자의 인권을 침해하는 사례가 늘고 있으며, 가족이 있는 집에서 치료하면 환자에게 심리적 안정감을 주어 훨씬 효과적이기 때문이다. 이 계획이 원활히 실현되려면 24시간 간병서비스제도가 선행되어야 한다.

이러한 사회적 변화가 새로운 비즈니스를 낳는다. 우선, 미래에 자신이 치매에 걸릴지 모르므로 이에 대비하기 위해서는 많은 돈이 필요하다. 따라서 치매 관련 보험서비스가 활성화될 것이다. 또한 치매를 대비한 예방 교육과 전문 교육, 돌보미 서비스 등이 필요하다. 그에 따라 관련 교육 사업과 인력 아웃소싱 사업이 활성화될 것이다. 그리고 치매환자를 돌보기 위한 간병용 물품수요도 폭발적으로 늘어날 것으로 예상된다.[46]

또 다른 인구구조 변화는 1인가구의 증가다. 일본은 2010년 이후 독신가구가 전체 가구에서 차지하는 비중이 30%를 넘어섰다. 한국도 예외가 아니다. 그런데 1인가구는 다인가구와는 전혀 다른 생활패턴을 보인다.

소형화가 첫 번째 특징이다. 주택시장은 물론이고 실내 가구나 가전제품 모두가 소형화하는 추세다. 파나소닉은 기존의 드럼세탁기를 변형해 소형 제품인 '프티 드럼'을 출시했다. 이것으로 드럼세탁기 판매대수를 30% 이상 늘릴 수 있었다. 가구도 마찬가지다. 가능한 한 소형이면서 필요할 때는 접어놓을 수 있는 가변형 가구의 수요가 늘고 있다. 일본의 가공식품업체 고바야시小林는 다양한 생선을 한 토막씩 가공 포장한 '잘 구운 생선팩 시리즈'로 선풍적인 인기를 누리고 있다. '3장짜리 식빵'과 3분의 1이나 4분의 1 토막으로 포장한 '커트 채소', 그리고 적은 양으로 포장된 '양념 시리즈'도 인기다. 음식의 경우 조리시간이 길면 안 된다. 빠르고 간편하게 먹을 수 있어야 한다. 한국에서 CJ제일제당의 햇반이 인기 있는 이유다.

두 번째 특징은 생활에서 시간제약을 받지 않는다는 점이다. 조심스럽게 행동해야 할 다른 식구가 없어서 그렇다. 그래서 야행성이 많다. 24시간 내내 장사하는 편의점이 잘되는 이유다.

세 번째 특징은 안전에 대한 염려다. 1인가구는 서로를 지켜줄 다른 가족이 없기에 불안을 크게 느낀다. 일본의 청소용품 회사인 다스킨은 노약자가 혼자서도 안전하게 생활할 수 있도록 도와주는 '홈 인스테드Home Instead' 서비스[47]를 개발했다. 청소와 세탁 그리고 요리와 간병 및 외출까지 일상생활 전반을 도와주는 서비스다.

네 번째 특징은 자신에게 쓰는 돈이 많다는 점이다. 가족을 부양해야 할 부담이 줄었기 때문이다. 그래서 패션이나 미용, 취미생활과 자기계발을 위한 지출에 인색하지 않다. 고가의 카메라나 자전거, 악기 등을 구매하는 사람들은 대체로 1인가구인 경우가 많다.[48]

다섯 번째 특징은 여러 사람들과 어울리는 문화가 사라졌다는 점이다. 일본에서는 1리터 이상의 대용량 제품을 매장에서 찾아보기가 힘들어지고 있다. 올림픽이 개최될 때는 예외 없이 각 매장에 대용량 맥주와 콜라를 진열했지만 이것도 옛일이 되었다. 혼자 사는 사람이 갈수록 늘면서 여럿이 모여 응원하는 문화마저 사라졌기 때문이다. 일본의 생활용품업체인 가오花王는 이렇게 혼자 사는 사람들을 위해 '샤워타임 버블'이라는 제품을 내놓았다. 목욕할 때 비누 대신 사용하는 제품으로, 욕조에 들어간 듯 몸에 따뜻한 기운을 느끼게 해주는 제품이다. 욕조가 없는 비좁은 집에서 홀로 생활하는 독신자들을 겨냥해 출시한 것이다.[49]

소비계층은 끊임없이 변한다. 그 변화의 단서를 포착해야 비즈니스가 성공할 수 있다. 그 한 예를 커피 시장에서 찾아보자. 커피 시장만큼 현란한 변화를 경험한 곳도 없다. 이런 변화에는 반드시 알아챌 수 있는 비즈니스의 단서가 있다.

커피의 시작은 원두커피이지만 산업화가 이루어진 것은 인스턴트커피가 나오고 나서다. 인스턴트커피는 비교적 오래전에 개발되었다. 개발자는 사토리 가토라는 일본계 미국인이었다. 그는 세 명의 동업자와 함께 1901년 시카고 미국박람회에서 인스턴트커피를 선보였다. 하지만 이것을 최초로 상업화한 사람은 사토리가 아니라 조지 워싱턴George Washington이었다. 그는 1906년 뉴욕 주 브루클린에 인스턴트커피 공장을 세웠다. 하지만 생각만큼 커피가 물에 잘 녹지 않았고 풍미도 없었다. 이렇게 해서 그의 비즈니스는 역사 속으로 사라지고 말았다.

인스턴트커피가 다시 인기를 끌게 된 계기는 제2차 세계대전이었다. 전쟁이라는 상황에서 간편하게 커피를 즐기기에 적합했기 때문이다. 이후 미국에서는 인스턴트커피가 하나의 문화로 자리 잡게 되었다.

한국에서 커피는 일제강점기에 등장했다. 하지만 대중화가 이루어진 것은 한국전쟁 이후다. 미군부대와 그곳에서 일하는 사람들을 중심으로 커피가 퍼져 나가더니 교양 있는 사람들이 즐기는 문화로 인식되었다. 이 문화가 폭발력을 가지면서 1970년대 커피의 전성시대가 도래했다.

이때 이른바 '제조형' 커피문화가 등장한다. 커피 두 스푼에 설탕 세 스푼 그리고 크림은 두 스푼, 이렇게 자신이 먹고 싶은 방식으로 커피를 타 먹거나 타 주는 방식이다. 때마침 모닝커피 바람이 불면서 길거리 다방커피가 큰 인기를 누렸다. 이런 폭발적 인기에 자극받은 기업이 동서식품이다. 이곳의 창업주는 다방커피를 집에서도 먹을 수 없을까 하는 생각을 했다. 이런 발상에서 탄생한 것이 오늘날의 커피믹스다. 하지만 제조커피가 대세이던 시절, 이 커피는 별로 주목받지 못했다.

그런데 전환기가 왔다. 커피의 셀프시대가 온 것이다. 1990년대 들어 새로운 사조가 생겼다. 여성의 인권의식이 높아지면서 여직원에게 커피를 부탁하던 사무실의 분위기에도 변화가 생긴 것이다. 그러던 차 종이컵이 보급되었다. 이때 등장한 것이 자판기 커피였다. 사무실 복도 한 켠에 자판기가 놓였고 사람들이 삼삼오오 모여 커피를 빼 마시기 시작했다. 하지만 이 역시 사무실에서 추방되었다. 보안의식이 생기면서 자판기 관리자의 출입이 어려워졌기 때문이다. 자연스럽게 커피믹스 시대가 도래했다. 냉온수기가 보급되면서 커피믹스를 스스로 타 먹는 문화가 사무실 내에 번졌다.

2000년대에는 커피에 고급화 바람이 불었다. 1999년 이화여대 앞에 스타벅스 1호점이 생겼다. 이때부터 한국에 고급커피 시장이 열렸다. 그리고 빠른 속도로 한국의 거리 곳곳에 커피전문점이 들어서기 시작했다. 이런 흐름은 커피문화를 다시 집에서 고급커피를 먹는 방식으로 진화시켰다. 가정용 커피머신이 등장하면서 원두커피를 집에서 즐기게 되었고, 좀 더 간편한 캡슐커피도 등장했다.

이런 변화흐름에서 우리가 포착해야 할 중요한 시사점은 무엇일까? 변화에는 어떤 계기가 동반된다는 점이다. 이 계기를 잘 관찰하면 변화의 단서를 찾을 수 있다. 시대적 흐름은 사람들의 즐거움과 고통에 영향을 준다. 제조형 커피문화는 1987년 노태우 대통령의 6·29선언 이후 급격히 설자리를 잃었다. 민주화와 평등, 인권 바람이 불면서 남에게 커피를 타달라고 하기가 쉽지 않아진 것이다.

고급화 바람은 스타벅스의 한국 진출이 도화선이 되었다. 일반적으로 외국계 기업이 한국에 진출하는 경우 이를 유심히 지켜볼 필요가 있다. 이들은 많은 분석을 바탕으로 한국시장의 성공 가능성을 검토한다. 이런 일이 벌어지면 이 시장의 추이를 면밀히 관찰할 필요가 있다. 예컨대 피자헛이 한국에 진출하면서 한국에도 피자 시장이 본격적으로 열렸다.

고객들의 변화
추적하기 ————▶

자사의 고객계층이 어떻게 변화하고 있는지 살펴보는 일도 놓치지 말아야 한다. 동서식품이 중요시하는 조사가 하나 있다. 사람들이 어디서 커피를 가장 많이 마시는가다. 조사에 따르면, 사무실과 가정이다. 이 두 곳에서의 소비가 거의 70%에 가깝다. 사무실에서 일할 때, 동료들과 회의할 때, 가족과 함께 있을 때다. 실내에서의 소비가 실외에서의 소비보다 압도적으로 많다는 의미다. 이것은 커피믹스와 가정용 커피머신의 인기가 지속되리라는 예상을 가능케 한다. 우리 고객들의 변화를 추적하기 위한 지표들을 지속적으로 관찰하는 것이 중요하다.

바비인형으로 유명한 마텔이 신제품을 내놓았다. 이미 완성된 집과 소품을 바비인형과 함께 팔던 방식에서 바비가 살 집을 레고 블록처럼 아이들이 직접 짓는 방식으로 바꾸었다. 이유가 있었다. 바비인형을 사주는 사람들이 어머니에서 아버지로 바뀌고 있었기 때문이다. 경제위기로 가사를 돌보는 아버지들이 늘어나서다. 전에는 어머니들이 딸과 쇼핑하면서 바비인형을 사주었다. 이제는 아버지들도 쇼핑에 나선다. 아버지들에게는 어릴 적 가지고 놀던 레고 블록에 대한 추억이 남아 있다. 이런 단서를 포착한 것이 레고 블록형 신제품이다.

사회적 변화를
읽어내는 노하우 ➤

새로운 비즈니스를 성공시키기 위해 반드시 가져야 할 감각이 있다. 사회의 변화를 읽어내는 자신만의 노하우다. 어떻게 이런 노하우를 지닐 수 있을까? 이스라엘 중앙은행은 특이한 방법으로 사회적 변화를 알아내는 것으로 유명하다. 이들은 구글 검색을 이용한다. 사람들이 구글에서 어떤 단어를 주로 검색하는지를 보고 세상의 변화를 읽어내는 것이다. 사람들이 '자동차'라는 단어를 자주 검색하면 자동차 판매가 늘어날 징후로 본다. '실업수당'에 대한 검색이 많아지면 실업률이 올라갈 수 있다는 뜻이다.

구글 검색어를 활용해 사회의 변화를 파악하고 있다는 이스라엘 중앙은행의 이야기가 전해지면서 다른 나라들도 이런 방식을 활용하기 시작했다. 스페인 중앙은행은 영국 국민들의 여행 관련 검색어를 통해 영국에서 스페인으로 오는 여행객 수를 미리 예측할 수 있었다. 미국의 뉴욕연방은행은 주택담보대출 재융자를 예측할 때 구글 검색어를 살펴보는 것이 다른 방식보다 더 정확하다는 결론을 내리기도 했다.[50]

이런 방식으로 발전된 것이 빅데이터 분석 방법이다. 구글 같은 검색엔진은 물론이고 페이스북이나 트위터 같은 SNS에서 일어나는 각종 대화를 분석해 세상의 변화를 읽어내자는 것이다. 슈퍼마켓이나 대형마트에서 나오는 POSPonit of Sales 데이터도 전통적 의

미에서의 빅데이터다. 이들을 가공하고 분석하면 소비자에 대한 많은 정보를 알아낼 수 있다.

사회 변화를 읽어내는 데 빅데이터 방식만 있는 것은 아니다. 주위를 살펴보면 사회적 변화를 알 수 있는 단서들이 얼마든지 있다. 실물경기의 예를 들어보자. 경기가 좋아지면 사람들은 즐거움에 반응하고 경기가 나빠지면 고통에 민감하게 반응한다. 개나 고양이 등 반려동물이 사람들의 이런 행동을 알아내는 지표로 쓰일수 있다. 경기가 좋으면 사람들은 반려동물을 사고 싶어한다. 이들을 키울 수 있을 만큼 주머니가 두둑하기 때문이다. 하지만 경기가 나빠지면 반려동물은 고통이 된다. 경제적 곤란으로 인해 이들을 책임지기가 어려워져서다. 버려지는 애완동물이 늘어난다.

병원응급실에서도 경기 변화를 읽을 수 있다. 위궤양이나 복막염 등 소화기 질병으로 응급실을 찾는 환자가 늘어나면 불황이 시작되는 신호라고 한다. 대개 소화기 질병은 경기가 나빠지면 약국에서 파는 약으로 버티는 경우가 많단다. 그러다가 큰 일이 터져야 병원에 온다는 것이다. 당뇨병 환자들은 혈액순환이 나빠져 발가락 등에 염증이나 피부궤양이 잘 생긴다. 이를 소홀히 다룬 환자들이 응급실로 몰려드는 것도 경기가 나빠졌다는 증거다. 반대로 여행 중 다쳐서 오는 환자들이 늘어나면 경기가 좋아진 것이다. 과식으로 인한 배탈 환자가 늘어나는 것도 호황의 징후다.

미국의 재무장관이던 티머시 가이트너*Timothy Geithner*는 60가지

항목의 경기 체크리스트를 가지고 있었다. 주가나 금리 이외에 고급 피아노인 스타인웨이 피아노의 매출액이나 쓰레기 배출량도 체크해야 할 항목에 포함되었다. 고급 피아노 매출과 쓰레기 배출량이 감소하면 그만큼 소비가 줄고 있다는 증거다.

　한국에서는 라면이 경기지표로 자주 거론된다. 경기가 나빠지면 사람들은 외식을 줄이면서 비교적 값이 싼 라면을 먹기 때문이다. 남성 정장도 경기의 추이를 볼 수 있는 지표로 곧잘 사용된다. 남성은 여성보다 유행에 덜 민감하다. 그래서 경기가 나빠지면 가능한 한 새 옷을 사지 않고 미루는 특성이 있다.[51] 길거리에서도 경기를 알아볼 수 있다. 택시잡기가 어려워지면 경기가 좋다고 판단하는 것이다. 의류업자들 역시 경기를 보는 자기들만의 노하우가 있다. 아동복 매출이 줄면 경기침체가 깊어진다는 신호다. 신사복 매출이 늘면 경기가 살아나고 있다고 본다.

　날씨도 사람들의 소비패턴을 읽게 해주는 좋은 지표다. 편의점이나 백화점 그리고 대형마트에서 팔리는 품목들을 살펴보면 날씨와 밀접한 관련이 있음을 알 수 있다. 날씨가 조금씩 추워지는 영하 3도에서는 입술보호제가 팔리기 시작한다. 차고 건조한 날씨로 접어들면서 입술이 마르고 트기 때문이다. 그러다 날씨가 영하 5도까지 내려가면 보온을 위한 머플러나 오리털 점퍼나 패딩이 팔리기 시작한다. 날씨가 영하 7~8도에 이르면 속을 따뜻하게 데워줄 음식이 팔리기 시작한다. 그리고 편의점 찐빵과 길거리 어묵이 잘 팔리기 시작한다. 온도가 더 떨어져 영하 9도쯤 되면 초콜릿이 많이 팔린다고 한다. 순간적으로 열량을 끌어올리기 위해서다. 하지만 영하 10도쯤까지 내려가면, 평소에는 거추장스러워서 잘 끼지 않던 장갑을 찾게 된다. 영하 10도를 넘어 15도에 이르면 사람들이 발열내의에 주목한다.[52]

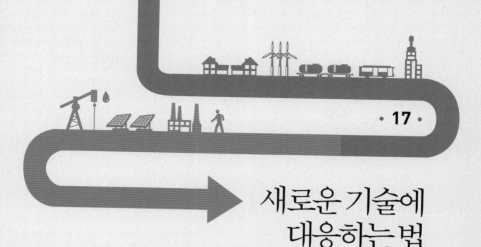

새로운 기술에 대응하는 법

Q │ 새로운 기술에 어떻게 대응해야 하는가?

A │ 신기술이 등장하면 이것이 몰고 올 파괴력을 깊이 생각해야 한다. 신기술 도입 초기에는 기술의 완성도가 떨어지는 경우가 많다. 이로 인해 성급한 판단을 하게 되면 경영의 실수를 저지를 가능성이 높다. 신기술이 등장할 때 중요한 것은 기술 자체가 아니라 고객 관점에서 바라보는 태도다. 신기술이라고 항상 유리한 고지만을 점하는 것은 아니다. 이를 판단하려면 우선 신기술이 소비자에게 어떤 즐거움과 고통을 주는지 살펴야 한다. 또 기술의 타이밍도 고려해야 한다. 아무리 좋은 기술도 타이밍이 나쁘면 성공하기 어렵다. 타이밍을 잡는 간단한 요령이 있다. 신기술을 접한 소비자들이 어떤 즐거움과 고통에 노출되는지를 추적하는 것이다. 기술 변화를 추적할 때는 특정 기술뿐 아니라 이것에 영향을 받는 다른 산업과의 관계도 고려해야 한다. 기술 추이를 살펴볼 수 있는 기술쇼와 특허맵 등도 꼭 살펴보아야 한다.

비즈니스의 근원은 분명 고객에게 있다. 그러나 기술 역시 중요한 축이다. 이를 이해하지 못하고 올바르게 대응하지 못하면 비즈니스의 미래도 어두워진다. 신기술이 등장할 때 어떻게 대응해야 할까? 기술의 진화는 어떤 방식으로 일어나는 것일까? 기술 진입의 타이밍은 어떻게 잡아야 할까? 신기술을 찾아내는 방법으로는 무엇이 있을까?

'고객 관점'에서 신기술의 파괴력 판단하기 ⟶

신기술이 등장하면 그 파괴력을 깊이 생각해보아야 한다. 단, 주의할 것이 있다. 기술적 관점이 아니라 고객 관점에서 생각해야 한다는 점이다. 이는 곧 신기술이 소비자에게 어떤 즐거움을 주고 어떤 고통을 줄여주는지 면밀히 검토하는 것을 말한다.

이런 이야기를 하는 사람들을 종종 만난다. "그 기술은 절대 안 된다", "기술적으로 기존 기술에 비해 나은 것이 없다". 이런 말을 하는 사람들은 기술의 흐름을 놓칠 가능성이 매우 높고 비즈니스도 그르칠 수 있다. 이런 말을 하는 것은 기술 자체의 시각으로만 기술을 보고 있기 때문이다. 기술이 어떤 방향으로 어떻게 진화할지는 아무도 모른다. 때로는 신기술이 오히려 기술적 완성도가 떨어지는 경우가 많다. 그렇다고 해서 섣불리 기술적 관점으로만 판단해 그 기술을 폐기했다가는 비즈니스를 망칠 수 있다.

판단은 반드시 고객 관점에서 이루어져야 한다. 신기술이 고객에게 어떤 즐거움을 줄 수 있고 어떤 고통을 줄여줄 수 있는가 하는 시각에서 보아야 한다. 고객 관점에서 유리한 것이라면 그런 기술은 반드시 완성을 향해 나아가는 속성이 있다.

파나소닉이 바로 이런 점에 소홀하다가 몰락을 자초한 경우다. 파나소닉은 경쟁기술인 LCD가 무서운 속도로 성장하고 있음에도 이를 무시하는 만용을 부렸다. 등장할 당시만 해도 LCD 기술은 완성도가 떨어졌다. 잔상 문제가 매우 컸다. 물체가 움직이면 마치 그림자가 뒤따라오는 것 같은 잔상이 남았다. 시야각도 좁아 조금만 비켜서 보면 화면이 보이지 않았다. 대형화에도 한계가 있었고, 공법이 복잡해 PDP보다 가격을 낮추기도 쉽지 않았다. 이런 이유로 파나소닉은 LCD를 PDP의 경쟁기술로 여기지 않았다.

하지만 LCD의 변화는 예상보다 빨랐다. 기존에 발견된 문제점들이 점차 해결되었고 PDP가 갖지 못한 결정적 장점까지 갖추기 시작했다. 우선, 전력소비량이 적었다. LCD는 스스로 빛을 내는 방식이 아니어서 빛을 뒤에서 비추어주는 백라이트를 필요로 한다. 초기에는 소형 형광등이 이 일을 했다. 그러다 보니 전력소비가 적었다. 반면 PDP는 스스로 발광한다. 화면에 있는 작은 점들이 모두 발광체다. 그래서 열도 많이 난다. 화면에서 따끈따끈할 정도의 열감이 느껴지는 것은 그래서다. 그만큼 전력소모가 크다.

PDP의 단점은 또 있다. 번인burn-in이라는 현상이다. 색이 자주 바뀌는 화면에서는 느끼지 못하지만 화면이 바뀌지 않고 오래 남아 있는 경우 물체나 글자가 마치 고정된 것처럼 화면에 붙박혀 있다. 화면이 바뀌어도 잘 사라지지 않는다. TV의 일시정지 기능을 누르고 화장실을 다녀와보면 느낄 수 있다. 이런 문제가 LCD에는 없다.

이런 상황에서 기업은 어떻게 판단해야 할까? 말할 것도 없이 고객 관점에서 판단을 내려야 한다. 기술적 관점에서 보면 초기 LCD는 PDP에 비해 문제점이 많았다. 하지만 소비자 입장에서 보면 선택은 달라진다. LCD TV가 전기 요금을 더 아낄 수 있다는 판매원의 설명은 매우 솔깃한 유혹이다. 두께도 더 얇아 첨단제품의 세련됨을 느끼게 했다. 더욱이 기술의 진화로 LCD가 지녔던 결함들이 속속 해결되었다. 잔상과 시야각 문제는 더 이상 시빗거리가 되지 못했다.

이런 상황이 전개되면서 2000년 무렵 TV 시장의 주도권은 확연히 PDP에서 LCD로 넘어가고 있었다. 이때 파나소닉이 결정적인 실수를 저지르고 만다. 파나소닉은 LCD가 대형화와 원가 측면에서 PDP를 절대 따라올 수 없다는 내부 보고서를 만든다. 순전히 기술적 시각에서만 쓰인 보고서였다. 이 보고서에는 일부 잘못된 판단도 있었다. 속도가 느리긴 했지만 LCD도 대형화를 향해 달려가고 있었던 것이다. PDP로 갈 것인가, 아니면 LCD로 갈 것인가를 선택해야 하는 절체절명의 순간이 왔다. 2006년 파나소닉의 나카무라 구니오中村邦夫 회장은 PDP 사업에 회사의 명운을 거는 중대한 결정을 했다. 이미 시장에서 패색이 짙어가던 PDP에 2,100억 엔이라는 엄청난 투자를 단행한 것이었다. 규모의 경제를 통해 가격을 낮춰 LCD를 밀어내자는 구상이었다. 하지만 이것은 엄청난 실수로 판명되었다. 마침내 2011년 파나소닉은 PDP 사업에서 철수를 결정했고 기업은 나락으로 떨어졌다.

왜 이런 일이 벌어졌을까? 신기술의 등장과 이에 대한 오판 때문이다. 고객이 아닌 기술 중심의 사고에 젖어 있었던 탓이다. 새로운 기술이 등장할 때 기업이 실수를 저지르는 이유는 모든 판단을 기술 중심으로 해서다. 신기술은 그 자체로만 보면 허점이 많다. 여기서 곧잘 오판을 한다. 어떻게 해야 할까? 두말할 나위도 없이 고객 관점에서 살펴야 한다. 어떤 기술이 고객을 더 즐겁게 하고 고통을 더 많이 줄여줄 것인가? 이 질문에 대답하기 위해 노력하는 것만이 실수를 줄이는 지름길이다.

전기자동차가 던진 교훈

신기술의 등장에 그저 들뜬 마음으로 대응하는 것도 비즈니스를 어렵게 만드는 요인이다. 전기자동차가 바로 그런 예다. 전기자동차는 자동차의 새 역사를 쓸 기술로 각광받고 있다. 많은 사람들이 전기자동차를 휘발유자동차의 대안으로 뽑는 데 주저하지 않는다. 그래서 전기자동차 관련 비즈니스의 전망이 매우 밝으리라 속단하곤 한다. 기술적 관점에서만 바라보면 그런 생각을 할 수 있겠지만, 이는 잘못이다.

시장을 만들고 죽이는 것은 기술이 아니라 소비자다. 앞에서도 말했듯이 고객이 느끼는 즐거움과 고통의 관점에서 기술을 바라보는 태도가 중요하다. 전기자동차의 경우 즐거움보다는 고통을 더 많이 준다는 점에 주목할 필요가 있다. 전기자동차 비즈니스가 언제 부활할지는 몰라도, 적어도 전기자동차로 인해 파생된 고객의 고통을 완벽하게 제거해주기 전까지 이 비즈니스는 성공하기 어렵다.

사실 전기자동차의 역사는 매우 길다. 1832년에 등장했으니 휘발유자동차보다도 먼저 개발된 것이다. 1890년대가 되면서 전기자동차는 상용화되기 시작한다. 참고로 휘발유자동차는 1870년 독일의 니콜라우스 오토Nikolaus Otto가 가솔린 엔진을 개발한 이후에 등장한다. 이런 점에서 보면 전기자동차가 당시에는 기존 기술이고 휘발유자동차가 신기술이었던 셈이다. 어쨌든 전기자동차는 간단한 구조와 내구성 측면에서, 그리고 기어변경이 필요 없어 운전하기 편하다는 이유에서 주로 여성용으로 개발되었다. 당시 1,500~3,000달러라는 비싼 가격에도 불구하고 전기자동차는

1900~1920년대에 붐을 이루었다.

그런데 이 차가 순식간에 사라졌다. 1920년대 미국에서 원유가 대량으로 발견되면서 휘발유 엔진이 장착된 자동차들이 대량생산되고, 자동차 가격도 500~1,000달러 수준으로 뚝 떨어지면서다. 자연스럽게 사람들의 관심이 전기자동차에서 휘발유자동차로 옮겨갔다. 휘발유자동차는 가격 이외에도 장점이 여럿 있었다. 우선 속도가 빨랐다. 당시 전기자동차의 최고 시속은 32킬로미터에 불과했다. 휘발유자동차의 시속은 100킬로미터를 넘어섰다. 그리고 전기자동차는 배터리 문제가 있었다. 배터리 중량이 무거워 차체에 무리를 주었다. 여기에 8시간 넘는 충전시간도 걸림돌로 작용했다. 그렇게 전기자동차는 역사의 뒤안길로 사라졌다.

그런데 이 자동차가 현대 들어 재조명을 받고 있다. 환경에 대한 관심과 유가 상승이 전기자동차를 다시 불러들였다. GM이 발빠르게 움직였다. 이 회사는 EV1이라는 전기자동차를 개발했다. 한 번 충전으로 최대 208킬로미터를 갈 수 있고 최고 시속도 150킬로미터에 이른다. 하지만 아이러니한 것은 GM이 바로 이 전기자동차 개발 때문에 어려움을 겪게 되었다는 점이다. 막대한 투자비를 들였으나 판매가 되지 않아서다.

중국의 BYD도 전기자동차에 사활을 건 기업 중의 하나다. 워런 버핏이 "중국 최고의 기업"이라며 큰돈을 투자하기도 한 이 회사도 전기자동차 때문에 운명이 가물거리고 있다. BYD가 개발한 E6라는 전기자동차는 한 번 충전으로 340킬로미터의 거리를, 그리고 최고 시속 140킬로미터로 달릴 수 있다. 중국의 선전 시는 BYD의 E6를 택시용으로 공급받아 운용 중이다. 기술적으로나 상용화 측면에서 전 세계에서 가장 앞선 전기자동차 회사다. 하지만 이 회사는 팔리지 않는 전기자동차 때문에 고전을 면치 못하고 있다.

왜 전기자동차가 팔리지 않는 것일까? 소비자 입장에서 보면 이유가 너무도 분명하다. 장점은 별로 없고 고통만 잔뜩 주기 때문이다. E6의 경우 급속충전이 가능하다. 10분이면 50%가량 충전을 할 수 있다. 이 정도면 200킬로미터 이상 거리를 갈 수 있다. 하지만 소비자들은 불안하다. 완전충전이 안 된 상태에서 충전소를 떠나기가 쉽지 않다. 충전소에서 많은 시간을 기다려야 하는 것도 불만이다. 완전충전을 하는 데는 급속으로 충전해도 40분 이상이 소요되기 때문이다. 턱없이 부족한 충전소도 문제다. 전 세계적으로 전기자동차용 충전소 인프라를 완벽하게 갖춘 나라는 거의 없다. 중국 정부가 충전소 보급에 전력을 다하고 있지만 주유소와 비교하면 턱없이 부족하다. 이런 상태에서 먼 길을 떠나는 소비자는 불안할 수밖에 없다.

더 큰 문제가 있다. 휘발유자동차에 비해 가격이 너무 비싸다. 대량생산을 할 수 없으니 당연한 결과다. BYD는 택시로 이용되던 E6를 일반소비자에게도 판매했다. 가격은 정부보조금 6만 위안을 빼더라도 25만 위안약 5,000만 원 정도다. BMW의 120i보다 40% 쯤 비싸다. 이러다 보니 BYD 전기자동차는 충분한 소비자를 확보할 수 없었다.

셰일가스 개발 붐도 전기자동차 유행에 장애가 되고 있다. 미국에 있는 셰일가스만으로도 미국은 200년 이상 쓸 에너지를 확보하게 되었다고 한다. 그렇게 되면 전기자동차 시대는 더 멀어질 수 있다. 전기자동차에 거는 기대 중 하나가 휘발유가 부족한 시대에 유용성을 갖는다는 점이다. 화석연료가 고갈될수록 연료값이 비싸 결국에는 청정에너지이기도 한 전기자동차로 옮겨 탈 것이라고 전문가들은 예상했다. 하지만 상황이 바뀐 것이다. 셰일가스가 개발되면 가스용 내연기관, 즉 CNG압축천연가스자동차가 대세가 될 가능성이 높다.

물론 전기자동차의 불리한 상황이 영원히 지속되리라 단정지어서는 안 된다. 현재는 전기자동차가 불리한 입장에 놓여 있지만 이를 극복해낼 또 다른 신기술이 등장할 수도 있음을 염두에 두어야 한다. 배터리를 충전하는 것이 아니라 배터리를 교환해주는 기술이 그런 예가 될 수 있다. 이런 방식으로 문제를 해결할 수 있다면 이야기는 또 달라진다. 어떤 경우라도 기술적 시각에서만 보는 것은 문제가 많다. 신기술이 보완되면 고객 관점에서 다시 따져보아야 한다.

일체형 PC가 준
교훈 ▸▸

PC 시장에는 전기자동차와 유사한 상황에 처했던 제품이 하나 있다. 일체형 PC다. 컴퓨터 본체와 모니터가 하나로 통합된 데스크톱PC를 일체형 PC라고 한다. 이 PC는 태블릿 PC 등 신기술로 무장된 PC가 속속 등장하면서 된서리를 맞은 데스크톱 PC를, 형태를 바꾸어 부활시킨 것이다. 이 PC의 운명은 전기자동차와 비슷했다. 데스크톱 PC의 영광을 되살려줄 것이라는 기대를 한 몸에 받았던 이 제품이 기대와 달리 시장에서 참패를 당하고 밀려났다. 그런데 이 제품이 되살아나고 있다.

사실 일체형 PC는 그 역사가 짧지 않다. 본체와 모니터가 통합된 컴퓨터는 1983년에 출시된 애플의 '리사'가 효시다. 스티브 잡스가 개발했다. 본체와 모니터가 하나로 통합된 디자인으로 오늘날 일체형 PC의 원조다. 국내에 일체형 PC가 등장한 것은 1995년이었다. 2004년에는 애플이 아이맥 G5 모델로 일체형 PC를 내놓았다. 미니멀리즘의 극치라는 찬사를 들은 이 제품은 일체형 PC의 교과서가 되었다. 2008년 인텔이 싼 값을 무기로 아톰플랫폼을 개발하자 아수스Asus와 MSI 등이 이 기술을 이용한 일체형 PC를 출시했다.

일체형 PC의 가장 큰 장점은 '모니터 따로 몸체 따로'로 인한 고통을 줄여주었다는 것이다. 보기 싫은 전선이 여기저기 널려 있지 않게 한 점도 소비자 입장에서는 반가운 일이었다.

이런 장점이 있었음에도 이 제품은 성공하지 못했다. 소비자들의 고통을 줄여준 부분도 있었지만 새로운 고통도 제공했기 때문이다. 초기 일체형 PC에는 노트북용이거나 저전력 아톰 CPU가 탑재되어 성능이 기존의 데스크톱 PC만 못했다. 기존의 데스크톱용 CPU를 사용하면 성능은 높일 수 있었지만 소비전력이 높아 열이 많이 발생한다. 이를 배출하기 위해서는 쿨러를 달아야 하는데 그렇게 되면 필연적으로 본체를 두껍게 해야 했다. 모니터를 본체로 사용해야 하는 일체형 PC로서는 받아들이기 어려운 일이었다. 그래서 열이 적게 나는 노트북용이나 저전력 CPU를 탑재한 것이다.

그러다 보니 소비자 입장에서 문제가 생겼다. 데스크톱 PC에 비해 체감성능이 떨어지는 것은 두 번째고, 프로그램 부하로 컴퓨터가 다운되기 일쑤였다. PC 업그레이드는 처음부터 불가능하도록 설계되었다. 가격도 비쌌다. 소비자 입장에서 보자면 이 PC는 줄여준 고통보다 새로이 떠안아야 하는 고통이 훨씬 컸던 것이다.

하지만 이 문제는 오래지 않아 해결되었다. CPU의 발열을 해소할 수 있는 쿨러 기술이 개발됨으로써 최고 사양의 CPU를 장착하는 것이 가능해졌다. 여기에 1테라바이트TB 하드디스크와 블루레이를 장착하는 것도 가능해졌다. 성능상으로 기존의 데스크톱 PC를 능가하는 수준으로 변모한 것이다. 이렇게 되자 일체형 PC만의 장점인 편리성과 디자인의 매력이 소비자에게 다시 부각되었다. 일체형 PC가 되살아난 이유다.

기술 진화의 두 가지 길,
선형적 기술 진화와 비선형적 기술 진화 ▶

기술은 크게 두 가지 방식으로 진화한다. 하나는 예측 가능한 방향으로 움직이는 것이고 다른 하나는 예측이 불가능한 방향으로 움직이는 것이다. 전자를 선형적 기술 진화 또는 점진적 기술 진화라 하고, 후자를 비선형적 기술 진화 또는 불연속적 기술 진화라 한다. 비선형적 기술 진화 중 기존 기술을 대체하는 것을 와해적 기술이라고 한다.

선형적 기술 진화는 '더more, better'라는 단어를 붙일 수 있는 기술을 말한다. 예를 들어 TV 화면을 더 크게 하거나 해상도를 더 밝게 하거나 하는 것이다. 기존 제품이 가진 한두 가지 기술의 개선이 선형적 기술 진화에서 나타나는 방식이다.

이동통신의 경우 핵심기술의 진화는 전송속도로 나타난다. 1980년대 등장한 1세대AMPS는 10Kbps 정도의 속도를 보였다. 1990년대 중반에 2세대CDMA가 등장했는데 64Kbps 정도였다. 2000년대 중반에 1Mbps의 속도를 보인 3세대WCDMA가 등장했고 2010년대 초에는 4세대LTE가 보급되었다. 속도는 75Mbps다. 이런 추세를 돌아보면 미래의 신기술은 전송속도가 이보다 더 빨라질 것으로 기대된다. 아마도 Gbps 정도로 빨라질 것이다. 이런 진화가 바로 선형적 기술 진화다.

선형적 기술 진화를 선점하면 시장에서 주도권을 잡을 수 있다. 일반휴대폰 경쟁이 한창일 때 모토로라가 선형적 기술 진화를 들고 나와 시장을 선점한 때가 있었다. 휴대폰의 특성은 배터리의 수명, 화면 크기, 충격에 대한 강도 등 다양한 요소로 구성된다. 모토로라는 이런 것 대신 얇은 두께를 들고 나왔다. 그렇게 나온 제품이 레이저폰이다. 이 휴대폰은 순식간에 1억 대가 넘게 팔리는 초베스트셀러가 되었다. 이런 일이 벌어지자 다른 휴대폰 기업들도 얇게 만들기 경쟁에 돌입했다. 이것이 바로 선형적 진화를 선점함으로써 획득하는 시장주도권이다.

최근 삼성전자는 스마트폰의 화면 크기 경쟁을 선도하고 있다. 4인치 이상의 큰 화면으로 각종 게임과 TV 및 영화 시청이 가능하도록 한 것이다. 삼성전자의 이런 시도 역시 선형적 기술을 선점함으로써 시장을 지배한 유형으로 볼 수 있다.

비선형적 기술이란 말 그대로 예측이 불가능한 기술을 말한다. 기존 기술보다 모든 면에서 뛰어나면서도 전혀 다른 기술적 특성을 보유한 기술을 가리킨다. 진공관이 한창 유행할 때 어느 날 갑자기 반도체가 등장했다. 반도체는 진공관이 가진 모든 특성을 포함하면서도 진공관이 흉내 낼 수 없는 놀라운 장점을 가지고 있었다.

최근 디스플레이 산업에서 'OLED유기발광다이오드'라는 신기술이 등장했는데, 기존의 LCD 기술을 대체할 차세대 기술로 평가받고 있다. 반도체 기술이 그러했듯이, 이 역시 기존의 LCD가 가진 모든 특성을 포함하면서도 또 다른 장점을 보유하고 있다. 화면을 휘어지거나 더 투명하게 만들 수도 있다. 종이처럼 아주 얇게 만들 수도 있다. 이 기술이 완전히 상용화되면 손목에 차는 형태의 디스플레이가 가능하고 모든 유리창을 TV화하는 시대가 열릴 수도 있다.

시장은 비선형적 기술에 느리게 반응한다 ⟶

비선형적 기술들은 예측이 쉽지 않아 기업들을 어렵게 한다. 이 기술들이 와해적 성격을 지닐 때는 더욱 그러하다. 그런데 다행스러운 것이 하나 있다. 기술이 비선형적일수록 시장의 반응속도가 느리다는 점이다. 비선형적 기술은 기술 자체의 변화도 크지만 사회의 여건이나 인프라의 변화를 동시에 요구하는 경우가 많다. 그만큼 사회적 충격이 강하다. 이렇게 되면 사회는 미처 수용태세를 갖추지 못한 채 신기술과 마주하게 된다. 자칫 관심만 끌다 사라지는 경우도 생겨날 수도 있다.

스마트폰의 역사가 이런 점을 웅변해준다. 스마트폰의 원조는 1992년 IBM이 만든 사이먼폰이다. 전화는 물론이고 주소록을 작성할 수 있고 계산기와 메모장이 있었으며 이메일은 물론, 심지어 팩스까지 보내고 받는 기능이 있었다. 터치스크린으로 오락도 할 수 있었다. 당시로서는 매우 획기적인 제품이었다. 하지만 시장이 형성되지는 못했다.

스마트폰에 다시 도전한 회사가 노키아다. 노키아는 1996년 노키아9000이라는 스마트폰을 선보였다. 이후 노키아는 보다 진일보한 스마트폰 노키아9210을 선보였다. 이 제품은 컬러스크린에 개방형 운영체제를 가진 것으로, 애플의 아이폰과 가장 가까운 형태의 것이었다. 노키아9500은 여기에 카메라를 장착했고 와이파이WiFi 기능도 추가했다. 이런 능력을 지닌 노키아가 가장 늦게 진입한 애플의 스마트폰에 의해 무너진 것이다. 왜일까?

세상은 새롭고 신기한 기술에만 반응하는 것이 아니다. 자신에게 좀 더 편리하고 더 큰 즐거움을 주며, 반대로 고통은 줄여주는 기술에 반응한다. 비선형적 기술을 개발하는 기업들의 특징이 있다. 대체로 새로운 기술적 특성을 구현하는 데 온 힘을 쏟느라 정작 고객이 요구하는 특성에는 잘 다가서지 못한다. 그래서 기술을 최초로 개발한 곳이 오히려 뒤늦게 진입한 기업들에 덜미를 잡히는 경우가 많다. 스마트폰이라는 비선형적 기술을 먼저 개발한 회사는 IBM과 노키아였다. 그러나 정작 스마트폰 비즈니스에서 대성공을 거둔 회사는 거의 15년 뒤에 간신히 쫓아온 애플이었다. 이것은 우리에게 무엇을 말해주는가? 비선형적 기술의 경우는 경쟁자가 따라갈 여유가 충분히 있음을 암시한다.

3D 기술에서도 유사한 예를 찾아볼 수 있다. 2009년 〈아바타〉라는 영화가 세상을 떠들썩하게 하면서 3D에 대한 세간의 관심이 높아졌다. 하지만 3D의 기원은 훨씬 이전으로 거슬러 올라간다.

3D에 대한 최초의 개념은 1838년 찰스 휘트스톤Charles Wheatstone이라는 영국의 발명가가 양쪽 눈의 시각차 때문에 인간이 입체를 볼 수 있다는 사실을 밝혀내면서부터 알려졌다. 이를 이용해 1849년 데이비드 브루스터David Brewster가 프리즘 방식의 입체경을 발명했고, 1915년 미국에서 최초로 3D영화가 상영되었다.

1922년이 되자 〈사랑의 힘Power of love〉이라는 상업용 작품이 등장하면서 본격적인 3D 시대가 개막됐다. 하지만 이런 시도는 오래가지 못했다. 당시는 적색과 청색 안경을 들고 관람하는 방식이어서 눈에 많은 피로감을 주었기 때문이다. 1970년대에 영화 〈죠스3〉가 3D로 개봉되었지만 보기 불편한 적색과 청색 안경으로 인해 흥행에는 실패하고 말았다.

이후 3D영화는 IMAX의 등장에 힘입어 진화를 거듭했다. 오늘날의 편광안경 방식이 이때 나왔다. 그 이후 꽤 시간이 흘러 2009년이 되어서야 시장은 3D 시대를 다시 열기 위한 준비를 했다. 비선형 기술이 생활에 침투하기까지 얼마나 오랜 시간이 걸리는지를 보여준다.

비즈니스는 '타이밍'의 예술이다 ━━━━▶

비선형적 기술이든 선형적 기술이든 타이밍을 포착하는 것이 중요하다. 비즈니스에서 타이밍은 어떤 경영요소보다도 중요하다. 기업은 신기술을 개발하는 데 많은 돈을 쓴다. 하지만 결정적으로 돈을 써야 할 시기는 상업화 직전이다. 따라서 상업화 시점이 언제인지 그 타이밍을 알아야 한다. 이를 '티핑포인트'라고 한다. 기술의 티핑포인트는 신기술이 시장에서 도약할 가능성이 열리기 바로 직전이다. 이를 알아내기가 결코 쉽지만은 않지만 신기술로 인해 소비자들이 얻는 즐거움과 고통의 추이를 지켜보면 어느 정도 힌트를 얻을 수 있다.

소니는 기술력이 낮은 기업이 절대 아니다. 그럼에도 이 기업이 TV 시장에서 한국 기업들에 밀린 또 다른 이유는 타이밍을 포착하는 능력이 떨어져서다. LCD와 같은 새로운 기술을 무시하는 만용을 부린 탓도 있지만, 새로운 제품의 런칭 타이밍을 제대로 잡지 못한 탓도 크다.

소니가 항상 뒷북만 치는 기업은 아니다. LED TV에서는 소니가 한참 앞서갔다. LED TV는 기존의 LCD TV에 비해 화면의 밝기나 선명도에서 월등한 성능을 자랑한다. 이 LED TV를 2006년 세계 최초로 내놓은 기업이 소니다. 소니는 이것으로 한국의 TV 제조업체에 대한 열세를 뒤집을 수 있으리라 생각했다.

그런데 소니는 또 하나의 큰 실수를 저질렀다. 시장 진입 타이밍을 잘못 잡은 것이다. 2006년은 TV 시장이 LCD TV로 자리를 옮기면서 상승가도를 달리던 때였다. 당연히 전 세계 모든 매장에서는 LCD TV를 한 대라도 더 팔려고 필사적이었다. 이 시기에 소니는 LCD TV의 2배가 넘는 가격으로 LED TV를 내놓았다. 시장의 반응은 싸늘했다.

이 LED TV 시장을 다시 연 기업이 삼성전자다. 이 회사는 LCD TV가 전 세계적으로 포화에 이르던 2009년에 LED TV를 들고 나타났다. 2009년 미국 라스베이거스에서 있었던 국제전자제품박람회CES, Consumer Electronics Show에서 삼성전자는 2.9센티미터 두께의 LED TV를 사이즈별로 전시하면서 LED TV 시대의 포문을 열었다. 그런데 소니는 또 어처구니없는 실수를 했다. LED TV를 가장 빨리 만든 기업이었음에도 불구하고 13센티미터 두께의 구식 제품만 소개하는 빈곤함을 보인 것이다. LED TV에서 쓴맛을 본 소니는 LED TV로는 비즈니스가 안 된다는 오판을 했다. 그사이 자연스럽게 LED TV 시장의 주도권은 삼성전자로 넘어갔다.

기술을 시장에 진입시키는 타이밍은 어떻게 찾을 수 있을까? 간단한 요령이 있다. 신기술로 인해 소비자들이 어떤 즐거움과 고통에 노출되는지를 추적해보는 것이다. 소니는 바로 이 지점에서 실수를 했다. 사실 LED TV나 LCD TV는 형식이 동일한 TV다. 둘 다 백라이트를 필요로 한다. 다만 LED TV는 LED를 백라이트로 하고 LCD TV는 소형 형광등을 백라이트로 한다는 차이가 있다. 하지만 LED가 형광등보다 밝기 때문에, LED TV가 선명도와 화질에서 LCD TV를 앞선다. 그만큼 소비자 입장에서는 즐거움이 있다. 그런데 동시에 고통도 준다. 가격이 비싸다. LED는 일종의 발광 반도체라서 이를 백라이트로 사용하면 형광등을 백라이트로 할 때보다 값이 비싸진다. LED TV가 소비자에게 주는 새로운 고통이다.

신기술에 대해 소비자가 느끼는 고통이 즐거움보다 훨씬 큰 시기에 이 기술을 선보이는 것은 문제가 있다. 소니의 실수가 바로 여기 있었다. 소니가 LED TV를 내놓을 때는 LCD TV가 시장에서 왕성하게 보급되고 있을 무렵이었다. 그러자 소비자들은 LED TV가 가지고 있는 차별화된 즐거움을 인식하기보다는 고가격이라는 고통만을 인식하게 되었다.

소니의 문제는 거기서 끝나지 않았다. LED TV에서 참패를 당하자 이제는 LED TV를 아예 포기했다. 실패의 원인이 기술이 아닌 시장 진입의 타이밍에 있었음에도 이것을 알아채지 못한 탓이다. 삼성전자의 성공은 이 타이밍을 절묘하게 잡은 데 있었다. LCD TV의 보급이 전 세계적으로 포화되기 시작하는 시점에 LED TV를 등장시키면서 시장의 수용을 이끌어냈다. 특히 판매점들이 적극적이었다. 포화에 이르러 주춤거리는 LCD TV 판매를 대체할 수 있는 새로운 제품이 등장했기 때문이다.

서비스업에서도
'타이밍'은 생명이다 ▶

서비스업에서도 타이밍의 중요성은 간과되면 안 된다. 최근 한국시장에 드럭스토어drugstore라는 새로운 유통이 등장하고 있다. 1999년 CJ올리브영은 한국형 드럭스토어를 선보였다. 약국의 성격을 가지면서도 화장품과 어느 정도의 생필품도 살 수 있는 새로운 유통매장이다. 여성들에게 특히 인기가 높다. 약품은 물론이고 이들에게 긴요한 미용 관련 제품이나 비타민 그리고 BB크림 같은 화장품도 손쉽게 살 수 있어서다.

드럭스토어의 시작은 미국이다. 1900년대 약국을 모태로 시작한 것이 1950년대로 접어들며 판매품목을 화장품, 음료, 식품으로 다변화하면서 등장한 형태다. 드럭스토어라는 말은 일본에서 만들어졌다. 1990년대 일본이 미국의 방식을 들여오면서 드럭스토어라는 이름을 처음 사용한 것이다. 1950년대 미국에서 그리고 1990년대 일본에서 도입되기 시작한 드럭스토어가 2000년대 한국에 뒤늦게 도입된 까닭은 무엇일까? 해답은 바로 '사회적 수용성'이라는 타이밍에 있다.

한국이 드럭스토어에 관심을 가지기 시작한 이유는 한국의 소비패턴이 미국이나 일본의 패턴을 닮아가면서다. 우선 길거리 화장품 시장이 급성장했다. '더페이스샵'이나 '미샤'와 같은 거리매장을 갖는 화장품 시장이 팽창해 있었다. 또 다른 이유로는, 한국에서도 일부 품목이지만 의약품이 약국 이외에서도 팔릴 수 있는 여건이 조성되면서다. 그리고 여성들의 사회참여 증가로 이들의 구매력이 획기적으로 높아졌기 때문이다. 미국과 일본에서는 이미 나타난 흐름이다. 미국의 경우 1970년대에 여성들의 사회 진출 및 소득 증가로 드럭스토어 매출이 크게 상승했다. 일본에서도 1990년대에 유사한 현상이 벌어졌다. 한국에서는 2000년대 들어서면서 이런 현상이 두드러졌다.[53]

미국과 일본 그리고 한국에서의 잇달은 드럭스토어 현상을 어떻게 해석해야 할까? 여기서 얻을 수 있는 메시지는 간단하다. 어느 한 나라에서 잘된 것을 다른 나라에 무턱대고 도입하는 것은 매우 위험함을 말해준다. 어느 사회나 독특한 사회적 분위기를 가지고 있다. 이 분위기가 새로운 서비스를 충분히 수용할 정도로 무르익어야 비즈니스가 성공할 수 있다. 타이밍 문제를 소홀히 하면 서비스업에서도 엄청난 실수를 저지를 가능성이 높다.

연관 산업을 중심으로 한 새로운 기술 찾아내기

새로운 기술을 찾아내는 일은 비즈니스의 진화를 위해 필수적이고 중요한 일이다. 하지만 이것을 찾아내는 것이 그리 쉬운 일은 아니다. 다음에 소개하는 세 가지 방법을 시도해볼 만하다.

첫 번째는 연관 산업에 대한 이해도를 높이는 것이다. 여기서 연관 산업이란 수직적이거나 수평적으로 연계된 산업 전반을 가리킨다. 이들의 연결을 잘 이해하면 새로운 비즈니스를 창출할 기술적 단서를 얻을 수 있다.

자동차 산업과 화학 산업은 협력적 연관성을 가지고 있다. 자동차에 대한 소비자들의 가장 큰 고통은 연비다. 연비는 자동차의 무게에 영향을 받는다. 자동차의 무게에 부담을 가장 많이 주는 소재는 철강이다. 따라서 철강을 대체할 만한 신소재가 개발된다면 당연히 각광받을 것이다. 이는 소비자뿐 아니라 자동차 회사의 고통도 줄여줄 수 있다. 이런 점에서 앞으로 자동차와 깊은 연관을 가질 산업 중 하나가 화학 산업이다.

화학 산업은 이미 전기자동차 배터리를 중심으로 한 연결고리를 가지고 있다. 하지만 향후에는 더 깊은 연관성을 가질 소지가 크다. 우선 자동차 강판을 대체할 새로운 화학소재의 등장을 기대할 수 있다. 화학소재는 가벼워 연료를 절약해주는 데 유용할 뿐만 아니라 변형도 쉬워 자동차 디자인을 수월하게 해준다. 하지만 철강에 비해 값이 비싸고 강도가 약하다는 단점이 있다. 그런데 최근 이런 단점을 극복한, 탄소섬유 같은 초경량 화학소재가 등장하고 있다. 주요 국제 모터쇼에서는 화학소재 사용이 두드러지는 경향을 보여준다. 실제로 바스프BASF, 듀폰DuPont, 사빅SABIC 등 글로벌 화학기업들은 자동차용 플라스틱 사업 분야를 확대, 강화하고 있다. 도레이Toray와 데이진帝人 등 일본 섬유업체들도 주요 자동차 기업과 협력해 차량용 탄소섬유를 개발하고 있다.

차체를 가볍게 하는 것이라면 비철 분야도 눈여겨봐야 한다. 하나의 대안은 알루미늄이다. 최근 알루미늄 탄소섬유에 대한 연구가 진행되고 있다. 이 소재는 강도는 철강보다 뛰어나면서 중량은 훨씬 가벼우며 유연성이 좋다는 장점이 있다. 부식이 없다는 것도 유리한 점이다. 다만 용접이 어렵고 아직 생산단가가 비싸다는 것이 문제다. 용접의 문제는 항공기에 쓰이는 리베트 본딩Rivet-Bonding 기술을 써서 극복할 수도 있다.[54] 문제는 가격이다. 하지만 어느 순간 가격 문제도 해결해낼 것이다. 한편 철강 업계는 이런 추이를 주의 깊게 관찰해야 한다. 한순간에 강력한 고객을 잃을 수 있기 때문이다.

자동차가 전자제품화되면서 OLED를 비롯한 유기전자소재의 활용범위도 넓어지고 있다. 유기전자소재는 지금까지 제어장치 회로센서 등 자동차 내장 부품에 주로 사용되었다. 하지만 OLED 기술을 사용하면 디스플레이로 변신하는 차체 유리창을 만들 수 있고 또 실내조명으로도 활용할 수 있다.

친환경 화학소재 수요도 증가할 것이다. 도요타는 차량 내부를 바이오 폴리에스터로 처리한 콘셉트카를 선보였다. 미쓰비시는 자연적으로 분해되는 바이오플라스틱으로 만든 부품을 사용했다. 바이오플라스틱의 단점으로 지적되던 취약한 내구성과 내열성이 개선되면서다. 수용성 도료 등 저독성 소재를 사용해 차량의 생산 과정에서 발생하는 유해물질을 줄이려는 노력도 강화되고 있다.

전시회를 활용해
새로운 기술 찾아내기

두 번째 방법은 주요한 기술 추이를 볼 수 있는 제품 및 기술전시회에 지속적으로 참석하는 것이다. 자동차의 경우는 국제 모터쇼, 전자제품의 경우는 CES 등의 전자제품 전시회를 살펴보면 좋다. 특정 기술만 중점적으로 다루는 전시회도 있다. 나노기술 전시회가 그런 예다. 이런 전시장을 꾸준히 방문하면서 기술 진화의 추이를 추적해야 한다.

　　의류 업계의 경우, 패션쇼가 이런 장이 될 수 있다. 최근 의류 업계에 새로운 산업이 태동될 조짐이 보인다. 스마트 의류 산업이다. 우리가 입는 옷에 정보통신이나 발열 또는 발광 기술을 접목한 것을 '스마트 의류smart clothing'라고 한다. 스마트 의류는 1990년대 후반 군대에서 먼저 선을 보였다. 혹한기에 작전을 수행해야 하는 군인들을 위해 개발된 발열용 외투가 그 시작이다. 하지만 본격적 등장은 한 패션쇼에서다. 2000년 디자이너 후세인 샬라얀Hussein Chalayan이 자신의 패션쇼에서 '리모트 컨트롤 드레스Remote Control Dress'를 선보였다. 리모컨을 작동해 모델이 입은 옷의 끝이 말려 올라가게 하는 드레스를 선보인 것이다. 2008년에는 빛을 내는 '레이저 드레스Laser Dress'를 선보이기도 했다.

이후 다양한 시도가 의류 업계에서 있었다. 막스앤스펜서 Marks & Spencer라는 기업은 애플의 아이팟과 아이폰을 옷깃에서 작동시킬 수 있는 옷을 출시했다. 2010년이 지나면서 스마트 의류는 한층 더 진보했다. 태양광을 이용해 발열하거나 자체 발광하는 옷들이 등장했다. 영국의 의류 업체 큐트서킷CuteCircuit은 '허그hug 셔츠'라는 옷을 출시하기도 했다. 이 옷을 입고 스스로를 팔로 감싸안으면 체온이나 심장박동 그리고 포옹의 강도가 연인의 휴대폰으로 전송된다.[55] 이런 추이를 지켜보면 의류 산업의 한 축이 앞으로 어디로 향할지를 가늠할 수 있다.

특허추이를 관찰해 새로운 기술 찾아내기

세 번째 방법은 특허의 추이를 살펴보는 것이다. 그렇다고 일일이 개별 특허를 관찰할 필요는 없다. 특허분석 시스템을 잘 활용하면 된다. 이 시스템은 해당 분야의 특허를 찾아주는 것은 물론이고, 특허 등고선 분석을 통해 관련 분야 특허들의 추세도 선명하게 보여준다. 또한 특정 분야의 특허를 누가 가지고 있고 또 이들이 어떤 분야에서 특허를 내는지도 알 수 있다. 최근에는 데이터마이닝

data mining 기법을 이용해 다양한 분석이 가능한 시스템이 보급되고 있으니 잘 활용하면 해당 분야의 기술 추이와 새로운 연구 분야에 대한 유용한 정보를 확보할 수 있다.

· · ·

이제 글을 마무리하려고 한다. 버버리의 어려움에서 시작한 이야기가 비즈니스 맥을 복원하고 유지하는 이야기, 그리고 새로운 비즈니스를 개척하는 방법에 대한 이야기로 길게 이어졌다. 모든 비즈니스는 어려움을 겪으면서 진화하게 마련이다. 그러나 한 가지는 명심해야 한다. 비즈니스와 기업의 곤경은 외부의 환경적 요인보다는 이것을 잘못 읽고 오판하는 경영의 실수에서 비롯되는 경우가 많다는 점이다.

왜 실수를 하는 것일까? 한마디로 비즈니스의 맥을 놓치기 때문이다. 비즈니스의 맥을 찾는 출발점은 고객관계를 설정하는 일에서 시작한다. 여기에 문제가 생기면 기업은 외적 정합성을 잃으면서 비즈니스의 궤도를 이탈하게 된다. 그리고 내적 정합성도 중요하다. 이것이 망가지면 기업은 고객에게 제공할 가치를 제대로 생성하지 못하거나 과도한 비용에 휩싸여 생존하기 어렵다. 이 책이 이러한 이탈을 경계하고 경영의 실수를 최소화하는 데 지침이 될 수 있기를 바란다.

1 Foster, R. & Kaplan, S. (2001), *Creative Destruction: Why Companies That Are Built to Last Underperform the Market—And How to Successfully Transform Them*, New York: Currency Books. http://www.mckinseyquarterly.com/Creative_destruction_1076

2 http://www.hankyung.com/news/app/newsview.php?aid=2010101840001

3 비즈니스 모델을 설명하는 다양한 접근이 있다. Johnson 등은 고객가치제안, 이윤공식, 핵심자원, 핵심프로세스를 비즈니스 모델의 하위 영역으로 제시했고 (Johnson, M. W., Christensen, C. M. & Kagermann, H. 2008, Reinventing Your Business Model, *HBR*, 86(12), 50-59), Chesbrough는 가치제안, 목표시장, 가치사슬, 수익 메커니즘, 가치 메커니즘, 경쟁전략을 비즈니스 모델의 하위 영역으로 제시했다(Chesbrough, H. 2007, Business Model Innovation: It's Not Just About Technology Anymore, *Strategy and Leadership*, 35(6), 12-17). Osterwalder & Pigneur는 고객관계, 고객계층, 가치제안, 채널, 핵심활동, 핵심자원, 핵심파트너, 비용구조, 수익흐름의 아홉 가지 영역을 비즈니스 모델의 하위 영역으로 제시했다(Osterwalder, A. & Pigneur, Y. 2010, *Business Model Generation*, Hoboken, New Jersey: John Wiley & Sons, Inc.). 본 책에서는 이러한 연구들을 기초로 고객관계, 가치생성, 비용 및 수익의 네 가지 모델을 비즈니스 모델의 하위 영역으로 제시한다. 이들 하위 영역은 각기 세부적인 구성모듈을 가지게 된다(PART 2 참조).

4 http://news.ichannela.com/society/3/03/20120724/47995458/3

5 http://www.hankyung.com/news/app/newsview.php?aid=2011031567711

6 http://news.donga.com/Economy/3/01/20121118/50939088/1

7 http://news.jtbc.co.kr/article/article.aspx?news_id=NB10178373

8 http://biz.chosun.com/site/data/html_dir/2012/08/24/2012082401098.html

9 http://www.hankyung.com/news/app/newsview.php?aid=2012100999
631&sid=&nid=000&ltype=1

10 http://biz.chosun.com/site/data/html_dir/2012/09/13/2012091302853.html

11 http://m.hankyung.com/apps/news.view?category=general&aid=201
2102819991

12 http://www.hankyung.com/news/app/newsview.php?aid=201208086
1481&type=201&nid=201&sid=0104&page=15&ltype=5

13 http://www.hankyung.com/news/app/newsview.php?aid=2011121338791

14 http://biz.chosun.com/site/data/html_dir/2012/11/30/2012113001401.html

15 http://biz.chosun.com/site/data/html_dir/2011/12/23/2011122301689.html

16 http://www.hankyung.com/news/app/newsview.php?aid=2012042936651

17 http://news.chosun.com/site/data/html_dir/2012/01/16/2012011600183.html

18 http://biz.chosun.com/site/data/html_dir/2012/08/17/2012081701268.html

19 http://biz.chosun.com/site/data/html_dir/2012/06/22/2012062201306.html

20 앞의 자료

21 http://biz.chosun.com/site/data/html_dir/2012/06/22/2012062201273.html

22 http://www.hankyung.com/news/app/newsview.php?aid=2011111621711

23 http://news.donga.com/Economy_List/3/01/20121029/50481047/1

24 http://biz.chosun.com/site/data/html_dir/2012/11/23/2012112301375.html

25 http://www.hankyung.com/news/app/newsview.php?aid=201210281
9951&sid=010406&nid=000&ltype=1

26 http://biz.chosun.com/site/data/html_dir/2012/09/21/2012092101289.html

27 http://www.hankyung.com/news/app/newsview.php?aid=2010111659371

28 http://www.hankyung.com/news/app/newsview.php?aid=2012110135641

29 http://biz.chosun.com/site/data/html_dir/2011/06/10/2011061001348.
html?Dep0=chosunnews&Dep1=related&Dep2=related_all

30 http://news.donga.com/Culture/New/3/07/20121109/50747894/1

31 Büschken, J. (2004), *Higher Profits Through Customer Lock-In*, Catholic
University of Eichstatt, Germany

32 전옥표 (2010), 《킹핀》, 위즈덤하우스

33 http://biz.chosun.com/site/data/html_dir/2011/09/30/2011093001181.html

34 http://m.hankyung.com/apps/news.view?category=general&aid=20120
81618451

35 http://biz.chosun.com/site/data/html_dir/2011/10/07/2011100701189.html

36 http://biz.chosun.com/site/data/html_dir/2011/10/07/2011100701189.html

37 http://www.hankyung.com/news/app/newsview.php?aid=2012041935291

38 http://www.hankyung.com/news/app/newsview.php?aid=2012100866651

39 http://www.hankyung.com/news/app/newsview.php?aid=201206207
9521&sid=0001&nid=900&type=1

40 http://article.joinsmsn.com/news/article/article.asp?total_id=7228405

41 http://biz.chosun.com/site/data/html_dir/2012/01/21/2012012100038.html
http://www.hankyung.com/news/app/newsview.php?aid=2012020278311

42 http://www.hankyung.com/news/app/newsview.php?aid=2012112602601

43 http://www.hankyung.com/news/app/newsview.php?aid=201110264
   3991&sid=010504&nid=005&ltype=1

44 http://news.donga.com/Inter/New/3/02/20121101/50566339/1

45 http://www.hankyung.com/news/app/newsview.php?aid=201211122
   8521&ltype=&nid=005&sid=010509&page=1

46 http://news.chosun.com/site/data/html_dir/2012/07/31/2012073100195.html
   http://news.chosun.com/site/data/html_dir/2012/10/31/2012103100285.
   html?news_topR

47 1994년 미국에서 시작된 노인 돌보미 서비스 네트워크

48 http://www.hankyung.com/news/app/newsview.php?aid=2012091337171
   &intype=1

49 http://www.hankyung.com/news/app/newsview.php?aid=201208010
   5181&sid=01050903&nid=005&ltype=1

50. http://www.hankyung.com/news/app/newsview.php?aid=201208123
   8761&sid=010501&nid=000&ltype=1

51 http://news.chosun.com/site/data/html_dir/2011/05/09/2011050901918.html
   http://news.chosun.com/site/data/html_dir/2012/08/20/2012082002527.
   html

52 http://news.donga.com/Economy/Market/3/0108/20130104/52043929/1

53 http://biz.chosun.com/site/data/html_dir/2012/10/04/2012100403045.html

54 http://www.hankyung.com/news/app/newsview.php?aid=201211122
   8051&sid=01041302&nid=004&ltype=1

55 http://news.chosun.com/site/data/html_dir/2013/01/04/2013010400426.
   html?news_Head3